*Der Autor*

Yves Bossart, geboren 1983, hat in Luzern, Zürich und Heidelberg Philosophie studiert und an der Humboldt-Universität zu Berlin über das Thema »Ästhetik nach Wittgenstein« promoviert. Er ist Herausgeber des Bandes *Sehen soweit das Denken reicht. Eine Begegnung von Philosophie und Fotografie,* arbeitet als Redakteur der Sendung »Sternstunde Philosophie« beim Schweizer Radio und Fernsehen und unterrichtet Philosophie am Gymnasium. Für die Schweizerische Studienstiftung leitet er den jährlich stattfindenden Einführungskurs in Philosophie, bei dem er ausschließlich mit philosophischen Gedankenspielen arbeitet. Yves Bossart lebt in Zürich.

# Yves Bossart

# Ohne Heute gäbe es morgen kein Gestern

## Philosophische Gedankenspiele

WILHELM HEYNE VERLAG
MÜNCHEN

Verlagsgruppe Random House FSC® N001967

3. Auflage
Taschenbucherstausgabe 01/2018

Copyright © 2014 by Karl Blessing Verlag, München
in der Verlagsgruppe Random House GmbH
Der Wilhelm Heyne Verlag, München, ist ein Verlag
der Verlagsgruppe Random House GmbH,
Neumarkter Straße 28, 81673 München
Umschlaggestaltung: Geviert, Grafik & Typografie,
unter der Verwendung von Umschlagmotiven von:
shutterstock/lyly; shutterstock/Glock
Satz: Leingärtner, Nabburg
Druck: GGP Media GmbH, Pößneck
Printed in Germany
ISBN: 978-3-453-60455-1

www.heyne.de

# Inhalt

# Einleitung

Wonach streben wir? Hat das Leben einen Sinn? Was ist gerecht? Sind wir verpflichtet, den Armen zu helfen? Wo liegen die Grenzen unseres Wissens? Was ist Wahrheit? Wie hängen Geist und Körper zusammen? Wie funktioniert Sprache? Sind wir frei in unseren Entscheidungen? Lebe ich mein eigenes Leben? Gibt es die wahre Liebe? Dürfen wir Tiere essen? Was ist ein fairer Lohn? Was kommt nach dem Tod? Soll ich an Gott glauben? Und was war zuerst: Huhn oder Ei?

Mit diesen und ähnlichen Fragen beschäftigt sich die Philosophie seit über zweitausend Jahren. Bei einigen tappen die Philosophen noch heute im Dunkeln, bei anderen haben sie Licht ins Dunkel gebracht und in manchen Fällen sogar eine gut begründete Antwort gefunden. Der Zweifel und die Suche nach guten Gründen treiben die Philosophie an. In philosophischen Gesprächen werden in erster Linie keine Meinungen ausgetauscht, sondern Argumente. Alles darf hinterfragt und jede Behauptung sollte begründet werden. Was zählt, sind stichhaltige Argumente und plausible Gründe. Wer seine philosophische Meinung nicht begründen kann, der hat verloren. Und wer jedem Einwand standhält, der hat gewonnen. So einfach ist das mit der Philosophie.

Die Philosophie ist allerdings keine reine Argumentationsschlacht. Vor allem streben Philosophen nach Verständnis und Klarheit. Das fängt bereits bei den Fragen an: Wer fragt, ob wir frei sind, sollte zunächst klarstellen, was er mit dem Ausdruck »frei« meint. Wer fragt, ob wir die Wirklichkeit erkennen können, sollte sagen, was er mit »erkennen« und »Wirklichkeit« meint. Und wer fragt, ob es Gott gibt, sollte zuerst bestimmen, was der Ausdruck »Gott« bedeutet. Erst wenn wir die jeweilige philosophische Frage und die darin verwendeten Begriffe verstanden haben, können wir uns auf die Suche nach einer Antwort machen. Die Philosophie versucht also immer auch ihre eigenen Grundbegriffe zu klären und damit die Grundkategorien des menschlichen Lebens und Denkens zu verstehen. Darin besteht das Kerngeschäft der Philosophen. Womit übrigens auch immer Philosophinnen gemeint sind, wenn in diesem Buch der Einfachheit halber vom Berufsstand der Philosophen die Rede ist.

Wie aber klärt man philosophische Begriffe? Und wie argumentiert man für eine philosophische Ansicht? Wie denken Philosophen über die großen Fragen des Lebens nach? Wie gehen sie konkret vor? Die Methode der Philosophie ist das reine Nachdenken. Keine großen Apparate, keine Umfragen, keine Expeditionen. Philosophie ist eine Lehnstuhlwissenschaft. Anders als die Physik, die Psychologie oder die Soziologie ist sie keine Wissenschaft, die auf empirische Experimente zurückgreifen kann, um ihre Hypothesen zu prüfen. Der Physiker kann einen Stein fallen lassen, um zu sehen, ob es die Erdanziehungskraft gibt. Was aber können Philosophen tun, um zu sehen, ob wir frei sind, ob wir Tiere essen dürfen, ob die Roboter der Zukunft Gefühle haben können und ob wir verpflichtet sind, den Armen zu helfen? Die Philosophen lehnen sich zurück, denken sorgfältig nach, hinterfragen alles, beschreiben genau, argumentieren scharf und behalten in Diskussionen den Überblick. Eines ihrer Wundermittel dabei sind Gedankenexperimente. Philosophen spielen in Gedanken wirkliche und unwirkliche Situationen durch und spüren so die Bedeutungen fundamentaler Begriffe auf, stürzen Theorien oder legen die Grundsteine für neue Gedankengebäude.

Nehmen wir als Beispiel die Grundfrage der Ethik: Was ist gut? Oder auch: Wann ist eine Handlung moralisch richtig? Diese Frage klingt zunächst sehr abstrakt. Das ist sie auch. Vielleicht kann uns ein Gedankenspiel helfen:

Stellen Sie sich vor, Sie sind Zugführer, fahren in einen Tunnel und sehen plötzlich fünf Gleisarbeiter vor sich. Natürlich betätigen Sie sofort die Bremse – aber nichts passiert. Die Bremsen sind defekt. Sie können das Leben der fünf Gleisarbeiter nur retten, indem Sie eine Weiche stellen und in einen anderen Tunnel einbiegen. Leider befindet sich aber auch da ein Gleisarbeiter, allerdings nur ein einzelner. Was würden Sie tun? Würden Sie die Weiche stellen, damit anstatt der fünf Menschen nur einer stirbt? Was würden Sie tun, wenn es sich bei dem einzelnen Gleisarbeiter um Ihren besten Freund handelte?

Nun stellen Sie sich vor, Sie sind Chirurg und vor Ihnen liegen fünf Patienten: Der eine braucht dringend ein Herz, zwei einen Lungenflügel und zwei eine Niere. Alle fünf haben dieselbe seltene Blutgruppe. Leider konnte bisher kein Spender gefunden werden. Die Zeit drängt. Genau in diesem Moment spaziert ein junger, kerngesunder Mann in die Klinik, der die richtige Blutgruppe hat. Sie als Chirurg könnten den jungen Mann schmerzlos töten, seine Organe entnehmen und den fünf Patienten das Leben retten. Also wieder: fünf gegen einen. Was würden Sie in diesem Fall tun? Und wie würde Ihre Entscheidung ausfallen, wenn es sich bei den fünf Patienten um Ihre beiden Eltern und Ihre drei Kinder handelte?

Diese philosophischen Gedankenspiele stellen uns vor schwierige Probleme. Solche Entscheidungen möchte keiner treffen. Viel schwieriger ist es jedoch, zu sagen, *warum* man im einen Fall so und im anderen Fall anders entscheiden würde. Unser moralisches Bauchgefühl steuert uns einmal in diese, einmal in jene Richtung, ohne dass wir wissen, warum. Wir erleben einen inneren Konflikt und sind gleichermaßen irritiert wie fasziniert. Also fangen wir an zu überlegen und nachzudenken. Die Philosophie hat uns gepackt.

Philosophische Gedankenspiele inspirieren jedoch nicht nur zum Nachdenken, sie helfen auch, schwierige Theorien verständlich zu machen und einen intuitiven Zugang zu komplexen Problemen zu finden. So werden in den beiden Fällen mit den Gleisarbeitern und der Organtransplantation die zwei wichtigsten Moraltheorien gegeneinander ausgespielt: der Utilitarismus und die Pflichtenethik. Der Utilitarismus besagt, dass diejenige Handlung moralisch richtig ist, die für die meisten Betroffenen den größten Nutzen bringt. Das größte Glück für die größte Zahl – das sei das Ziel der Moral, so der Utilitarismus. Dieser Theorie steht die Pflichtenethik gegenüber. Ihr zufolge besteht der Wert einer Handlung nicht nur in den Folgen, sondern auch in der Handlung selbst. Töten, Foltern und Stehlen darf man nicht, egal wie viel Gutes dabei herauskommt. Diese Handlungen sind moralisch falsch und können nicht durch Kosten-Nutzen-Rechnungen aufgewertet werden. Bestimmte Rechte dürfen gemäß der Pflichtenethik also unter keinen Umständen verletzt werden, etwa das Recht auf Leben. Die Würde des Menschen ist unantastbar – das steht im deutschen Grundgesetz an erster Stelle.

Das Beispiel mit dem Zug spricht unsere utilitaristischen Intuitionen an, denn hier würden die meisten von uns ein Leben opfern, um fünf Menschen zu retten. Das Beispiel des Chirurgen dagegen weckt unsere pflichtenethischen Intuitionen, denn hier finden wir es falsch, Menschenleben gegeneinander abzuwägen und jemanden fürs Gemeinwohl zu opfern. Die beiden Gedankenexperimente ermöglichen also einen spielerischen und einfachen Zugang zu den zwei wichtigsten Moraltheorien. Zugleich sehen wir aber auch die Schwächen beider Positionen und können für sowie gegen beide Theorien argumentieren. Wir befinden uns dank der Gedankenexperimente bereits mitten in der Moralphilosophie.

Philosophische Gedankenspiele stellen uns vor Rätsel, irritieren bisweilen, faszinieren und wecken ein Problembewusstsein. Zudem ermöglichen sie einen leichten Zugang zu den großen Theorien der Philosophie. Oft handelt es sich bei den in diesem Buch präsentierten Gedankenexperimenten nämlich um Experimente, die eine philosophische Theorie zu Fall bringen und eine andere stützen. Wir lernen also anhand konkreter Beispiele die zentralen Positionen kennen, mit ihren Stärken und Schwächen. Das Wichtigste aber ist: Gedankenexperimente lassen uns Raum zum Selberdenken. Wir müssen wenig lesen, dafür umso mehr denken. Phantasiegebilde wie freundliche Zombies, rasende Schildkröten, lose Gehirne, chinesische Zimmer, superkluge Aliens und böse Neurowissenschaftler katapultieren uns in Windeseile in die faszinierende Welt der Philosophie und führen uns ohne Umweg zu den wesentlichen Fragen, an denen sich die großen Geister scheiden.

Dieses Buch versammelt die wichtigsten philosophischen Gedankenspiele, Rätsel und Analogien zu den großen Themen der Philosophie. Jedes Kapitel widmet sich einem Thema und stellt die einschlägigen Gedankenspiele und Theorien vor. Die gute Nachricht für Sie lautet: Sie müssen das Buch nicht von vorne bis hinten lesen, sondern können sich diejenigen Kapitel raussuchen, die Sie am meisten interessieren. Jedes Kapitel sollte für sich verständlich sein. Ich wünsche viel Spaß und jede Menge Erkenntnis!

# Glück

Die australische Krankenschwester Bronnie Ware hat jahrelang Menschen beim Sterben begleitet, mit ihnen gesprochen und ihnen zugehört. Sie meint, es gäbe fünf Dinge, die Sterbende am meisten bereuen und gerne anders gemacht hätten: Sie hätten ihr eigenes Leben leben, nicht so viel arbeiten, ihre Gefühle zeigen, Freundschaften pflegen und vermehrt ihr Glück suchen sollen. Doch was ist Glück? Wie finden wir es? Und wovon hängt es ab? In den letzten Jahren hat die Wissenschaft viel über unser Glück herausgefunden. Bevor wir uns der Philosophie zuwenden, hier also die wichtigsten Erkenntnisse:

Die Glücksforschung geht davon aus, dass unser Glück zur Hälfte genetisch bedingt ist. Wer die richtigen Gene besitzt, hat den halben Weg bereits geschafft. Die andere Hälfte wird wesentlich durch äußere Umstände bestimmt, durch das Lebensumfeld, durch glückliche Fügungen und Zufälle. Nur ein kleiner Teil des Glücks liegt in unserer Hand. Wir sind also nicht wirklich unseres eigenen Glückes Schmied.

Was aber sind die Faktoren, die uns glücklich machen? Um es auf den Punkt zu bringen: Gesundheit, Familie, Liebe, Freundschaften, Arbeit, Wohlstand und Glaube. Woher man das weiß? Man hat es gemessen, indem man die Leute gefragt hat: »Wie zufrieden sind Sie derzeit – alles in allem – mit ihrem Leben?

Auf einer Skala von 1–10?« Was würden Sie angeben? Der Durchschnitt in Deutschland liegt bei 6,6, in der Schweiz bei 7,6. Die Dänen führen die Statistik an, mit einem Glückswert von 7,7. Vergleichsweise unglücklich sind die Bewohner ehemaliger kommunistischer Länder und Menschen in sehr armen Ländern Afrikas. Für den geringen Wohlstand auffallend glücklich sind die Bewohner Lateinamerikas und der Karibik. Wahrscheinlich liegt das am Wetter. Aber das erklärt nicht alles. Auch in Afrika scheint die Sonne.

Macht Geld glücklich? Nur bis zu einer bestimmten Summe. Wenn grundlegende Bedürfnisse gestillt sind, führt mehr Reichtum kaum noch zu mehr Glück. In den westlichen Industrienationen stagniert das alltägliche Wohlbefinden ab einem jährlichen Einkommen von 60 000 Euro. Mehr macht uns zwar reicher, aber nicht wirklich glücklicher. Zudem gilt: Das relative Einkommen ist wichtiger als das absolute. Unser Glück hängt davon ab, was diejenigen haben, mit denen wir uns vergleichen. Für uns ist wichtig, was der Kollege im Büro verdient; das Einkommen von Bill Gates berührt uns dagegen kaum. (Wenn Sie also der kleinste Frosch im Teich sind, dann suchen Sie sich einfach einen neuen Teich, in dem Sie zu den Größten zählen.)

Ein weiteres Problem mit zusätzlichem Reichtum ist, dass wir uns schnell an den neuen Wohlstand gewöhnen. Darum hält die Zufriedenheit bei einer Lohnerhöhung auch nur sechs Monate an und das Glück von Lottomillionären sinkt sechs Monate nach dem Gewinn sogar oft unter das Niveau vor dem Gewinn. Für das Unglück gilt dasselbe: Querschnittgelähmte sind bereits ein halbes Jahr nach dem Unfall wieder so glücklich wie zuvor. Das Nullniveau verschiebt sich, weil wir uns an die neuen Umstände gewöhnen. Nirgends zeigt sich die Macht der Gewohnheit stärker als beim Glück.

Konsum ist die neue Religion, wird gesagt. Wir konsumieren wie verrückt – erreichen damit aber nicht, was wir wollen: Shoppen macht nämlich nur kurzfristig glücklich. Erwerben befriedigt, besitzen nicht. Darum kaufen wir immer weiter. Eine Studie hat gezeigt, dass wir unser Geld besser für soziale Aktivitäten und für aufregende Erlebnisse ausgeben sollten als für materielle Dinge. Menschen machen uns glücklich, nicht Dinge. Sie sollten die teuren Schuhe also besser im Schaufenster lassen und stattdessen mit Ihrer besten Freundin eine aufregende Reise machen.

Auf dem Weg zum Glück helfen auch beten und meditieren: Religiöse Menschen sind glücklicher. Und Kinderkriegen? Ja, aber man muss warten, bis sie ausgeflogen sind oder Enkel produzieren. Und Politik? Mitbestimmung kann helfen: Menschen, die ihre Umwelt aktiv mitgestalten, sind glücklicher als Mitläufer. Vielleicht sind wir deshalb in Demokratien glücklicher als in Diktaturen. Und das Lebensalter? In der Mitte des Lebens sind wir am unglücklichsten. Am Anfang haben wir noch alles vor uns und gegen Ende werden wir genügsamer und machen uns weniger Illusionen. Und die Auswahlmöglichkeiten? Zu viel Auswahl macht unglücklich: Wenn Sie zwischen drei Marmeladesorten wählen können, sind Sie zufriedener mit Ihrer Wahl, als wenn Ihnen fünfzehn Sorten zur Verfügung stünden. Und Fernsehen? Macht unglücklich. Also weg mit der Kiste.

Eine überraschende Einsicht ist, dass man beim Verfolgen eines Ziels oft glücklicher ist als dann, wenn man es erreicht hat. Vorfreude ist die schönste Freude, wie der Volksmund sagt. Damit zusammen hängt jedoch die verflixte Sache mit den Erwartungen: Sind sie zu hoch, kann man nur enttäuscht werden. Leider kann man die eigenen Erwartungen jedoch nicht frei steuern, sie stellen sich oft von selbst ein. Das gilt übrigens auch für das

Glück. Man kann es nur selten erzwingen. »Alle rennen nach dem Glück – das Glück rennt hinterher«, wie Bertold Brecht schreibt. Das Glück gleicht eben doch einem Schmetterling: »Jag ihm nach, und er entwischt dir. Setz dich hin, und er lässt sich auf deiner Schulter nieder«, wie der indische Jesuitenpriester Anthony de Mello treffend festhält.

Nun lassen wir aber die Kalendersprüche und schauen, was die Philosophie zum Glück beizutragen hat. Wir fangen – wie wir das aus der Schule kennen – mit den alten Griechen an.

## Glücklich bis über den Tod hinaus

*Stellen Sie sich vor, Sie führen ein glückliches Leben, werden alt und sterben friedlich. Im Sterbebett liegend blicken Sie noch ein letztes Mal zurück und lassen Ihr Leben Revue passieren. Schließlich sagen Sie erleichtert: »Mein Leben ist so verlaufen, wie ich es mir gewünscht habe. Ein wahrhaft gelungenes Leben!« Kaum haben Sie diese Sätze geäußert, entschlafen Sie. Doch dann wird alles anders: Nach Ihrem Tod verbreitet Ihr Nachbar üble Gerüchte über Sie und Ihre Familie. Die ganze Stadt redet plötzlich schlecht über Sie. Ihre Kinder sind erzürnt über die Vorwürfe und entschließen sich aus Rache, den Nachbarn umzubringen. Fortan sind die Kinder gezwungen, ein Leben auf der Flucht zu führen. Sie überfallen Banken und rauben unschuldige Menschen aus. Das Bild, das die Leute von Ihnen und Ihrer Familie haben, wird immer schlechter. Nun wirft man Ihnen auch noch vor, Sie hätten Ihre Kinder nicht anständig erzogen. Die Leute beschimpfen Sie und spucken auf Ihr Grab.*

*Würden Sie unter diesen Umständen immer noch sagen, dass Ihr Leben »wahrhaft gelungen« sei?*

Diese Überlegung stammt von Aristoteles, dem Schüler Platons und Lehrer Alexanders des Großen. Aristoteles war einer der größten Philosophen überhaupt und ein Wissenschaftler durch und durch. Er war Biologe, Physiker, Psychologe, Logiker, Politologe, Dichtungstheoretiker, Theologe und Ethiker. Im Mittelalter nannte man ihn schlicht und einfach »den Philosophen«. Leider wissen wir nur sehr wenig über das private Leben dieses Universalgelehrten. Martin Heidegger, der deutsche Philosoph des 20. Jahrhunderts, fasste dessen Leben mit den Worten zusammen: »Aristoteles wurde geboren, arbeitete und starb.« Aber was für eine Arbeit! Aristoteles' Schriften prägten das Weltbild bis in die Neuzeit hinein. Zwar wird seine Physik heute kaum noch gelesen, seine Ethik dafür umso mehr. In seiner einflussreichen Schrift *Nikomachische Ethik* entwirft er nichts Geringeres als eine Theorie des guten Lebens. Warum die Schrift so heißt, weiß man nicht sicher – wahrscheinlich ist sie seinem Sohn oder seinem Vater gewidmet, die beide »Nikomachos« hießen.

Aristoteles ist der Ansicht, das angestrebte Ziel aller Menschen sei die »eudaimonia« – ein griechisches Wort, das kaum ins Deutsche übersetzt werden kann. Manche sprechen von »Glückseligkeit«, andere von einem »guten« oder »gelungenen Leben«, wieder andere einfach von »Glück«. Aristoteles meint nun, dass dieses Lebensglück das letzte und eigentliche Ziel des Menschen sei. Gewisse Dinge wollen wir nur, um mit ihnen etwas anderes zu erreichen. Sie sind nur Mittel zum Zweck, wie etwa Geld, Macht und Besitz. Das Glück aber erstreben wir nicht, um damit etwas anderes zu erreichen. Es ist Selbstzweck. Spielen wir das an einem Beispiel durch: Angenommen, Sie wollen sich die Haare schneiden lassen. Wozu? Damit Sie gut aussehen. Und warum wollen Sie gut aussehen? Damit andere Sie attraktiv finden. Und warum wollen Sie attraktiv sein? Damit Sie mit anderen ins Gespräch kommen. Und warum möchten Sie das? Damit Sie einen Partner kennenlernen. Aber wozu das? Um geliebt zu werden. Und wozu möchten Sie geliebt werden? Weil Sie das glücklich macht. Und wozu wollen Sie glücklich sein? Hmm. Schwer zu sagen. Die Frage, wozu wir glücklich sein wollen, macht keinen Sinn. Daran zeigt sich: Ein gelungenes Leben ist nie Mittel zum Zweck, sondern der Endzweck allen Tuns.

Das gelungene Leben hängt nach Aristoteles von vielen verschiedenen Faktoren ab: von äußeren, körperlichen und seelischen Gütern. Zu den äußeren Gütern zählt er Reichtum, Freundschaft, Herkunft, Nachkommen, Ehre und günstige Zufälle. Zu den körperlichen Gütern gehören Gesundheit, Schönheit und Athletik. Und zu den seelischen Gütern zählen Tugenden wie Mut oder Aufrichtigkeit. Alle drei Arten von Gütern seien wichtig für das Glück. Ohne Mitgift und ohne günstige Zufälle könne man unmöglich glücklich werden. Wir sollten uns also weder von allen Äußerlichkeiten frei machen, noch sind wir die alleinigen Schmiede unseres Glücks. Und vor dem Ende des Lebens sollten wir nie über unser Leben urteilen, denn bereits morgen kann uns ein Unfall, eine Krankheit, eine Trennung oder ein Diebstahl ins Unglück stürzen.

Gegen das Unglück sind wir nicht versichert. Auch nicht nach unserem Tod, meint Aristoteles. Wie das Gedankenspiel zu Beginn zeigt, gehört zu unserer Vorstellung eines gelungenen Lebens mehr als ein glückliches Leben vor dem Tod. Unser Lebensideal reicht über den Tod hinaus. Wir möchten in guter Erinnerung bleiben – obwohl wir dann bereits tot sind und die üble Nachrede nicht mehr hören werden. Seltsam. Dasselbe gilt für unseren Körper. Wir möchten nicht, dass jemand mit unserem Kopf Fußball spielt, wenn wir tot sind. Aber warum eigentlich? Wir spüren doch nichts mehr!

Lassen wir den Fußball und kommen zurück zu den Gütern, von denen unser Glück abhängt. Schauen wir uns die seelischen Güter, also die Tugenden, etwas genauer an. Die Griechen verstanden unter einer »Tugend« nicht dasselbe wie wir: Für sie konnte auch ein Messer tugendhaft sein, nämlich dann, wenn es seine Aufgabe vortrefflich erfüllt, das heißt wenn es gut schneidet. Aristoteles glaubte, jedes Ding habe einen solchen Zweck – etwas, wozu es da ist und das es von Natur aus besonders gut kann. Tugendhaft sei etwas dann, wenn es seinen Zweck möglichst gut erfüllt. Das Messer muss schneiden, der Löwe dagegen muss die Gazelle reißen und sein Revier verteidigen. Was tugendhaft ist, ist vortrefflich in seiner Art. Aber gilt das auch für den Menschen? Und was ist der Zweck des Menschen?

Nach Aristoteles ist der Mensch das einzige Lebewesen, das Vernunft hat. Der Mensch ist die Intelligenzbestie unter den Tieren. Denken ist seine Bestimmung – das kann er besser als alle anderen. Deswegen soll er sich der Philosophie widmen und versuchen, Weisheit zu erlangen. Dann werde er glücklich. Denn das gelingende Leben bestehe im Tun dessen, was der eigenen Natur entspricht. Lebe dein Talent! Tue das, worin du gut bist. Leider ist das theoretische Grübeln nicht jedermanns Sache. Das wusste auch Aristoteles. Er meinte, es gäbe nicht nur eine theoretische, sondern auch eine praktische Vernunft. Das Glück ist nicht nur in der Theorie, sondern auch in der Praxis zu finden, im richtigen Handeln. Aristoteles stellt der theoretischen Weisheit also die praktische Klugheit gegenüber, die uns im täglichen Leben hilft, die richtigen Entscheidungen zu fällen, und so zu unserem Glück beiträgt. Aber was ist jeweils die richtige Entscheidung? Nach Aristoteles liegt diese oft in der Mitte zwischen zwei Extremen. Der Tugendhafte zeichne sich dadurch aus, dass er in jeder Situation die goldene Mitte trifft: Der Mutige ist weder tollkühn noch feige, der Besonnene ist weder impulsiv noch apathisch und der Großzügige ist weder geizig noch verschwenderisch. Aristoteles ist auch der Auffassung, dass wir uns diese Charakterzüge antrainieren können. Tugend ist erlernbar. Den Grundstein für unser Glück können wir also selbst legen.

## Der Hund an der Kette

*Stellen Sie sich vor, Sie wären ein Hund und würden friedlich in der Sonne liegen. Auf einmal spüren Sie, wie etwas an Ihnen zerrt. Nun bemerken Sie auch, dass Sie an einen Wagen angekettet sind, der sich in diesem Moment in Bewegung setzt und losfährt. Sie versuchen sich von der Kette zu befreien. Ohne Erfolg. Eben lagen Sie noch gemütlich in der Sonne und nun sind Sie gezwungen, aufzustehen und dem Wagen hinterherzulaufen. Wenn Sie sich dagegen sträuben und liegen bleiben, werden Sie hinter dem Wagen hergezerrt und holen sich Schürfwunden. Auch wenn Sie widerwillig mitlaufen und sich darüber aufregen, schaden Sie sich selbst: Sie werden verärgert und unzufrieden. Da kommt Ihnen eine geniale Idee: Sie entscheiden sich spontan, einen Spaziergang zu machen. Schließlich scheint die Sonne und Bewegung tut ja bekanntlich gut. Und tatsächlich: Nach der Rückkehr fühlen Sie sich pudelwohl und körperlich angenehm erschöpft. Gratulation – Sie sind ein kluges Hündchen. Sie haben das Schicksal ausgetrickst!*

Diese Überlegung findet sich bei Zenon von Kition, der um 300 v. Chr. auf Zypern geboren wurde und eine philosophische Schule namens »Stoa« gründete. Der Name »Stoa« leitet sich von der Säulenhalle (griechisch »stoa«) ab, die im antiken Athen als Treffpunkt für Zenon und seine Schüler diente. Die stoische Philosophie hat eine lange Tradition. Neben Zenon gelten Seneca,

Marc Aurel und Epiktet als die wichtigsten Vertreter dieser Denkrichtung.

Zenon glaubte, wie alle Stoiker nach ihm, die Welt werde von vernünftigen und göttlichen Gesetzen regiert. Die Griechen nannten diese Vernunft »Logos«. Dieses vernünftige Weltgesetz ist nach stoischer Auffassung zugleich unser Schicksal. Der Weltverlauf ist festgelegt. Das meiste liegt nicht in unserer Macht. Wir müssen uns fügen und die unabwendbaren Dinge des Lebens hinnehmen – mit stoischer Ruhe und Gelassenheit. Versuche nicht zu ändern, was sich nicht ändern lässt, sondern lebe gemäß der Natur! Das ist der oberste Imperativ der Stoa. Die stoische Haltung ist jedoch zu unterscheiden von einer fatalistischen. Zwar können wir die Gesetze der Welt nicht verändern, unsere Einstellung gegenüber der Welt aber schon. Wenn wir die Dinge nicht ändern können, dann sollten wir versuchen, unsere Einstellung gegenüber den Dingen zu ändern – wie der angekettete Hund, der sich spontan zu einem Spaziergang entschließt, wenn ihm nichts anderes übrig bleibt. Es seien nämlich nicht die Dinge, die uns beunruhigen, sondern unsere Meinungen und Urteile über die Dinge, schreibt Epiktet im 1. Jahrhundert.

Die Stoa ist, wie alle Philosophieschulen des Hellenismus, auf das menschliche Glück ausgerichtet. Die Theorie dient der Praxis. Ziel des Nachdenkens ist ein sorgenfreies und glückliches Leben. Insofern gleicht die Philosophie einer Therapie. Sie soll uns von Sorgen, Ängsten und Leiden befreien, uns gegen die Schicksalsschläge des Lebens wappnen und uns zum Glück führen. Wie aber kann uns die Philosophie dabei helfen, glücklich zu werden?

Das Glück besteht nach stoischer Auffassung in einem tugendhaften Leben. Glück ist also eine Frage der inneren Haltung, denn Tugenden sind nichts weiter als vortreffliche Charakter-züge. Eine der wichtigsten Tugenden ist nach stoischer Auffassung der Gleichmut: die Kontrolle über die eigenen Leidenschaften. Die Griechen sprachen gar von der »Apathie«, der Leidenschaftslosigkeit. Nach stoischer Auffassung machen uns die Leidenschaften nämlich abhängig und unfrei. Zorn, Ehrgeiz, Neid, Lust, Begierden und Angst machen uns zu Sklaven – wir geben unser eigenes Leben aus der Hand. Auch äußere Güter machen uns abhängig: Wer nach Reichtum, Besitz, Macht, Ansehen und Erfolg strebt, rennt Dingen hinterher, die ihn letztlich nicht glücklich machen, sondern versklaven. Hinter all diesen Überlegungen steht die Forderung, nichts als einen Wert anzusehen, was uns weggenommen werden kann. Was nicht in unserer Macht steht, sollte uns gleichgültig sein. Dazu zählen auch der Tod, Krankheiten, Armut, Schwäche und Hässlichkeit.

Die Stoiker unterscheiden zwischen guten, schlechten und gleichgültigen Dingen. Gut sind allein die Tugenden – Weisheit, Besonnenheit, Gerechtigkeit und Tapferkeit. Schlecht dagegen die Laster, wie Unbesonnenheit, Zügellosigkeit, Ungerechtigkeit und Feigheit. Alles andere ist gleichgültig: Leben, Tod, Ehre, Unehre, Mühe, Lust, Reichtum, Armut, Krankheit. Diese Ansicht ist ziemlich radikal. Die Strategie jedoch ist klar. Mache dein Glück nicht abhängig von Dingen, die nicht in deiner Macht stehen. Und renne nicht Dingen hinterher, die du nicht brauchst.

Der römische Philosoph Seneca gibt in seinen Schriften viele praktische Anweisungen, wie wir uns in die Lebenskunst der Stoa einüben können. So rät er etwa: »Schiebe ein paar Tage ein, an denen Du Dich mit kärglichster und einfachster Kost, mit grober und rauer Kleidung begnügen und zu Dir selber sprechen magst: ›Ist es das, wovor man sich fürchtete?‹ Gerade in Sorglosigkeit soll sich der Geist auf Schwierigkeiten einstellen und sich gegen Heimsuchungen des Schicksals noch während seiner Gunstbeweise wappnen.« In der heutigen Psychologie nennt man das »Reizexposition«: Man setzt sich dem aus, wovor man sich fürchtet. Wenn Sie sich nicht getrauen, dieses Experiment in der Praxis durchzuführen, dann sollten Sie zumindest versuchen, es im Geist auszuprobieren. Worauf könnten Sie verzichten? Auf Ihr Auto? Auf das Smartphone? Auf gewisse Kleider? Auf die große Wohnung? Auf den Job? Auf gewisse Bekanntschaften? Und was würde das für Sie bedeuten? Was ist Ihnen wirklich wichtig? Worauf kommt es im Leben an?

Neben dem Ideal der Gleichmut und der Selbstgenügsamkeit gibt es eine weitere zentrale Forderung der stoischen Philosophie, die da lautet: Mache dir keine falschen Hoffnungen! Meistens sind wir nämlich unglücklich, weil sich unsere Erwartungen nicht erfüllt haben. Wir sind enttäuscht und frustriert. Diese Frustration kann man einfach umgehen, indem man die Erwartungen senkt. Epiktet schreibt: »Verlange nicht, dass das, was geschieht, so geschieht, wie du es wünschst, sondern wünsche, dass es so geschieht, wie es geschieht, und dein Leben wird heiter dahinströmen.« Das gilt sowohl für die Erwartungen an die äußere Welt als auch für die Erwartungen an uns selbst. Das menschliche Glück gründet nicht nur in einer vernünftigen Einstellung zur Welt, sondern auch in einem sorgsamen und freundschaftlichen Umgang mit uns selbst. Achte auf dein Inneres und sei ein Freund deiner selbst, fordert Seneca. Wir sollten uns nicht ständig kritisieren und aufhören, vor uns selbst zu fliehen. Wir rennen zu oft im Hamsterrad, lenken uns permanent ab und verpassen dabei unser Leben. Plötzlich aber wachen wir auf und merken, dass wir lauter Dinge tun, die uns gar nicht wichtig sind. Wir spüren: Wir haben an unserem Leben vorbeigelebt, weil wir nicht auf uns selbst gehört haben. Marc Aurel, ein römischer Kaiser des 2. Jahrhunderts und bekennender Stoiker, schrieb: »Wer nicht mit aller Aufmerksamkeit den Bewegungen seiner eigenen Seele folgt, muss notwendig unglücklich werden.« Das Glück gründet nach stoischer Auffassung also in einer Begegnung mit sich selbst. Wenn aus dieser Begegnung eine Freundschaft wird, ist das Fundament eines glücklichen Lebens bereits gelegt.

Kommen wir noch einmal auf den angeketteten Hund zurück, der sich angesichts des unabwendbaren Schicksals spontan zu einem Spaziergang entschließt. Die Situation des Hundes gleicht aus stoischer Sicht unserer eigenen. Viele Dinge liegen nämlich nicht in unserer Macht. Sich darüber aufzuregen, lohnt sich nicht. Wir sollten unser Schicksal akzeptieren und spazieren gehen. Wie der kluge Hund. Glück ist eine Frage der Einstellung.

## Wunschlos glücklich

*Stellen Sie sich vor, Sie hätten keinerlei Wünsche und Bedürfnisse, keine Interessen und keine Neigungen. Sie wären also weder durstig noch hungrig, weder müde noch ungeduldig. Sie haben keine beruflichen Ambitionen, keine Lust auf Mitmenschen, verspüren keinen Bewegungsdrang und keine Neugier. Sie sitzen einfach nur da. Ohne Wünsche, ohne negative Gefühle. Kein Jucken, kein Harndrang, nichts. Wären Sie glücklich?*

Der griechische Philosoph Epikur meinte, das glückliche Leben bestehe in einem Leben voller Lust und Freude. Das griechische Wort dafür lautet »hedoné«. Daher gilt Epikur auch als Begründer des Hedonismus – der Lehre, wonach es im Leben letztlich nur um das Erreichen von Lust geht. Aber Achtung: Epikur meinte mit »hedoné« nicht: Sex, Drugs and Rock 'n' Roll. Im Gegenteil. Die wahre Lust sei nichts anderes als die Abwesenheit von Schmerz. Es gäbe nämlich zwei Arten der Lust, eine vorübergehende und eine anhaltende. Die vorübergehende Lust entstehe durch Bedürfnisbefriedigung. Wer Durst hat, empfindet Lust, wenn er trinkt; wer müde ist, der legt sich gerne hin. Hier ist die Lust nichts anderes als der Ausgleich eines Mangels. Sobald der Mangel aber behoben ist, verblasst die Lustempfindung.

Neben dieser vorübergehenden Lust gibt es nach Epikur jedoch noch eine anhaltende Lust, die ein wahrhaft glückliches Leben ausmacht. Diese dauerhafte Lust besteht in einem Zustand ohne Schmerzen und ohne starke Bedürfnisse. Epikur stellt als erster die »Ataraxie« – die Seelenruhe – ins Zentrum seiner Glücksphilosophie und vergleicht sie mit der Meeresstille. Die Seele solle so ruhig sein wie das Meer bei Windstille. Starke Leidenschaften dagegen sind wie Stürme auf dem Meer und peitschen die Wassermassen auf. Die Philosophie hilft, diese Wellen zu glätten und dem Leben Ruhe und Stabilität zu verleihen. Diese Unerschütterlichkeit der Seele ist nach Epikur das höchste Ziel im Leben, alles andere – Besitz, Freunde und Tugenden – sei bloß Mittel zum Zweck. Der wahrhaft glückliche Mensch weiß seine Begierden zu beherrschen und ist von äußeren Einflüssen unabhängig. Er lässt sich durch nichts aus der Fassung bringen und hegt keine großen Ansprüche. Für Epikur gilt: Wenn wir langfristig glücklich sein wollen, sollten wir das Glück nicht in dem positiven Gefühl der Bedürfnisbefriedigung suchen, sondern in der Abwesenheit unangenehmer Zustände. Wahrhaft glücklich sei nicht der Durstige am Tresen, sondern derjenige ohne Durst – derjenige, der vorgesorgt und sich hin und wieder einen kleinen Schluck gegönnt hat.

Dem Glücksuchenden schlägt Epikur vor, sich zusammen

mit ein paar Freunden aus dem öffentlichen Leben, der Politik und der Geschäftswelt zurückzuziehen. Epikur selbst lebte in einem Refugium mit einem großen Garten – dem Treffpunkt und Zentrum seiner philosophischen Schule. Dorthin pilgerten seine Schüler, zu denen auch Frauen und Sklaven gehörten. Seine Philosophie des Glücks sollte für alle Menschen gelten. Jeder kann glücklich werden. Man dürfe nur keine Ängste und Sorgen haben – weder vor den Göttern, noch vor Schicksalsschlägen oder dem Tod. Gegen jede dieser Ängste hat Epikur ein Argument in der Tasche: Die Götter könnten gar nicht in menschliche Angelegenheiten eingreifen; selbst die schwersten Schicksalsschläge seien verkraftbar, da die Natur für die wirklich wichtigen Dinge vorgesorgt habe; und der Tod gehe uns nichts an, da wir, sobald er eintritt, nicht mehr da sind.

Epikurs Überlegungen zur vorübergehenden Lust der Bedürfnisbefriedigung finden sich auch bei Arthur Schopenhauer wieder, dem großen Miesepeter der Philosophie. Er lebte im 19. Jahrhundert und war zeitlebens ein Einzelgänger – ein verkanntes Genie. Sein einziger ständiger Begleiter war ein Pudel, den er alle paar Jahre durch einen neuen ersetzte. Schopenhauer war ein Außenseiter und ein Misanthrop sondergleichen. Er verglich die Menschen mit Stachelschweinen, die zwar Nähe und Wärme suchen, aber sich mit ihren Stacheln gegenseitig verletzen, wenn sie zu eng aufeinandersitzen.

Schopenhauer suchte sich aus verschiedenen Denkrichtungen die deprimierendsten Einsichten zusammen und flickte daraus seine eigene Philosophie. So kombinierte er Kants Einsicht, dass die Welt eine bloße Erscheinung ist, mit der buddhistischen Lehre, dass alles Leben Leiden bedeutet. Die Welt, so fügte Schopenhauer hinzu, werde regiert von einem dunklen Drang, einem blinden Lebens- und Überlebenstrieb, den er »Wille« nennt.

Dieser Trieb steuert Pflanzen und Tiere ebenso wie Menschen. Nach Schopenhauer werden wir von unseren Bedürfnissen und Neigungen durchs Leben gehetzt, von einer Befriedigung zur nächsten. Das Leben sei somit ein endloses Streben. Sobald ein Bedürfnis befriedigt ist, baut sich bereits das nächste auf. In der Phase dazwischen empfinden wir nach Schopenhauer eine erdrückende Langeweile, in der wir der Sinnlosigkeit der Welt gewahr werden. Das Leben gleiche einem schwingenden Pendel aus Schmerz und Langeweile. In diesem Sinne schreibt der irische Literat Oscar Wilde später: »Es gibt nur zwei Tragödien im Leben. Die eine besteht darin, dass man nicht bekommt, was man sich wünscht, und die andere darin, dass man es bekommt.«

Für Schopenhauer gibt es jedoch einen Ausweg aus dem Leiden: die Verneinung des Willens. Nichts zu wollen – darin bestehe unser Glück. Diesen von egoistischen Trieben und Wünschen freien Zustand könne man auf drei Arten erreichen: Durch das selbstvergessene Betrachten des Schönen und der Kunst, durch das Empfinden von Mitleid und durch Meditation, gepaart mit einer asketischen Lebensweise. Für Schopenhauer ist Glück, ebenso wie für Epikur, also nichts weiter als die Abwesenheit von Leid – nicht Wunscherfüllung, sondern Wunschlosigkeit.

Vielleicht halten Sie die Epikureer, zusammen mit Schopenhauer und den Stoikern, nun für ängstliche Langweiler, die sich mit wenig zufriedengeben und keine Höhen und Tiefen erleben möchten – ein ödes Leben in der Mittelmäßigkeit. Und vielleicht denken Sie: Lieber eine heftige Party feiern und danach verkatert sein, als abends brav zu Hause bleiben. Friedrich Nietzsche hätte Ihnen zugestimmt. Für ihn ist das Leben eine intensive Achterbahnfahrt, mit allem, was dazugehört: Tempo, Nervenkitzel, Todesangst, Hochgefühle – und Erbrechen. Und kaum ist die Fahrt vorbei, heißt es: Nochmal von vorn!

## Ewige Wiederkehr des Gleichen

*Stellen Sie sich vor, Ihr gesamtes Leben würde sich unendlichfach wiederholen. Jedes einzelne Detail: der erste Kuss, die Gespräche auf dem Schulhof, die intensiven Abende zu zweit, der Streit mit dem Vorgesetzten, der Jobwechsel, die Trennung vom Partner, die Entscheidung, Kinder zu haben – einfach alles. Wären Ihre Entscheidungen anders ausgefallen, wenn Sie mit der Einstellung gehandelt hätten, dass sich Ihr Leben unendlichfach wiederholen würde? Würden Sie in Zukunft anders leben, wenn Sie wüssten, dass sich Ihr Leben auf ewig wiederholen würde?*

*Manchmal sagen wir: »Ich würde es wieder tun.« Ist diese Einschätzung der Prüfstein für ein authentisches, ja vielleicht sogar für ein wahrhaft gelungenes Leben? Leben wir erst dann unser eigenes Leben, wenn uns der Gedanke an eine ewige Wiederholung nicht abschreckt, sondern Freude bereitet?*

Dieses Gedankenspiel stammt von dem deutschen Philosophen Friedrich Nietzsche, dem großen Alleszertrümmerer, der mit dem Hammer philosophierte, den Tod Gottes verkündete, die Umwertung aller Werte propagierte und den Übermenschen herbeisehnte. Seine Texte beeindrucken durch Geist und Stil und zeugen von einer starken Persönlichkeit. Sein Leben dagegen war von Leid und Krankheit geplagt – er litt an starker Migräne und starb in geistiger Umnachtung. Manchmal hat man den Eindruck, Nietzsche kompensierte sein trauriges Leben mit der Theorie: Der Mann, der in seiner Theorie das Mitleid verspottete, brach in Tränen aus, als er sah, wie ein Kutscher sein Pferd peitschte.

In seiner Frühphase war Nietzsche begeistert von Schopenhauers pessimistischer Philosophie und verehrte die Musik Wagners. Trost und Erlösung, meinte er, seien allein in der Kunst zu finden – insbesondere in der griechischen Tragödie und der Musik. Für Nietzsche galt: »Ohne Musik wäre das Leben ein Irrtum.« Sie zeige uns nämlich, wie der Schmerz auch lustvoll sein kann. Dissonante Klänge verleihen einem Musikstück erst die nötige Spannung, Intensität und Abwechslung. Das gilt auch für die Dissonanzen des Lebens. Wir müssen nach Nietzsche lernen, das Leben gleichsam als musikalisches Kunstwerk zu sehen – mit ästhetischem Gefallen am Wechselspiel von Spannung und Auflösung. Nur so kann das jämmerliche Dasein erträglich gemacht werden: »Nur als ästhetisches Phänomen ist das Dasein und die Welt ewig gerechtfertigt«, schreibt Nietzsche.

Er wandte sich später gegen Schopenhauers Pessimismus und suchte nach einer eigenen, heiteren Philosophie der Lebenskunst. Aus dem Pessimisten wurde der große Lebensbejaher. »Amor fati« – liebe dein Schicksal, lautete Nietzsches Forderung. Dieser »tiefste Gedanke«, wie er schreibt, schoss ihm auf einer Wanderung in den Schweizer Bergen durch den Kopf: Die Welt ist ewig und alles wird sich unendlichfach wiederholen. Diese Vorstellung sollte uns jedoch nicht beunruhigen, sondern beglücken. Sie sei der Prüfstein eines gelungenen Lebens. Die Antwort auf die Frage, wie wir leben sollen, lautet nach Nietzsche also: Lebe so, dass du dein Leben liebst und möchtest, dass jeder einzelne Moment unendlichfach wiederkehrt. Das ist die Lehre der ewigen Wiederkehr des Gleichen. Ob Nietzsche wirklich an eine ewige Wiederkehr geglaubt hat oder ob er in der Vorstellung bloß ein Hilfsmittel für das Lebensglück sah, ist unklar. Da für die Überzeugung, alles käme immer und immer wieder, gute Gründe fehlen, gehen wir besser der zweiten Variante nach und fragen, ob uns die bloße Vorstellung an die ewige Wiederkehr wirklich helfen kann, glücklich zu werden.

»Denn alle Lust will Ewigkeit – will tiefe, tiefe Ewigkeit«, schreibt Nietzsche in seinem Werk *Zarathustra*. Tatsächlich: In einem lustvollen Moment des Glücks wollen wir, dass er nie mehr aufhört. Ein intensives Gespräch unter Freunden, zärtliche Stunden zu zweit, ein Drogenrausch auf einer Party oder ein Flow-Gefühl bei der Arbeit – wir können nicht genug davon bekommen. Und das sollte nach Nietzsche nicht nur für einzelne Momente gelten, sondern auch für unser Leben insgesamt. Also sollten wir uns vor jeder Entscheidung fragen: Möchte ich das wirklich? Möchte ich, dass dasjenige, wofür ich mich entscheide, sich immer und immer wiederholt? Natürlich legt diese Frage ein enormes Gewicht auf jede einzelne unserer Entscheidungen, schließlich wäre jede Entscheidung für die Ewigkeit. Erdrückt uns dieser Gedanke nicht? Nicht, wenn wir die Entscheidung wirklich wollen – wenn wir voll und ganz hinter dem stehen können, was wir tun. Dann leben wir nicht mehr vor uns hin, sondern fangen an, bewusst zu leben und keine faulen Kompromisse zu machen. Manche würden vielleicht mutiger leben, andere umsichtiger, manche egoistischer und andere selbstloser. Das Lebensglück sieht für jeden ein bisschen anders aus. Ein für alle gültiges Glücksrezept gibt es nicht: »Dem Individuum«, schreibt Nietzsche, »soll man keine Vorschriften über den Weg zum Glück geben: denn das individuelle Glück quillt aus eigenen, Jedermann unbekannten Gesetzen, es kann mit Vorschriften von Außer her nur verhindert, gehemmt werden.« Für Nietzsche persönlich heißt das Geheimnis: gefährlich und intensiv leben, durch die Hölle gehen, Widerstände überwinden und stärker werden. So schreibt er: »Was ist Glück? – Das Gefühl davon, dass die Macht wächst, dass ein Widerstand überwunden wird.« Ganz nach dem Motto: »Was mich nicht umbringt, macht mich stärker.« Dieser Satz stammt übrigens auch von Nietzsche – dem leidenschaftlichen Wanderer und Bergsteiger. Erst der Aufstieg macht das Glück des Gipfelstürmers aus. Wer mit der Seilbahn fährt, erreicht nicht dasselbe Hochgefühl auf dem Gipfel.

Das Gedankenspiel der ewigen Wiederkehr gleicht in seinen Konsequenzen übrigens dem Gedanken an die eigene Sterblichkeit: »memento mori« – bedenke, dass du sterben wirst. Irgendwann sind wir alle tot. Man hat nur *eine* Chance. Also sollten wir sie packen: »Carpe diem« heißt die Devise – genieße den Tag. Es könnte unser letzter sein. Wir können uns auch fragen: Würde ich mein Leben verändern, wenn ich wüsste, dass ich nur noch fünf Jahre zu leben hätte? Was würde ich anders machen? Und falls ich mein Leben ändern würde: Zeigt das, dass ich jetzt nicht tue, was ich für richtig und wichtig halte? Nicht zwingend – ich könnte mich ja zum Beispiel dafür entscheiden, mein ganzes Vermögen ins Reisen zu investieren. Diese Option habe ich jetzt zwar auch, aber dann bin ich in fünf Jahren pleite und das Leben geht weiter. Dumm gelaufen. Zu leben, als gäbe es kein Morgen, kann fatale Konsequenzen haben. Dass wir gewisse Dinge nicht tun, obwohl wir sie gerne tun würden, heißt nicht, dass wir unser Leben verpassen – es heißt nur, dass wir auch langfristige Pläne haben. Der Gedanke an den eigenen Tod macht uns lediglich klar, dass wir vor lauter Plänen nicht vergessen sollten zu leben. Denn irgendwann ist die Achterbahnfahrt zu Ende. Und ein zweites Ticket steht nicht zum Verkauf.

## Sisyphos und der Stein

*Stellen Sie sich vor, Sie sind von den Göttern dazu verdammt worden, einen riesigen Stein einen Berg hinaufzurollen. Ihnen bleibt keine Wahl, also spucken Sie in die Hände und werfen sich in die*

*Arbeit. Mit Ihrem ganzen Körpergewicht stemmen Sie das runde Felsstück den Berg hinauf. Der Schweiß tropft Ihnen von der Stirn. Sie bluten an den Händen und lehnen sich mit dem ganzen Körper gegen den Fels. Ihre Wange presst sich an den harten Stein. Das Gesicht ist von Schmerzen verzerrt. Aber Sie machen weiter. Schritt für Schritt. Umdrehung für Umdrehung.*

*Allmählich vergessen Sie alles, was um Sie herum passiert, und denken weder an gestern noch an morgen. Es gibt nur noch Sie und den Stein. Es fühlt sich an, als wären Sie eins mit dem Stein. Sie vergessen die Zeit und bemerken auf einmal, dass Sie bereits oben angekommen sind. Endlich! Aber sobald Sie das bemerken, gleitet Ihnen der Stein aus den Händen und rollt den Berg hinab. Die ganze Mühe war umsonst. Ein sinnloses Unterfangen.*

*Nun hören Sie das Gelächter der Götter, die Ihnen zurufen: »Das ist dein Schicksal! Du must fortan diesen Stein immer und immer wieder den Berg hinaufstoßen. Und er wird jedes Mal wieder hinunterrollen.«*

*Völlig frustriert steigen Sie den Berg hinab, zu dem Stein, der wieder unten liegt. Sie atmen tief durch und werden sich Ihrer Lage bewusst. »Dieser Fels ist mein Schicksal, meine Aufgabe«, denken Sie. Unten angekommen, werfen Sie sich erneut in die Aufgabe und beginnen zu stoßen – nicht, weil die Götter es fordern, sondern weil Sie allein es wollen. Sie nehmen Ihr Schicksal in die eigene Hand und spüren auf einmal: Sie sind glücklich!*

Diese Überlegung stammt von Albert Camus, einem französischen Philosophen des 20. Jahrhunderts. Er war, neben Jean-Paul Sartre und Simone de Beauvoir, einer der bekanntesten Existenzialisten. Der Existenzialismus geht davon aus, dass der Mensch allein auf sich gestellt ist – in einer Welt ohne Gott, ohne Schicksal, ohne Plan. Die Existenzialisten denken über die Existenz des Menschen nach und widmen sich auch den dunklen Seiten des

Lebens – dem Tod, der Angst, der Verzweiflung und dem Absurden. Über all diesen Phänomenen jedoch leuchtet die absolute Freiheit des Menschen. Der Mensch ist das, wozu er sich macht, meinte Jean-Paul Sartre. Er ist das Wesen, das kein Wesen hat – ein Chamäleon, das alles aus sich machen kann. Jeder von uns kann jederzeit den Job kündigen, die Beziehung beenden, auswandern und alles hinter sich lassen. Unser Leben liegt allein in unserer Hand.

Vor diesem Hintergrund schrieb der aus Algerien stammende Albert Camus seine Philosophie des Absurden. Nach Camus gibt es weder einen Gott, noch hat die Welt einen Sinn. Wir leben inmitten eines unendlichen Universums, auf der Kruste eines Planeten, irgendwo am Rande einer Galaxie. Tag für Tag gehen wir zur Arbeit, erledigen unsere Dinge, trinken abends ein Bierchen und legen uns schlafen. Wir leben, als wüssten wir nicht, dass wir irgendwann sterben werden. Aber der Tod ist gewiss. Danach ist es aus und die Welt dreht sich weiter, als hätte es uns nie gegeben. Irgendwann wird auch die ganze Menschheit ausgestorben sein und niemanden wird es kümmern. Unser Leben gleicht dem einer Eintagsfliege.

Diese Sinnlosigkeit des Lebens verdrängen und vergessen wir oft. Wir tun so, als habe das, was wir tun, einen Sinn. Wir nehmen uns und unsere Projekte wichtig, verfolgen Ziele und sorgen uns um unsere Zukunft. Vielleicht können wir nicht anders. Fakt ist: Wir tun es. Obwohl viele von uns glauben, dass das Ganze eigentlich sinnlos ist. In diesem Kontrast besteht nach Camus die Absurdität: Der sinnsuchende Mensch, der Ziele verfolgt und sich sorgt – inmitten eines unendlichen Universums ohne Sinn. Diese Absurdität gleicht der Situation des Sisyphos. Auch er ist gezwungen, seiner täglichen Arbeit einen Sinn abzugewinnen. Letztlich aber weiß er: Der Stein rollt wieder runter. Unser Leben gleicht nach Camus also einer »Sisyphusaufgabe«, einem sinnlosen Unterfangen, ohne Zweck und ohne Erfolg.

Hier aber kommt der Clou. Camus meint nämlich: »Wir müssen uns Sisyphos als einen glücklichen Menschen vorstellen.« Die Sinnlosigkeit ist für Camus weder ein Grund zu verzweifeln, noch in Illusionen zu flüchten oder gar Selbstmord zu begehen. Im Gegenteil: Wir sollten unser Dasein in all seinen Zügen auskosten und das Hier und Jetzt möglichst intensiv leben. Das Bewusstsein der Absurdität ist zugleich die Entdeckung unserer Freiheit. Wir erkennen, dass wir nichts zu verlieren haben. Regeln, Pflichten, Pläne und Sorgen werden bedeutungslos. Sie wirken beliebig – wie alles andere. Es sind wir allein, die bestimmen, wo's langgeht. Wir nehmen unser Schicksal endlich in die eigene Hand. Und das fühlt sich verdammt gut an.

Sisyphos erkennt, dass der Fels allein seine Sache ist: »Sein Schicksal gehört ihm«, schreibt Camus. Darin bestehe sein Glück. Dasselbe gelte für uns Menschen. In einem gottlosen Universum gibt es keinen Plan, außer wir Menschen schmieden ihn. Der bewusste Mensch ist, wie Camus schreibt, »Herr seiner Tage« und seines Schicksals Schmied. Er lebt selbstbestimmt, hellwach, leidenschaftlich, neugierig und intensiv. Und er lehnt sich immer wieder gegen sein absurdes Schicksal auf: »Es gibt kein Schicksal, das durch Verachtung nicht überwunden werden kann«, schreibt Camus. In dieser revoltierenden Haltung bestehe die einzige Würde des Menschen. Zugleich ist die Revolte das Fundament von Camus' gefühlsbasierter Ethik der Menschlichkeit: Die Empörung angesichts von Unmenschlichkeit und Leid führe den Menschen aus der Einsamkeit heraus zur Solidarität mit seinen Mitmenschen. In der Revolte werde der Mensch vom »solitaire« zum »solidaire« – vom Einzelgänger zum solidarischen Mitbürger. Er beginnt für etwas zu kämpfen, das ihn mit seinen Mitmenschen verbindet: die menschliche Würde.

# Die Glücksmaschine

*Stellen Sie sich vor, es gäbe eine Glücksmaschine. Sie könnten sich an diese Maschine anschließen lassen und würden all das erleben, was Sie sich sehnlichst wünschen: Gesundheit, Liebe, Freunde, Sex, Freizeit, Erfolg, Reichtum und Ansehen. Sie wären vollkommen glücklich! Der Haken an der Sache ist: Was Sie erleben, ist eine Illusion. Sobald Sie jedoch an die Maschine angeschlossen sind, halten Sie alles für real. Sie können sich also entscheiden zwischen Ihrem realen Leben und dem erlebbar gewordenen Wunschtraum. Wie würden Sie sich entscheiden? Würden Sie sich an die Maschine anschließen? Und wenn ja, für wie lange?*

Dieses Gedankenexperiment stammt von dem 2002 verstorbenen US-amerikanischen Philosophen Robert Nozick, der in Harvard lehrte. Das Gedankenspiel möchte die Annahme widerlegen, wonach Glück der oberste Wert für uns Menschen ist. Bereits Friedrich Nietzsche hat über diese hedonistische Ansicht gespottet, als er schrieb: »Der Mensch strebt nicht nach Glück; nur der Engländer tut das.«

Fakt ist: Die meisten Menschen würden sich nicht an eine solche Maschine anschließen lassen, obwohl sie danach glücklicher wären. Es kommt uns also nicht nur auf das Glück an. Aber warum möchten wir uns nicht für den Rest unseres Lebens an diese Maschine hängen? Was würde uns fehlen? Unsere Freunde? Die Arbeit? Aber sobald wir an die Maschine angeschlossen sind, käme es uns doch so vor, als hätten wir Freunde und würden arbeiten. Oder fehlt uns vielleicht der Schmerz, die Traurigkeit und das Leiden – Dinge, die auch zum Leben gehören? Aber sofern uns diese Dissonanzen des Lebens glücklich machen, würde die Maschine auch solche

Erlebnisse in uns hervorrufen. Alle Erlebnisse, die wir uns wünschen, könnten wir bekommen – egal, ob Wohlgefühl oder Schmerz.

Das Problem ist: Das gute Leben besteht nicht bloß in einer Reihe wünschenswerter Erlebnisse. Wir wollen das echte, wahre Leben. Wir wollen die wirkliche Welt und unser wahres Ich erkennen. Wir wollen echte Beziehungen eingehen und unsere Persönlichkeit entwickeln. Wir wollen tätig sein und etwas in der Welt bewirken. Kurz: Wir wollen erkennen, handeln und etwas sein. Wenn wir an die Glücksmaschine angeschlossen sind, können wir das jedoch nicht, obwohl es uns so vorkommt. Deswegen würden wir vor den lebenslänglichen Verheißungen der Maschine zurückschrecken. Aber warum nicht für ein paar Stunden oder gar Tage? Warum nicht in den Ferien statt ans Meer an die Maschine? Was ist denn so schlimm daran, sich einer Illusion hinzugeben? Was gibt es Schöneres als Tagträume? Und tauchen wir nicht gern in die fiktiven Welten des Kinos und der Literatur ein? Wo liegt der Unterschied?

# Erkenntnis

Was können wir überhaupt von der Welt wissen? Können wir die objektive Wirklichkeit erkennen oder müssen wir uns mit bloßen Erscheinungen zufriedengeben? Welchen Meinungen können wir mit guten Gründen vertrauen und woran sollten wir kritisch zweifeln? Haben unterschiedliche Lebewesen und Kulturen eine eigene Perspektive auf die Welt? Und: Gibt es eine richtige Sicht der Dinge? Diese Fragen stehen im Zentrum des folgenden Kapitels. Die philosophische Disziplin, die sich mit ihnen beschäftigt, heißt »Erkenntnistheorie« und fragt nach der Art, den Quellen und den Grenzen des menschlichen Wissens. Die treibende Kraft hinter diesem Unternehmen ist der Skeptizismus. Skeptiker sind lästige Zeitgenossen, die alles anzweifeln und infrage stellen. Manche Skeptiker haben gar in Zweifel gezogen, dass wir überhaupt etwas wissen können. Für ihre Zweifel haben die Skeptiker in der Regel gute Gründe. Sie bezweifeln etwa die Gültigkeit unserer Wahrnehmungen und behaupten, Tiere würden die Welt anders wahrnehmen als wir. Woher wissen wir denn, dass unsere Sicht der Dinge zutreffend ist? Aber die Skeptiker stellen nicht nur die Wahrnehmung, sondern auch unser Denken infrage: Woher wissen wir, dass unsere Vernunft in der Lage ist, die Welt so zu denken, wie sie wirklich ist? Wir alle haben uns schon getäuscht – wie also können wir sicher sein, dass wir uns nicht immer und überall täuschen? Woher wissen wir eigentlich, dass wir jetzt gerade nicht träumen?

Einige Skeptiker ließen sich von diesen Zweifeln nicht beunruhigen. Im Gegenteil: Sie glaubten, nur die Ungewissheit könne uns glücklich machen. Denn wer dogmatisch durchs Leben gehe und starke Meinungen habe, der verkrampfe, empöre und ereifere sich über Dinge, die man auch anders sehen kann. Zweifel führen nicht etwa zu Unruhe, sondern zu Gelassenheit, meinten sie.

In der ganzen Debatte stellt sich immer wieder die Frage, was Wissen und Wahrheit überhaupt ist. Wann können wir mit gutem Grund behaupten, wir wüssten etwas? Müssen wir den Irrtum mit absoluter Sicherheit ausschließen können? Oder reicht es bereits, wenn das meiste auf die Wahrheit hindeutet? Wann sind wissenschaftliche Theorien wahr? Wenn ihre Modelle die objektive Wirklichkeit abbilden oder wenn sie richtige Vorhersagen erlauben? Diese Fragen sind alles andere als leicht zu beantworten. Versuchen sollten wir es dennoch. Und dazu müssen wir zunächst in Platons Höhle hinabsteigen.

### Gefangen in der Höhle

*Stellen Sie sich vor, Sie sind seit Ihrer Geburt in einer Höhle festgekettet und starren auf eine Wand. Auf dieser Wand sind Schatten zu sehen und Sie hören Geräusche, die von der Wand reflektiert werden, so als sprächen die Schatten miteinander. Ihre ganze Welt besteht aus diesen lebendig wirkenden Schatten. Mehr gibt es für Sie nicht. Sie sind gefangen in einer Scheinwelt.*

*Nun aber werden Ihre Ketten gelöst. Sie drehen sich um – und können Ihren Augen kaum trauen. Sie sehen zum ersten Mal dreidimensionale, räumliche Objekte. Und nun sehen Sie auch ein Feuer, das die Schatten produziert hat, die Sie bislang für echte*

*Dinge gehalten haben. Sie bemerken, dass die Schatten auf der Wand bloße Abbilder von leblosen Statuen waren, die Menschen hinter Ihnen vorbeitrugen. In Wirklichkeit haben sich diese Menschen miteinander unterhalten, während Sie dachten, die Schatten sprächen. Sie haben also die Schatten von Statuen – gewissermaßen die Abbilder von Abbildern – für wirkliche Menschen gehalten und sich somit doppelt getäuscht. Nun haben Sie die wahre Situation in der Höhle jedoch durchschaut. Aber Sie realisieren noch nicht, dass Sie in einer Höhle sind – bis Sie ein weiteres Licht sehen, viel heller als das kleine Feuer. Sie folgen diesem Licht, steil hinauf zum Ausgang der Höhle, und treten ans Tageslicht, wo Sie geblendet werden von der Helligkeit. Ihre Augen brauchen Zeit, um sich an das grelle Licht zu gewöhnen. Es schmerzt. Mit der Zeit jedoch sehen Sie die Dinge so klar wie noch nie zuvor.*

*Erst jetzt realisieren Sie, in welcher Scheinwelt Sie bisher gelebt haben. Sie möchten wieder in die Höhle hinabsteigen und den anderen Gefangenen von Ihrer Erleuchtung erzählen. Doch als Sie die Höhle betreten, sehen Sie nur noch schwarz. Die Schatten auf der Wand sind für Ihre Augen kaum noch erkennbar. Die Gefangenen halten Sie deshalb für geistig verwirrt, für einen überheblichen Spinner, der von anderen, unverständlichen Welten schwärmt.*

Dieses weltberühmte Höhlengleichnis stammt von Platon, der im 4. Jahrhundert v. Chr. in Athen lebte und die erste Akademie gründete – ein Vorläufer der heutigen Universitäten. Platons Lehrer und zugleich sein großes Vorbild war Sokrates, der sich auf dem Marktplatz Athens herumtrieb und die Leute mit philosophischen Fragen über das Wahre, Schöne und Gute belästigte. Sokrates verwickelte die Bürger Athens in tiefschürfende Diskussionen und hinterfragte ihr Leben, ihre Werte und ihre Überzeugungen. Im Gegensatz zu den sogenannten Sophisten, die ihre Lebensweisheiten mit rhetorischem Geschick gegen Geld verkauften, war Sokrates bescheiden und pflegte zu sagen: »Ich weiß, dass ich nichts weiß.« Dieses Nichtwissen war anstecksend. Meist stürzte er die Gesprächspartner durch seine Fragetechnik in tiefe Zweifel. Sie waren wie gelähmt. Nicht umsonst vergleicht Platon Sokrates mit einem Zitterrochen, der eine elektrisierende und lähmende Wirkung hat. Sokrates gleicht aber nicht nur einem Zitterrochen, sondern auch einer Hebamme: Er hilft seinen Gesprächspartnern durch geschickte Fragen bei der Geburt eigener Ideen und Gedanken. So zumindest beschreibt es Platon in seinen Dialogen, in denen Sokrates eine wichtige Rolle spielt. Ohne diese Dialoge wüssten wir nur wenig über Sokrates, denn dieser hat keine Schriften verfasst – vermutlich glaubte er, gute Philosophie sei nur im mündlichen Gespräch möglich. Platons Dialoge sind allerdings fiktiv und nicht etwa Mitschriften von Gesprächen, die Sokrates tatsächlich geführt hat. Bei ihrer Interpretation ist also Vorsicht geboten – dennoch erlauben sie uns ein ungefähres Bild davon, wie Sokrates mit seinen Gesprächspartnern philosophiert hat. Und wir erfahren auch etwas über Platons eigene Theorie, wiederum durch die Worte seiner Dialogfiguren.

Nach Platon ist die wahrnehmbare Welt nicht die Wirklichkeit, sondern eine bloße Scheinwelt. Er glaubte, dass es eine höhere Wirklichkeit gibt: die Welt der Ideen. Platons Ideenlehre kann leicht anhand eines Beispiels verdeutlicht werden: Nehmen Sie einen Stift zur Hand und zeichnen Sie einen Kreis. Fertig? Ihr Kreis wird nicht perfekt rund sein – nicht alle Punkte der Kreislinie werden denselben Abstand zum Zentrum haben. Der gezeichnete Kreis ist also lediglich ein ungenaues und leicht verzerrtes Abbild dessen, was ein Kreis eigentlich ist. Der mathematische Kreis nämlich – die ausdehnungslose Linie, deren Punkte alle denselben Abstand zum Zentrum haben – kann weder gezeichnet noch wahrgenommen werden. Der wahre Kreis ist eine bloß denkbare Idee. All die wahrnehmbaren Kreise jedoch – ob groß oder klein, dick oder dünn, schwarz oder grün, genau oder ungenau – sind lediglich Abbilder und Darstellungen der Idee des Kreises, gleichsam Annäherungen an den wahren Kreis. Diese Idee des Kreises müssen wir sozusagen als geistige Schablone im Hinterkopf haben, um beurteilen zu können, ob eine gezeichnete Figur nun ein Kreis oder ein Sechseck ist. Nur weil wir die Idee des Kreises kennen, können wir in einzelnen Figuren überhaupt Kreise erkennen. Die Idee des Kreises ist selbst also nicht wahrnehmbar, aber sie hilft uns, wahrnehmbare Kreise als solche zu erkennen. Die Idee ist wie ein Vorbild.

Was für Kreise gilt, trifft nach Platon auf alle möglichen Gegenstände zu, etwa auch auf Bäume, Menschen, schöne Dinge und gute Handlungen. Es gibt, so Platon, eine Idee des Baumes, die das in sich versammelt, was alle Bäume gemeinsam haben – dasjenige also, was einen Baum zu einem Baum macht. Diese Idee des Baumes kann man weder sehen noch anfassen, sondern nur denken. Dasselbe gilt für die Idee des Guten. Alle guten Dinge haben etwas gemeinsam, nämlich das Gute selbst. Diese abstrakte Idee des Guten lässt uns überhaupt erkennen, welche einzelnen Dinge, Handlungen und Charakterzüge gut sind und welche nicht. Und sie leitet uns im Handeln und Denken.

Die Idee des Guten ist nach Platon das Ziel, um dessen willen wir alles tun. Wer das Gute erkannt hat, der tue es auch, meint Platon. Er glaubte jedoch, dass man eine aufwendige und langwierige philosophische Ausbildung absolvieren müsse, ehe man das wahrhaft Gute erkennen könne. Man müsse fünfzig Jahre auf dem Buckel haben, meint er. Dann sei man reif für die allerhöchste Einsicht. Und danach geht's ab in die Politik. Dann müsse man seinen Mitbürgern den Weg weisen. Denn nur die Philosophen seien gute Könige und Herrscher. Aber Achtung:

Nachdem man sich von den Fesseln befreit und die Höhle des Scheins verlassen hat, denken die Gefangenen in der Höhle, man sei ein Spinner. Das kann gefährlich werden: Platons Lehrer Sokrates wurde aufgrund seiner Philosophie 399 v. Chr. zum Tode verurteilt und musste das Gift aus dem Schierlingsbecher trinken. Philosophie kann tödlich sein.

Die sokratischen Fragen nach dem Wahren, Schönen und Guten sind auch heute noch wegweisend für die Philosophie. Platons Ideenlehre findet allerdings kaum noch Zustimmung, obwohl seine Zweifel an der Zuverlässigkeit der Wahrnehmung noch lebendig sind. Denn woher wissen wir eigentlich, dass die Welt wirklich so ist, wie sie uns erscheint? Könnten uns unsere Sinne nicht täuschen?

## Das Gehirn im Glas

*Stellen Sie sich vor: Ein äußerst kluger und hinterlistiger Neurowissenschaftler hat sich letzte Nacht in Ihr Schlafzimmer geschlichen, Sie betäubt und Ihr Gehirn aus Ihrem Körper herausoperiert. Danach legte er es in Nährlösung und schloss es an einen riesigen Computer an, der die Nervenimpulse Ihres Gehirns verarbeitet und es mit unzähligen Signalen versorgt. Der Neurowissenschaftler kann Ihr Gehirn mit gezielten Reizen versorgen, sodass Sie genau das erleben, was er möchte. Durch elektrische Signale kann er jeden nur denkbaren Wahrnehmungseindruck in Ihnen erzeugen, etwa den Eindruck, Sie befänden sich gerade in Ihrer gewohnten Umgebung. Und genau das hat er getan! Sie erleben seit heute Morgen eine komplette Illusion. So glauben Sie etwa, einen Körper zu haben und gerade dieses Buch zu lesen. Dabei liegt Ihr Gehirn in Nährlösung in einem Labor, angeschlossen an einen Computer. Möchten Sie eine Seite weiterblättern in*

*dem Buch, das Sie zu sehen glauben, dann sorgt der Computer*
*dafür, dass Ihr Gehirn bestimmte Signale erhält, wodurch es Ihnen*
*so scheint, als würden Sie die Hand heben, nach der Seite greifen*
*und weiterblättern. In Wirklichkeit aber blättern Sie überhaupt*
*nicht, Sie lesen auch nicht, Sie sitzen nicht und Sie atmen nicht. Sie*
*sind nur noch ein Gehirn in einem Behälter, angeschlossen an*
*Drähte. Das glauben Sie nicht? Können Sie es denn ausschließen?*

Dieses Gedankenexperiment stammt von dem 1926 geborenen
US-amerikanischen Philosophen Hilary Putnam. Die Idee dahinter ist allerdings viel älter. Die Vorstellung, unser Leben könnte
eine bloße Illusion sein, findet sich bereits bei antiken Skeptikern. Es gibt Situationen, in denen unsere Sinne uns täuschen,
etwa bei optischen Täuschungen, bei schlechter Sicht oder während eines Drogenrauschs. Und oft sind wir uns der Täuschung
nicht bewusst – wir verwechseln Schein und Sein. Die Skeptiker
fragen nun: Könnte es vielleicht sein, dass wir uns immer täuschen? Sind die Dinge wirklich so, wie wir sie wahrnehmen?
Andere Lebewesen nehmen die Welt vermutlich anders wahr als
wir. Denken Sie an einen Hund, an eine Spinne oder an eine
Fledermaus. Aber welche Sichtweise ist die richtige? Wie können wir die objektive Welt erfassen, wenn wir doch immer nur
sinnliche Eindrücke von ihr haben? Ist es überhaupt möglich,
einen Blick hinter die Erscheinungen zu werfen?

Im 17. Jahrhundert hat der französische Philosoph René Descartes
die Zweifel an der Erkennbarkeit der Welt radikalisiert. Er wollte
die Wissenschaft auf ein festes, unbezweifelbares Fundament
stellen. Zu diesem Zweck versuchte er an allem zu zweifeln, woran
man überhaupt zweifeln kann. Er fragte beispielsweise, woher wir
denn wissen, dass unser Leben kein bloßer Traum ist. Schließlich
wissen wir im Traum oft auch nicht, dass wir träumen, sondern

halten die geträumten Erlebnisse für wirklich. Der Gipfel seines Zweifels bestand in einem Gedankenexperiment, das der Überlegung mit dem Gehirn im Glas sehr nahe kommt. Wir können uns, so Descartes, einen bösen Geist vorstellen, der Wahrnehmungen und Gedanken in uns hervorruft und uns so eine täuschend echte Welt vorgaukelt. Auch bei den einfachsten Dingen könnte uns dieser böse Geist täuschen. So kann er uns etwa dazu bringen zu glauben, eins plus eins ergibt drei. Wir würden den Fehler nicht bemerken. Descartes fragt sich nun: Gibt es etwas, worin uns dieser böse Geist unmöglich täuschen kann? Gibt es etwas, woran wir nicht zweifeln können, auch wenn uns ein böser Geist in die Irre führt, wo er nur kann? Descartes meint, ja, es gäbe eine unbezweifelbare Gewissheit, nämlich die Tatsache, dass ich denke. Auch wenn ich in allem, was ich denke, getäuscht werde, gilt dennoch: Ich denke. Ich erlebe und denke etwas, auch wenn meine Erlebnisse trügerisch und meine Gedanken falsch sind. Es geht etwas in mir vor. Das weiß ich mit Sicherheit. Dann aber muss es mich auch geben. Keine Gedanken ohne Denker. »Cogito ergo sum« – Ich denke, also bin ich, schreibt Descartes. Mein bewusstes Erleben ist das unbezweifelbare Fundament der Erkenntnis – und der Beweis für meine Existenz.

Hilary Putnam hat Descartes' Gedankenexperiment mit dem bösen Dämon in unsere Zeit übersetzt. Da die heutige Wissenschaft davon ausgeht, dass unser bewusstes Erleben durch Vorgänge im Gehirn erzeugt wird, müsste es prinzipiell möglich sein, bestimmte Erlebnisse durch gezielte Stimulationen des Gehirns hervorzurufen. Den Körper braucht man dazu nicht, denn letztlich werden die Erlebnisse im Gehirn erzeugt. Wenn wir eine rote Rose sehen, dann leitet unser Auge die Information an unser Gehirn weiter und unser Gehirn erzeugt das Bild einer roten Rose. Den Weg vom Auge zum Gehirn kann man sich sparen, wenn man den identischen Gehirnzustand künstlich erzeugen kann. Dann sieht der Mensch, dessen Gehirn stimuliert wird, eine rote Rose, obwohl weit und breit keine in Sicht ist. Dasselbe könnte man mit Sonnenuntergängen, Spaziergängen oder mit einem intimen Kuss machen. Durch Gehirnstimulation kann man uns prinzipiell alles Mögliche vorgaukeln. Und vielleicht wird das bereits gemacht! Vielleicht schwimmt unser Gehirn in Nährlösung und wird durch zahlreiche Drähte gezielt stimuliert, sodass wir glauben, einen Körper zu haben und gerade ein Buch zu lesen. Wie können wir ausschließen, dass es so ist? Wissen wir, dass wir kein bloßes Gehirn in einem Glas sind?

Putnam meint, ja, wir können wissen, dass wir kein bloßes Gehirn in einem Glas sind. Seine Argumentation ist kompliziert, und nicht wenige Philosophen haben sich die Zähne daran ausgebissen. Putnam beginnt seine Überlegung mit einem weiteren Gedankenspiel: Stellen Sie sich vor, eine Ameise läuft im Sand und hinterlässt eine Spur, die aussieht wie ein Porträt von Winston Churchill. Nun die Frage an Sie: Hat die Ameise Churchill porträtiert? Wohl kaum. Die Spur hat zufälligerweise große Ähnlichkeit mit Churchill, aber die Ameise hat nicht absichtlich ein Bild von Churchill in den Sand gezeichnet. Wie könnte sie auch?! Schließlich weiß sie überhaupt nicht, wer Churchill ist. Wenn ein Kleinkind auf ein Papier kritzelt und dieses Gekritzel zufällig wie Einsteins Formel »E = mc²« aussieht, dann würde man auch nicht behaupten, das Kind habe gerade Einsteins Formel hingeschrieben. Schließlich kennt das Kind weder Einstein, noch ist es in der Lage, die allgemeine Relativitätstheorie zu verstehen.

So weit, so gut. Aber was sollen diese Beispiele zeigen? Putnam meint: In beiden Fällen versagt die Bezugnahme. Die Zeichnung der Ameise bezieht sich nicht auf Churchill und das Gekritzel des Kindes sich nicht auf Einsteins Energiesatz. In beiden Fällen fehlt die Verbindung zwischen Darstellung und Dargestelltem – und das, obwohl die Ameisenspur dem Profil von Churchill sehr nahe kommt und das Gekritzel des Kindes aussieht wie Einsteins Formel. Ähnlichkeit scheint nicht hinreichend zu sein für eine Repräsentation. Was aber hat diese Einsicht mit der Frage zu tun, ob wir bloße Gehirne im Glas sein könnten?

Nach Putnam können wir nur auf Dinge Bezug nehmen, mit denen wir in einer kausalen Verbindung stehen. Wenn ich über die Felder wandere und vor mir ein Baum auftaucht, dann löst dieser Baum eine Wahrnehmung in mir aus, woraufhin ich denke: »Vor mir steht ein Baum.« Das Wort »Baum« bezieht sich also auf die Ursache meines Wahrnehmungseindrucks. Wenn im australischen Busch ein Feuer ausbricht und die Aborigines »Waboo!!!« rufen, dann gehen wir davon aus, dass der Ausdruck »Waboo« Feuer bedeutet, denn das Feuer war Anlass ihrer Äußerung. Wenden wir nun diese Einsicht auf das Gehirn im Glas an. Angenommen, die Person, deren Gehirn in Nährlösung schwimmt, glaubt, einen Baum vor sich zu sehen. Natürlich wurde dieser Wahrnehmungseindruck nicht von einem Baum ausgelöst, sondern von dem Supercomputer, mit dem das Gehirn verbunden ist. Wenn die Person seit ihrer Geburt an diesen Computer angeschlossen ist, dann hatte sie noch nie Kontakt mit richtigen Bäumen. All ihre Baumwahrnehmungen wurden nicht von Bäumen, sondern von dem Computer ausgelöst. Wenn sich das Wort »Baum« also auf die Ursache von Baumwahrnehmungen bezieht, dann bezieht sich die Person, deren Gehirn im Glas schwimmt, mit dem Wort »Baum« auf Computerbefehle. Sie kann sich unmöglich auf wirkliche Bäume beziehen.

So wie sich eine Ameise nicht auf Churchill beziehen kann, so kann sich auch ein Gehirn im Glas nicht auf Gegenstände der äußeren Welt beziehen. Seine Welt ist der Computer, an dem es angeschlossen ist. Obwohl die verdrahtete Person dasselbe erlebt wie wir, kann sie sich weder auf Bäume noch auf Menschen, Sonnenuntergänge oder Schwäne beziehen. All ihre Wahrnehmungen sind Produkte von Computerbefehlen. Und auf diese bezieht sie sich auch, wenn sie von »Bäumen«, »Sonnenuntergängen« oder »Schwänen« spricht. Und auch dann, wenn sie von »Gehirnen« spricht! Die verdrahtete Person kann weder über Gehirne noch über Gläser nachdenken. Sie kann also auch nicht denken, sie sei vielleicht ein bloßes Gehirn in einem Glas. Nur wir, die wir keine bloßen Gehirne im Glas sind, können über Gehirne im Glas nachdenken. Der Gedanke, dass ich ein Gehirn im Glas bin, muss also immer falsch sein! Entweder bin ich ein Gehirn im Glas – dann kann ich unmöglich denken, ich sei ein Gehirn im Glas. Oder ich bin kein Gehirn im Glas – dann kann ich es zwar denken, liege aber falsch. Bleibt jedoch die Frage: Wie weiß ich, ob ich denken kann, dass ich ein Gehirn im Glas bin? Woher weiß ich, ob sich meine Worte auf Bäume und Gehirne oder bloß auf Computerbefehle beziehen?

Putnams Argument gegen die Möglichkeit, dass wir Gehirne im Glas sind, wurde intensiv diskutiert. Die Meinungen gehen auseinander – wie so oft in der Philosophie. Es spricht jedoch einiges dafür, dass sich die skeptische Position nicht widerlegen lässt. Es könnte also sein, dass unser Leben ein langer Traum ist oder wir bloße Gehirne im Glas sind. Mit Sicherheit ausschließen lässt sich das wohl nicht. Aber es spricht nicht sonderlich viel dafür. Mit dieser Ungewissheit müssen wir wohl oder übel leben. Gewisse Skeptiker meinen, eher wohl als übel, denn wir bräuchten dieses Gefühl der Ungewissheit, um glücklich zu werden. Um diese »Pyrrhoneer« wird es im Folgenden gehen.

*Stellen Sie sich vor, Sie haben ein vierjähriges Kind, das rund um die Uhr »Warum?« fragt. »Du musst jetzt die Schuhe anziehen!« – »Warum?« – »Weil wir nach draußen gehen.« – »Warum?« – »Wir müssen noch einkaufen.« – »Warum?« – »Der Kühlschrank ist leer.« – »Warum?« Ich erspare Ihnen den Rest. Vielleicht kennen Sie die Schwierigkeit aus eigener Erfahrung: Egal, was Sie als Grund angeben, das Kind kann immer weiterfragen. Die Kette der Gründe nimmt kein Ende.*

*Ihnen bleiben aus logischer Sicht exakt drei Optionen: Entweder Sie geben für jeden Grund einen weiteren Grund an – dann müssten Sie sich unendlich lange mit dem Kind unterhalten und werden nicht vor Ladenschluss zum Einkaufen kommen. Oder Sie brechen irgendwann ab und sagen dem Kind: »Das ist einfach so! Da gibt es nichts zu begründen.« Oder, als dritte Option, Sie geben eine zirkuläre Begründung, etwa indem Sie dem Kind sagen: »Wir müssen einkaufen gehen, weil du Hunger hast.« – »Und Hunger hast du, weil der Kühlschrank leer ist und wir noch einkaufen müssen.« A wegen B, B wegen C und C wegen A. Leider sind alle drei möglichen Optionen unbefriedigend. Die unendliche Begründungskette nimmt kein Ende; der dogmatische Abbruch ist willkürlich und der Zirkelschluss ist ungültig. Sie stecken in einem sogenannten Trilemma und können Ihrem Kind gegenüber nicht begründen, warum es seine Schuhe anziehen soll!*

Dieses Begründungstrilemma wird dem antiken Skeptiker Agrippa zugeschrieben. Der deutsche Philosoph Hans Albert nannte es das »Münchhausen-Trilemma«, in Anlehnung an den Baron Münchhausen, der sich gemäß der Geschichte an den eigenen Haaren aus dem Sumpf gezogen haben soll. Ein unmögliches Projekt. Aber ist der Versuch einer Begründung wirklich so unmöglich wie der Ausstieg aus dem Sumpf? »Ja«, meinten die pyrrhonischen Skeptiker der griechischen Antike. Ihr Name bezieht sich auf Pyrrhon von Elis, ihren Lehrer und ihr Vorbild. Pyrrhon soll an allem gezweifelt haben und dabei stets seelenruhig geblieben sein. So wurde berichtet, er sei einst auf dem Meer in einen Sturm geraten, woraufhin die ganze Schiffsbesatzung unruhig und ängstlich wurde, Pyrrhon aber nicht. Dieser zeigte auf ein Schwein, das an Bord war und trotz des Sturmes friedlich weiterfraß. Pyrrhon meinte, man solle sich in Sachen Seelenruhe von dem Schwein eine dicke Scheibe abschneiden.

Die pyrrhonische Skepsis gilt als die radikalste Form des Zweifelns. Die Pyrrhoneer glaubten, wir könnten lediglich beurteilen, wie uns die Dinge erscheinen, niemals aber, wie sie wirklich sind. Vor jeden Satz, so meinten sie, sollte man die Worte »Es scheint mir gerade so, dass …« setzen. Alles andere wäre vermessen oder würde zu Widersprüchen führen. Der sokratische Satz »Ich weiß, dass ich nichts weiß« widerlegt sich streng genommen nämlich selbst: Wer nichts weiß, der kann auch nicht wissen, dass er nichts weiß, ansonsten wüsste er gleichzeitig nichts und etwas, was unmöglich ist. Ähnliches gilt für die Behauptung »Alles ist relativ«. Ist diese Behauptung selbst relativ oder absolut? Ist sie relativ, so verliert sie ihre Kraft. Ist sie aber absolut, dann widerspricht sie sich selbst. Solchen Fallen versuchen die Pyrrhoneer zu entgehen, indem sie lediglich berichten, wie die Dinge ihnen gerade erscheinen: »Es scheint mir so, dass wir nichts wissen können« oder »Alles scheint relativ zu sein«.

Pyrrhoneer sind der Ansicht, dass jeweils gleich gute Gründe für wie gegen eine Meinung sprechen. Pro und Kontra halten sich die Waage, egal, worum es gerade geht. Ist das Weltall endlich oder unendlich? Gibt es Gott oder nicht? Atomkraft ja oder nein? Kopftuch verbieten oder zulassen? Tiere streicheln oder schlachten? Demokratie schützen oder abschaffen? Besser der Vernunft oder dem Gefühl vertrauen? Der Physik oder der Esoterik Glauben schenken? In all diesen Fragen ließe sich keine gut begründete Entscheidung treffen, meinen die Pyrrhoneer. Es spreche jeweils ebenso viel für die eine wie für die andere Seite. Dieses Gleichgewicht widerstreitender Ansichten nannten sie »Isosthenie«.

Wer erst einmal eingesehen habe, dass sich Pro und Kontra in jeder Frage die Waage halten, der werde sich in seinen Urteilen zurückhalten. Diese Urteilsenthaltung nennen sie »Epoché«. Aus ihr folge schließlich die Seelenruhe, die »Ataraxie«. Wer sich nämlich von allen festen Meinungen befreie, der lege auch alle Sorgen, alle Empörung und allen Eifer ab. Wenn Sie unsicher sind, ob Besitz und Reichtum überhaupt erstrebenswert sind, dann werden Sie gelassen reagieren, wenn Sie ausgeraubt werden oder die Gesellschaft in eine Krise schlittert. Für Sie wird keine Welt zusammenbrechen. Wenn Sie nicht denken, dass es eine absolute Wahrheit gibt, dann werden Sie mit Andersdenkenden toleranter umgehen und auf Reisen nicht so leicht aus der Fassung zu bringen sein. Diese distanzierte Haltung birgt allerdings nicht nur die Gefahr der Gleichgültigkeit, sie kann auch zu Entscheidungsschwierigkeiten führen. Die Pyrrhoneer haben jedoch eine Lösung für diese Probleme: Sie orientieren sich im Denken wie auch im Handeln an dem subjektiven Eindruck, den die Dinge auf sie machen. Obwohl sich die Argumente dafür und dagegen die Waage zu halten scheinen, zieht es sie in eine Richtung, ohne Grund – vielleicht infolge ihrer Erziehung, ihrer Kultur oder einfach aufgrund der momentanen Verfassung. Dieser unbegründeten Neigung geben sie nach.

Die pyrrhonischen Skeptiker sind also der Ansicht, der Weg zur Seelenruhe führe über die Urteilsenthaltung und diese selbst folge aus dem Eindruck, dass jede Überzeugung nur so stark sei wie ihr Gegenteil. Aber wie begründen sie diese Isosthenie? Was spricht für das Gleichgewicht einander widersprechender Überzeugungen? Die Pyrrhoneer haben ein ganzes Arsenal von skeptischen Argumenten. Neben dem Trilemma der Begründung zählt das Argument von der Relativität zu den wichtigsten Zweifelsgründen. Es besagt, dass es immer mehrere Perspektiven auf eine Sache gibt. Die Dinge sehen aus anderen Blickwinkeln und in anderen Kontexten jeweils anders aus. Jedes Phänomen lässt immer mehrere Deutungen zu. Und wenn wir uns doch einmal auf eine Deutung festlegen, kann es uns passieren, dass zukünftige Generationen über uns lachen werden. Man hat einmal geglaubt, die Erde sei eine Scheibe, es gäbe Hexen, Schwarze seien minderwertig und technologischer Fortschritt mache uns glücklich. Heute glauben wir noch, Tiere seien minderwertig, Roboter könnten keine Gefühle haben und wir könnten nicht ewig leben. Mal sehen.

Zu der Relativität muss gesagt werden: Aus der Tatsache, dass Menschen unterschiedliche Ansichten haben, folgt nicht, dass es kein Richtig und Falsch gibt und alles relativ ist. Eine Seite kann richtig liegen und die andere falsch. Nehmen Sie die Frage der Gleichberechtigung der Frau. Früher hat die Mehrheit geglaubt, Frauen hätten nicht die gleichen Rechte wie Männer. Diese Leute lagen einfach falsch. Zu sagen »Aber aus ihrer Sicht war das richtig«, heißt nichts weiter als zu sagen »Sie haben etwas für wahr gehalten, das falsch war«. Aber: Warum können wir heute so sicher sein, dass wir recht haben? Nun, wir haben bessere Gründe für als gegen die Gleichberechtigung. Aber was sind gute Gründe? Ist die Tatsache, dass eine Überzeugung mit dem Koran übereinstimmt, ein guter Grund für eine Überzeugung?

Fundamentalisten meinen, ja. Sie vom Gegenteil zu überzeugen, erfordert Geduld, Einfühlungsvermögen und Scharfsinn. Was bräuchte es für Sie persönlich, um Sie von grundlegenden Überzeugungen abzubringen und damit Ihr Weltbild umzustürzen? Wie könnte man Sie dazu bringen, nicht mehr an die Physik und an die Menschenrechte, sondern an Voodoo-Zauber und die moralische Unbedenklichkeit von Sklaverei zu glauben? Würden Argumente reichen?

Kommen wir zum Schluss noch einmal auf Hans Alberts Münchhausen-Trilemma zu sprechen, das behauptet, jeder Begründungsversuch sei von vornherein zum Scheitern verurteilt. Irgendwo müsse man die Begründungskette abbrechen, ohne Grund. Damit steht das ganze Haus unserer Überzeugungen auf Sand und kann jederzeit in sich zusammenfallen. Aber stimmt das? Ist jedes Ende einer Begründungskette willkürlich und ungerechtfertigt? Betrachten wir als Beispiel die Behauptung: Lisa fühlt sich nicht gut. *Woher weiß ich das?* Sie hat es mir gesagt. *Kann man ihr glauben?* Ich denke schon. Ich hatte weder den Eindruck, dass sie lügt, noch sehe ich einen Grund, warum sie mich anlügen sollte. *Aber kann ich es ausschließen?* Nicht definitiv. Aber ich würde dennoch behaupten, dass ich weiß, dass sie sich schlecht fühlt. Sie hat es mir ja schließlich selbst gesagt. Was also will ich mehr? Ich kann schließlich nicht in sie hineinkriechen und fühlen, was sie fühlt. Wäre das nötig, dann wüssten wir nichts über das Innenleben anderer Menschen. Rein gar nichts. Diese Behauptung ist jedoch absurd. So als würde jemand behaupten, es gebe keine Ärzte – schließlich könne ein richtiger Arzt jedwede Krankheit innerhalb von einer Minute heilen. Diese Forderung ist schlicht und einfach unrealistisch und niemand stellt sie. So reden wir nicht.

Versuchen wir es noch mit einer anderen Behauptung: Gestern gab es Spaghetti zum Abendessen. *Woher weiß ich das?* Ich erinnere mich daran. *Aber kann mich die Erinnerung nicht täuschen?* Doch. In der Regel aber funktioniert sie einwandfrei. *Aber reicht das, um einen Wissensanspruch zu begründen?* Wenn nicht, müssten wir alles aufschreiben, um morgen noch wissen zu können, was wir heute gemacht haben. Das ist absurd.

Betrachten wir zum Schluss noch die Behauptung »Morgen wird es schneien«. *Woher weiß ich das?* Ich habe den Wetterbericht geschaut. *Und woher weiß ich, dass dieser zutreffen wird?* Bisher lag er meistens richtig. Daraus folgt zwar nicht zwingend, dass er auch für morgen richtigliegt. Aber mit hoher Wahrscheinlichkeit. David Hume, ein schottischer Philosoph aus dem 18. Jahrhundert, hat darauf hingewiesen, dass wir nie sicher sein können, ob die Sonne morgen wieder aufgehen wird. Recht hat er. Aber sollten wir uns deswegen zurückhalten im Urteil? Wohl kaum. Alles spricht dafür, nichts dagegen. Also haben wir allen Grund zu der Behauptung: »Ich weiß, dass morgen die Sonne aufgehen wird.« Aber wir können falsch liegen. Diese Position nennt sich »Fallibilismus« und ist vielleicht diejenige Position, die heute am prominentesten vertreten wird. Sie unterscheidet zwischen Wissen und Gewissheit. Wissen können wir, so die Fallibilisten, auch ohne absolute Gewissheit zu haben. Das ist gut so, denn die absolute Gewissheit haben wir nie. Diese Einsicht verdanken wir den Skeptikern.

## Der fehlende Blauton

*Stellen Sie sich vor, Sie gehen zum Schneider und möchten sich ein blaues Hemd anfertigen lassen. Nachdem der Schneider Ihre Maße genommen hat, fragt er Sie nach der Farbe, die das Hemd haben soll. Er meint, die Schneiderei hätte zwanzig verschiedene Blautöne im Angebot, und zeigt Ihnen einen Katalog mit neunzehn Mustern. Das eine Muster, Nummer 13, sei leider verlorengegangen. Es handle sich jedoch um einen Zwischenton zwischen Nummer 12 und 14. Tatsächlich gefallen Ihnen die blauen Farbmuster mit der Nummer 12 und 14 am besten, Sie vermuten jedoch, dass Ihre Wunschfarbe genau dazwischenliegt. Der Schneider meint nun: »Kein Problem. Sie sehen ja die beiden Muster 12 und 14. Nun stellen Sie sich einfach vor, wie der Blauton aussehen würde, der genau dazwischenliegt! Benutzen Sie einfach Ihre Vorstellungskraft!« Sie folgen der Anweisung und lassen Ihre Phantasie spielen. Doch irgendwie will Ihnen das Kunststück nicht recht gelingen. Wie auch, schließlich haben Sie diesen Farbton noch nie im Leben gesehen.*

*Der Schneider hilft etwas nach: »Stellen Sie sich einfach das blaue Muster Nummer 12 ein bisschen grüner vor, aber nicht so grün wie Nummer 14.« Auf einmal klappt es und Sie sehen das verlorene Muster Nummer 13 klar und deutlich vor Ihrem inneren Auge. »Genau diese Farbe soll das Hemd haben!«, denken Sie und gehen beglückt nach Hause. Zu Hause angekommen, beginnen Sie allerdings zu zweifeln und fragen sich: »Wie ist es möglich, sich eine Farbe vorzustellen, die man noch nie gesehen hat?«*

Dieses Beispiel stammt von David Hume (1711–1776), der zusammen mit John Locke (1632–1704) und George Berkeley (1685–1753) zu den sogenannten Empiristen zählt. Der Empirismus ist eine philosophische Strömung, die davon ausgeht, dass all unser Wissen über die Welt durch die Sinneswahrnehmung vermittelt ist. »Nichts ist im Verstand, was nicht vorher in den Sinnen war«, lautet der Slogan der Empiristen. John Locke, der Begründer des britischen Empirismus, vergleicht den menschlichen Geist bei der Geburt mit einem unbeschriebenen Blatt, einer »tabula rasa«. Damit wendet er sich dezidiert gegen die sogenannten Rationalisten, die behaupten, es gäbe angeborene Ideen und Erkenntnisse. Bereits Platon, der Urvater des Rationalismus, hatte behauptet, die philosophischen Einsichten könne man nicht durch Wahrnehmung und Erfahrung lernen, sondern allein durch reines Nachdenken – durch eine Art des Erinnerns. Platon versteht das Lernen als Wiedererinnerung. In dem Dialog *Menon* beschreibt er, wie Sokrates einem ungebildeten Sklaven Geometrie beibringt. Sokrates stellt lediglich Fragen und der Sklave kommt von allein auf die richtige Lösung. Platon beschreibt diesen Erkenntnisprozess des Sklaven als ein Sich-Wiedererinnern an etwas, das dieser schon einmal gewusst, aber wieder vergessen hat. Nach Platon haben unsere Seelen nämlich vor der Geburt bereits alle mathematischen und philosophischen Wahrheiten gewusst, diese aber durch die Geburt und die Verkörperung wieder vergessen.

Später argumentierten Rationalisten wie René Descartes (1596–1650), Baruch de Spinoza (1632–1677) und Gottfried Wilhelm Leibniz (1646–1716) ebenfalls dafür, dass gewisse Einsichten und Ideen nicht erst durch die Erfahrung in unseren Geist gekommen seien, sondern bereits von Beginn an vorhanden waren. Sie dachten bei diesen angeborenen Ideen etwa an die logischen Gesetze, an die Idee von einem Ich, von Identität, an Zahlen, an die Idee des Guten oder an die Idee von Gott. Descartes etwa argumentiert für die Existenz Gottes, indem er behauptet, wir hätten seit Geburt eine Vorstellung eines unendlichen Wesens. Diese Idee des Unendlichen aber könne nicht von uns stammen, da wir endliche Wesen sind, sondern nur von Gott selbst.

Die Empiristen wollten nun gegen die Rationalisten zeigen, dass alle unsere Ideen und Vorstellungen durch Erfahrung erworben sind. Wir könnten uns nichts vorstellen, was wir nicht schon irgendwo, so oder ähnlich, wahrgenommen haben. Wir könnten uns, so Hume, zwar einen goldenen Berg vorstellen, den es nicht gibt und den wir noch nie gesehen haben. Aber das sei nur möglich, weil wir bereits goldene Dinge und Berge gesehen haben. Der goldene Berg sei nämlich nur eine Kombination unserer Vorstellungen von goldener Farbe und von einem Berg.

Die Möglichkeiten der Kombination und Variation von Eindrücken eröffnen unserer Phantasie zwar einen großen, aber keinen unbegrenzten Spielraum. Bei dem blauen Farbton Nummer 13 handelt es sich vielleicht um einen Grenzfall. Hume wollte mit dem Beispiel wohl auf die Schwierigkeiten seiner eigenen Theorie hinweisen. Es ist nämlich nicht immer klar, ob eine Vorstellung lediglich eine Variation von bereits bekannten Eindrücken oder etwas wirklich Neues ist. Klar ist jedoch: Eine blinde Person könnte sich keinen goldenen Berg vorstellen. Und sie könnte sich auch das Farbmuster Nummer 13 nicht vorstellen. Ihr fehlen die dazu nötigen Sinneseindrücke von Gold, Bergen und blauer Farbe. Und damit auch die entsprechenden Ideen, die nach Hume ein Abklatsch, eine blasse Kopie unserer Sinneseindrücke sind. Ohne Eindrücke keine Ideen. Aber woher kommen eigentlich die Eindrücke? Und woher wissen wir, dass unsere Sinneseindrücke die Dinge richtig wiedergeben? Zeigen uns die Sinne die Welt so, wie sie wirklich ist?

John Locke meinte, nur gewisse Sinneseindrücke würden objektive Qualitäten der Dinge wiedergeben. Er unterschied zwischen primären Sinnesqualitäten wie Größe, Gestalt, Dichte oder Bewegung und sekundären Sinnesqualitäten wie Farbe, Geruch, Geschmack, Härte oder Wärme. Nur die primären Qualitäten würden uns objektive Eigenschaften der Dinge zeigen. Die sekundären Qualitäten dagegen seien bloß subjektiv – Produkte unseres Geistes. In der wirklichen Welt gäbe es weder Farben noch Gerüche, sondern lediglich kleinste Teilchen, die einander stoßen.

George Berkeley hat Locke für die Unterscheidung zwischen primären und sekundären Qualitäten kritisiert und meinte, auch die primären Sinnesqualitäten seien bloß subjektiv. Sogar Form, Größe und Bewegung würden lediglich in unserem Geist existieren. Hume hat daraus die skeptische Konsequenz gezogen, dass sich über die Welt an sich nur spekulieren lässt. Solange aber unsere Überzeugungen und Modelle gut funktionieren und wir uns in der Welt zurechtfinden, braucht uns diese Unsicherheit nicht zu kümmern.

Die Empiristen meinten, unser Verstand bilde ausgehend von einfachen Sinneswahrnehmungen immer komplexere Ideen, etwa die Idee von Metall, von Leben, von einem Ich, von Naturgesetzen oder von Gott. Hume war nun der Ansicht, dass uns bei dieser Ideenproduktion auch Fehler unterlaufen. Manche Ideen seien nämlich mehr als die Kombination und Abstraktion von Sinneseindrücken und ließen sich nicht auf die Wahrnehmung zurückzuführen. Der Verstand hat sich von den Sinnen gelöst, frei vor sich hin fabuliert und leere Hirngespinste erfunden. Das ist nach Hume beim Ich, bei der Kausalität und bei Gott der Fall.

Lassen Sie mich das erläutern. Wenn wir in uns gehen und uns selbst sorgfältig beobachten, finden wir kein Ich, sondern lediglich ein Bündel von Wahrnehmungen und Eindrücken, einen fortlaufenden Strom von bewussten Erlebnissen. Mehr sei da nicht, meint Hume. Ähnlich bei der Kausalität: Niemand habe jemals eine Kraftübertragung von einer Ursache auf ihre Wirkung beobachtet. Wenn eine rollende Billardkugel auf eine ruhende trifft, dann können wir lediglich beobachten, wie die eine aufhört und die andere anfängt zu rollen. Die wirkende Kraft sehen wir nicht. In den Kugeln könnten kleine Motoren sein: Der Motor der ruhenden Kugel würde genau dann starten, wenn sie von der rollenden Kugel berührt wird. Und der Motor der rollenden Kugel würde ausgeschaltet, wenn sie auf eine andere Kugel trifft. Das Ganze sähe exakt so aus wie ein Aufprall, so als ob hier eine Kraftübertragung stattfände. In Wirklichkeit aber wird gar keine Kraft übertragen. Kausalität ist nach Hume eine bloße Idee, ohne Grundlage in der Wahrnehmung. Sie entsteht durch reine Gewohnheit: Wir beobachten, dass bestimmte Ereignisse immer bestimmte andere Ereignisse nach sich ziehen. Wir gewöhnen uns an die Reihenfolge und können das erste kaum noch ohne das zweite denken. Diese psychologische Neigung übertragen wir nun fälschlicherweise auf die Natur und denken, in ihr würden Zwänge und Gesetze herrschen, die den Dingen vorschreiben, was sie tun dürfen und was nicht. Solche »Naturgesetze« sind nach Hume jedoch bloße Regelmäßigkeiten, an die wir uns gewöhnt haben.

Um die Idee Gottes ist es nach Hume nicht besser gestellt als um das Ich und die Kausalität. Sie basiert auf falschen Analogien und Wünschen, ohne hinreichende Grundlage in der Wahrnehmung. Die Beobachtung aber ist nach empiristischer Auffassung der Prüfstein jeder Überzeugung. Und damit steht die Rede vom Übersinnlichen von vornherein unter Verdacht, bloßes Gebrabbel ohne Gehalt zu sein. Tatsächlich war es ein großes Anliegen vieler Empiristen, die spekulative Metaphysik über Bord zu werfen und stattdessen auf die nüchterne Wissenschaft zu vertrauen, die sich auf Beobachtungen und Experimente stützt. Karl Popper, ein österreichisch-britischer Philosoph des 20. Jahrhunderts, steht noch in dieser Tradition, wenn er fordert, wissenschaftliche

Theorien sollten durch Beobachtungen zu Fall gebracht werden können, sollten also »falsifizierbar« sein. Aussagen wie »Alles ist Schicksal« oder »Ihr Leben wird bald eine entscheidende Wendung nehmen« sind nicht widerlegbar und daher unwissenschaftlich. Wenn Sie gerne Horoskope lesen, sollten Sie die Sätze des Horoskops dringend auf ihre Falsifizierbarkeit prüfen – Sie werden sehen, die meisten Aussagen sind derart vage und interpretationsbedürftig, dass sie kaum zu widerlegen und irgendwie für uns alle gültig sind.

Für die heutigen Naturwissenschaften ist die Übereinstimmung mit den Beobachtungen immer noch die wichtigste Forderung an eine Theorie. Aber oft kann man die Gegenstände und Gesetze, die eine Theorie annimmt, nicht direkt beobachten, sondern nur deren Wirkungen. Bisher hat noch niemand ein Quark und auch noch niemand die Dunkle Energie gesehen. Dennoch nimmt man an, dass alle materiellen Gegenstände aus Quarks und siebzig Prozent des Weltalls aus Dunkler Energie bestehen.

Die Physik bietet uns Modelle zur Erklärung und Vorhersage von Phänomenen. Ob diese Modelle die objektive Wirklichkeit korrekt wiedergeben, können wir letztlich niemals wissen. Alles, was wir haben, sind die Phänomene. Aber: Auch die griechische Mythologie konnte erklären, warum es blitzt. Nämlich, weil Zeus wieder einmal sauer ist und seine Muskeln spielen lässt. Warum also glauben wir nicht an die griechische Mythologie? Weil die Theorie der elektrischen Entladungen bessere Vorhersagen macht, ihre Annahmen einfacher sind und sie weniger rätselhafte Wesen annimmt. Vorhersagekraft, Einfachheit und Sparsamkeit gehören also, neben der empirischen Adäquatheit, auch zu den Gütekriterien von Theorien.

Nun wissen wir zwar, wann wir einer Theorie den Vorzug vor einer anderen geben sollten, aber wir wissen immer noch nicht, was Wissen ist. Schauen wir zum Schluss des Kapitels also den Begriff des Wissens etwas genauer an. Wie die meisten philosophisch wichtigen Begriffe birgt nämlich auch der so manche Tücken.

## Wenn kaputte Uhren die Zeit richtig anzeigen

*Stellen Sie sich vor, Sie kommen erschöpft von einer langen Sommerwanderung zurück in Ihr Heimatdorf. Da Sie Ihr Handy und Ihre Uhr zu Hause gelassen haben, wissen Sie nicht, wie spät es ist. Nun aber sehen Sie die Uhr auf dem Kirchturm: Sie steht auf halb acht. Sie wissen also, wie spät es ist.*

*Stellen Sie sich nun aber vor, die Kirchturmuhr ist vor exakt zwölf Stunden stehen geblieben! In diesem Fall würde die Uhr die richtige Zeit anzeigen, aber aufgrund eines Zufalls. Hätten Sie nämlich zehn Minuten später, also um zwanzig vor acht auf die Kirchturmuhr geschaut, hätte diese eine falsche Zeit angezeigt, nämlich immer noch halb acht.*

*Angenommen also, Sie schauen um halb acht auf die kaputte Uhr, die halb acht anzeigt, und schließen daraus, es sei halb acht: Wissen Sie dann, dass es halb acht ist? Fakt ist: Sie haben eine wahre und gerechtfertigte Meinung darüber, wie spät es ist. Sie liegen also richtig und haben einen guten Grund für Ihre Meinung, denn Sie glauben nicht einfach so, dass es halb acht ist, sondern haben auf die Uhr geschaut. Würde die Uhr nämlich richtig laufen, wäre das ein guter Grund und man würde sagen, Sie wüssten, wie spät es ist. Aber bei der stillstehenden und zufällig die Zeit richtig anzeigenden Uhr scheint der Fall anders zu sein. Hier würde man nicht sagen, dass Sie wissen, wie spät es ist. Ist Wissen also mehr als eine wahre, gerechtfertigte Meinung?*

Seit Platon glaubten viele Philosophen, Wissen sei nichts anderes als eine wahre und gerechtfertigte Meinung: Wer etwas wisse, der habe eine begründete wahre Überzeugung. Dass wir nur wahre Dinge wissen können, wird allgemein akzeptiert: Sie können zwar glauben, dass die Erde eine Scheibe ist – aber nicht wissen. Manchmal sagen wir zwar Dinge wie: »Für die Menschen im Mittelalter war es ein Wissen, dass die Erde eine Scheibe ist.« Damit meinen wir jedoch nur, dass die Menschen von damals zu wissen glaubten, die Erde sei eine Scheibe. Fakt ist: Sie haben sich getäuscht, ihr vermeintliches Wissen war kein Wissen. Wahrheit ist also notwendig für Wissen. Aber eine wahre Überzeugung allein reicht noch nicht, um etwas zu wissen. Wissen braucht Gründe. Wer im Lotto gewinnt, der hatte kein Wissen, sondern Glück. Wissen ist keine bloße Ahnung, keine Vermutung, kein Raten – es braucht eine Rechtfertigung. Wissen also ist wahre und gerechtfertigte Meinung. Zumindest glaubte man das über 2000 Jahre.

1963 wurde diese etablierte Definition von einem US-amerikanischen Philosophen namens Edmund Gettier widerlegt. Eigentlich wollte Gettier gar nichts schreiben. Man hat ihn dazu gedrängt. Schließlich lieferte er einen Aufsatz von nur drei Seiten. Und siehe da: Daraus wurde einer der wichtigsten philosophischen Aufsätze des 20. Jahrhunderts. Gettier stellt darin zwei Gedankenexperimente an und widerlegt kurzerhand die altehrwürdige Ansicht, Wissen sei wahre gerechtfertigte Meinung. Seither wurden Tausende von philosophischen Aufsätzen zum Thema geschrieben und es entstanden einige neue Theorien des Wissens. Und das alles nur wegen drei Seiten!

Der Philosoph Alvin Goldman erfand, wie viele andere, eigene Beispiele für sogenannte Gettier-Fälle, in denen ein Mensch zwar eine wahre gerechtfertigte Meinung, aber kein Wissen besitzt.

Ein Fall sieht so aus: Henry fährt mit seinem Sohn durch eine ländliche Gegend. Als die beiden an einer Scheune vorbeifahren, fragt der Sohn: »Papi, was ist das?« Henry antwortet: »Das ist eine Scheune.« Obwohl Henry richtig liegt, hat die Sache einen Haken: Alle Scheunen in der Gegend, bis auf diejenige, die Henry meint, sind falsche Scheunen aus Pappmaschee – perfekt hergerichtete Scheunenattrappen. Eine Touristenattraktion, von der auch Henry nichts weiß. Früher stand in der Gegend bloß eine einzige Scheune. Man ließ sie stehen. Henry hat also großes Glück, dass sein Sohn ihn gerade bei dieser Scheune fragt, was das sei. Hätte sein Sohn etwas früher oder später gefragt, dann hätte Henry die falsche Antwort gegeben. Die Scheunenattrappen sind optisch nämlich nicht von echten Scheunen zu unterscheiden. Henry hat keinen Grund anzunehmen, dass es sich bei den Scheunen um bloße Attrappen handelt, alles spricht dafür, dass es sich bei den Gebäuden um Scheunen handelt. Er ist also gerechtfertigt in seiner Überzeugung. Und die Überzeugung ist wahr. Er hat somit eine wahre und gerechtfertigte Überzeugung. Aber *weiß* er auch, dass es sich bei dem gemeinten Objekt um eine Scheune handelt? Goldman meint, nein. Zu viel Glück sei im Spiel. Er hätte zu leicht danebenliegen können. Es hätte genauso gut eine Attrappe sein können und Henry wäre reingefallen. Henrys wahre Überzeugung ist wie ein Treffer im Lotto. Seine Wahrnehmung, die in diesem Fall die Begründung liefert, ist nicht zuverlässig, wenn es darum geht, Scheunen von Scheunenattrappen zu unterscheiden. Eine Meinung zählt aber erst dann als Wissen, wenn sie auf einer zuverlässigen Methode beruht, so Goldman. Das ist bei Henry nicht der Fall. Aber wann ist ein Prozess der Meinungsbildung zuverlässig? Dann, wenn er in den meisten Fällen zu wahren Überzeugungen führt. Aber reicht das?

Schauen wir zum Schluss ein weiteres Gedankenexperiment an. Angenommen, Ihnen wurde – heimlich und unter Narkose – ein kleines Thermometer ins Gehirn implantiert. Dieses Gerät ruft in Ihnen stets eine wahre Überzeugung über die herrschende Temperatur hervor. Das Gerät funktioniert äußerst zuverlässig, aber Sie wissen nicht, dass Ihnen ein solches Gerät ins Gehirn implantiert wurde. Ihre Meinungen über die herrschende Temperatur sind immer wahr, aber Sie selbst haben Ihre Intuitionen über die Temperatur noch nie mit einem Thermometer systematisch getestet. Es fühlt sich an, als würden Sie raten. Fakt aber ist: Sie liegen immer richtig. Angenommen, ich frage Sie nun, wie heiß es gerade ist. Sie überlegen kurz und antworten dann intuitiv: »25 Grad.« Volltreffer. Aber *wissen* Sie auch, dass es 25 Grad warm ist? Obwohl Sie keine Gründe angeben können, warum Ihre Meinung richtig sein soll?

Diese Fragen und Überlegungen zeigen: Wir wissen gar nicht, was Wissen ist. Erst nachdem diese begriffliche Frage geklärt ist, können wir fragen, was wir von der Welt wissen können. Die Antwort auf die Frage, ob wir die Wirklichkeit erkennen können, hängt also nicht nur von uns und von der Welt ab, sondern in erster Linie von unserem Begriff der Erkenntnis. Wieder einmal stellen wir fest: Wir müssen zunächst die Begriffe klären, um überhaupt die Frage zu verstehen. Erst dann können wir nach einer Antwort suchen.

# Moral

Ihr bester Freund ist am Boden zerstört. Seine Freundin hat mit ihm Schluss gemacht. Dürfen Sie dennoch in den geplanten Urlaub fahren und ihn allein zu Hause leiden lassen? Solchen moralischen Fragen begegnen wir laufend: Sollte ich meine kranke Mutter pflegen oder die Firma aus der Krise führen? Darf ich meinen Partner belügen? Muss ich zehn Prozent meines Einkommens für Entwicklungshilfe spenden? Darf ich Kleider kaufen, die unter menschenunwürdigen Bedingungen hergestellt wurden? Darf ich Tiere essen? Soll der Staat die Bürger ausspionieren, um Terroranschläge zu verhindern? Darf ich mein behindertes Kind abtreiben? Wie viele Urlaubsflüge darf ich mir leisten? Darf ich mich selbst ausbeuten? Hätte man Hitler umbringen dürfen? Darf man die kleine Tochter eines Bombenlegers foltern, um sein Geständnis zu erzwingen und dadurch tausend Menschen zu retten?

Wir alle haben uns Fragen dieser Art schon gestellt. Die Philosophie versucht sie zu beantworten, insbesondere die Moralphilosophie, auch Ethik genannt. Sie sucht nach Begründungen für moralische Normen, versucht also Sollenssätze wie »Du sollst nicht töten« oder »Versprechen sollte man halten« zu begründen und auf allgemeingültige Prinzipien zurückzuführen. Die Ethik möchte herausfinden, was man tun soll und warum eine Handlung moralisch richtig oder falsch ist.

Seit einigen Jahrzehnten gibt es auch eine sogenannte Angewandte Ethik. Diese beschäftigt sich mit ethischen Fragen, die in konkreten Lebensbereichen auftauchen. So beschäftigt sich etwa die Bioethik mit der moralischen Zulässigkeit von Gentechnik, Abtreibung, Sterbehilfe, Leihmutterschaft oder Organspende. Die Tierethik untersucht unseren Umgang mit Tieren, etwa die Tierhaltung oder das Experimentieren mit und Töten von Tieren. Und die Medienethik fragt beispielsweise: Dürfen Paparazzi im Privatleben von Promis herumschnüffeln?

Die Ethik fragt nach dem moralisch Richtigen. Aber gibt es überhaupt Richtig und Falsch in der Moral? Darf ich meinem Nachbarn vorschreiben, wie er zu leben hat? Basiert die Moral auf vernünftigen Gründen oder auf Gefühlen? Auch diese Fragen stellt die Philosophie – und zwar unter dem Namen Metaethik. Die Metaethik hinterfragt das ganze Unternehmen der Ethik und untersucht, ob moralische Normen überhaupt wahr sein und vernünftig begründet werden können.

Die Ethik gilt für viele als die attraktivste Disziplin innerhalb der Philosophie, weil sie einen direkten Bezug zu unserem Leben hat und viel von ihren Antworten abhängt. Es ist jedoch schwierig, über ethische Probleme nüchtern und rational zu diskutieren, denn wo's um Moral geht, da kochen schnell die Emotionen hoch. Die eigenen moralischen Überzeugungen liegen uns sehr am Herzen. Wer anderer Meinung ist, dem kündigen wir manchmal sogar die Freundschaft. Darum ist es wichtig, mit der sokratischen Tugend des Nichtwissens an ethische Probleme heranzugehen: unvoreingenommen, wohlwollend, selbstkritisch und neugierig. Lassen Sie sich allein von den besseren Argumenten führen, egal wohin die Reise geht. Der Ausgang des Gesprächs ist offen. Wer noch keine vorgefasste Meinung hat, der hat auch nichts zu verlieren. Und wer bereits eine Meinung hat, der kann sich vornehmen, am Ende des Gesprächs anderer Meinung zu sein. Das jedenfalls ist meine ganz persönliche Strategie, um mich von Vorurteilen frei zu machen. Was auch gut funktioniert, ist: Keine Meinung zu äußern, ohne sie zu begründen. So merken wir schnell, dass wir viele Meinungen, aber wenig gute Gründe haben.

Nun sind Sie aber an der Reihe: Würden Sie den dicken Mann von der Brücke schubsen?

### Die Straßenbahn und der dicke Mann

*Stellen Sie sich vor, Sie beobachten, wie eine Straßenbahn ohne Fahrer auf fünf Gleisarbeiter zurollt. Die Arbeiter tragen alle einen Hörschutz und können unmöglich entkommen, da neben den Gleisen kaum Platz ist. Die Straßenbahn wird die fünf Arbeiter zu Tode fahren. Einzig Sie können das Unglück verhindern, und zwar, indem Sie die Weiche stellen. Der Hebel befindet sich direkt neben Ihnen. Doch Vorsicht: Wenn Sie die Weiche stellen, dann wird die Straßenbahn auf ein Nebengleis umgeleitet, auf dem sich ein einzelner Arbeiter befindet. Auch er würde sterben. Es bleiben Ihnen jedoch nur diese zwei Optionen. Entweder Sie tun nichts und es sterben fünf Menschen oder Sie stellen die Weiche und es stirbt ein einzelner Mensch. Was tun Sie? Ist es richtig, die Straßenbahn umzulenken, sodass der einzelne Gleisarbeiter stirbt und die anderen fünf verschont bleiben?*

*Wenn Sie nun denken »Besser nur ein Toter als fünf«, dann stellen Sie sich folgende ähnliche – und etwas makabre – Situation vor: Angenommen die führerlose Straßenbahn rollt wieder auf fünf Arbeiter zu. In diesem Fall gibt es jedoch keine Weiche und kein zweites Gleis. Sie selbst stehen auf einer Brücke, unter der die Straßenbahn durchrollt. Sie können den Zug nur stoppen, indem Sie den dicken Mann neben Ihnen von der Brücke stoßen, sodass er*

*vor die Straßenbahn fällt und sie zum Stehen bringt. Die fünf*
*Gleisarbeiter wären dann gerettet. Der dicke Mann jedoch wäre*
*tot. Was tun Sie? Den Dicken töten, um fünf Menschen zu retten?*

Wie wir in solchen Situationen tatsächlich reagieren würden,
wissen wir nicht. Darauf kommt es auch gar nicht an. Es geht
darum, was wir in solchen Fällen tun *sollten:* Was wäre moralisch
richtig? Was wäre besser? Dass solche Situationen in der Realität
so gut wie nie vorkommen, spielt ebenfalls keine Rolle. Mit diesen und ähnlichen Beispielen möchte die Philosophie herausfinden, was Handlungen moralisch richtig und falsch macht: Warum ist das eine gut, das andere aber schlecht? Welche Merkmale
machen eine Handlung gut? Diese Gedankenexperimente zeigen
uns, wie unser moralischer Kompass funktioniert und wo er der
Korrektur bedarf.

Die Beispiele mit den Gleisen haben Karriere gemacht. Sie
wurden in den 1960er-Jahren von der britischen Philosophin
Philippa Foot erarbeitet und später von der US-amerikanischen
Philosophin Judith Jarvis Thomson in vielfältigen Varianten
durchgespielt. Noch heute wird an diesen »trolley problems« ge-
forscht – auch aus psychologischer Warte. Vor Kurzem hat eine
Studie gezeigt, dass mehr Leute finden, man sollte den dicken
Mann von der Brücke stoßen, wenn man ihnen den Fall in einer
Fremdsprache schildert. Wohl deswegen, weil durch die fremde
Sprache eine gewisse Distanz entsteht und das rational-kalkulie-
rende Denken aktiv ist. Doch das ist nur eine erste Hypothese.
Vergessen wir die Psychologie an dieser Stelle und widmen uns
den philosophischen Fragen.

Thomson interessierte sich bei ihrer Beschäftigung mit den Gleis-
Beispielen insbesondere für die moralische Unterscheidung zwischen aktivem Tun und passivem Unterlassen. Das Schlechte zu

tun scheint uns nämlich oft verwerflicher zu sein als das Gute zu lassen – auch wenn dasselbe dabei herauskommt. Stellen Sie sich vor, Sie nehmen an einem Schönheitswettbewerb teil und warten hinter der Bühne, zusammen mit Ihren Konkurrentinnen, auf den großen Auftritt. Als Ihre Nachbarin aufsteht und zur Bühne läuft, sehen Sie einen großen Kaffeeflecken auf ihrem Kleid. Sie könnten sie noch zurückrufen, schweigen aber, im Wissen darum, dass Sie nun eine Konkurrentin weniger haben und sich Ihre Gewinnchancen erhöhen. Das ist schon schlimm genug. Nun stellen Sie sich aber vor, Sie hätten der Konkurrentin aus eigener Hand heimlich Kaffee über ihr Kleid geschüttet. Wäre das nicht viel schlimmer? Und warum?

Warum ist es schlimmer, Kinder aktiv zu töten, als sie verhungern zu lassen? Das erste würden wir nie tun. Das zweite lassen wir Tag für Tag geschehen. Es muss also einen moralischen Unterschied zwischen Töten und Sterbenlassen geben. Es reicht jedoch nicht, zu sagen: »Wer nichts tut, den trifft auch keine Schuld«, denn wer seiner Hauskatze kein Wasser zum Trinken gibt, der tut zwar nichts, ist aber dennoch schuld. Manche würden gar sagen, er habe den Tod der Katze verursacht – obwohl er nichts getan hat. Die Unterscheidung zwischen aktivem Tun und passivem Unterlassen ist äußerst schwierig zu treffen. Und es ist auch nicht klar, warum das eine schlimmer ist als das andere.

Angenommen, Sie möchten Ihren Bruder im Swimmingpool ertränken, um das Erbe nicht mit ihm teilen zu müssen. Sie fahren zu seinem Haus und sehen, wie er im Pool seine Längen schwimmt. Doch auf einmal schreit er auf. Herzinfarkt. Sie schauen dem krampfhaft stöhnenden Bruder zu und lassen ihn ertrinken. Ist das nicht genauso schlimm, wie wenn Sie ihn aktiv ertränkt hätten? Oder ist die aktive Tat doch moralisch verwerflicher?

Rechtlich ist sie es auf jeden Fall. Nicht nur unsere Intuition, auch unser Strafrecht legt in den meisten Fällen Wert auf die Unterscheidung zwischen Töten und Sterbenlassen. Vielleicht gibt es eine einfache Lösung dafür: Töten ist schlimmer als Sterbenlassen, denn Töten heißt immer auch Sterbenlassen. Wenn ich ein Kleinkind ins Wasser schubse und ertrinken lasse, dann mache ich gleich zwei Fehler: werfen und zuschauen. Wenn ich dagegen beobachte, wie jemand das Kind hineinschubst und es ertrinkt, dann mache ich nur einen Fehler: zuschauen. Das ist zwar schlimm genug, aber weniger schlimm als die aktive Tötung.

Lassen wir die knifflige Unterscheidung zwischen Tun und Lassen beiseite und widmen uns der Straßenbahn. Wie haben Sie sich entschieden? Hätten Sie im ersten Fall die Weiche gestellt, im zweiten Fall den dicken Mann aber nicht von der Brücke geworfen? Die meisten Leute finden es im ersten Fall richtig, die Weiche zu stellen, auch wenn dabei jemand stirbt. »Besser ein Toter als fünf«, lautet die Begründung. Sie finden jedoch auch, man dürfe den dicken Mann auf keinen Fall von der Brücke stoßen. Auch wenn damit fünf Menschenleben gerettet werden. Warum gilt im ersten Fall »fünf gegen eins« und im zweiten Fall »eins gegen fünf«? Wo liegt der Unterschied? In beiden Fällen vollziehe ich eine aktive Handlung: Im ersten Fall lege ich einen Hebel um, im zweiten stoße ich einen Menschen von einer Brücke. Die Konsequenz ist in beiden Fällen: ein Toter anstatt fünf. Worin also liegt der Unterschied? Oft lautet die Antwort: »Im zweiten Fall würde ich jemanden direkt und absichtlich töten!« Tatsächlich: Ich fasse den dicken Mann *mit den eigenen Händen* an und werfe ihn *absichtlich* in den Tod. Schauen wir uns diese beiden Punkte etwas genauer an:

Der Körperkontakt mag ein psychologisches Hindernis sein, es fragt sich jedoch, ob er für die moralische Beurteilung relevant ist: Ist es moralisch besser, eine Bombe zu zünden, bei der 100 000 Menschen sterben, als jeden einzelnen von Hand umzubringen? Die Bombe zu zünden ist aus psychologischer Sicht einfacher, aber moralisch wohl genauso verwerflich. Bei dem Beispiel mit dem dicken Mann können wir die moralische Frage übrigens sauber von der psychologischen Frage trennen, indem wir annehmen, der dicke Mann stehe auf einer Falltür, die Sie aus der Ferne mit einem Hebel öffnen können. Dann ist Ihre Handbewegung in beiden Straßenbahn-Fällen exakt dieselbe: Sie legen einen Hebel um. Im einen Fall lenken Sie damit den Zug auf ein anderes Gleis und ein Mann kommt ums Leben. Im anderen Fall öffnen Sie eine Falltür, wodurch ein dicker Mann vor einen Zug fällt, ihn stoppt und dabei stirbt. Denken Sie, in dieser letzten Variante sollte man die Falltür öffnen? Oder bleiben Sie bei Ihrer Überzeugung und lassen fünf Menschen sterben? Die meisten würden wohl auch im Beispiel mit der Falltür den dicken Mann auf der Brücke stehen lassen. Es scheint, als bestünde immer noch ein wichtiger Unterschied zwischen dem Fall mit der Weiche und demjenigen mit der Falltür. Aber welcher?

Eine vielversprechende Antwort lautet: Bei der Weiche beabsichtige ich den Tod des einen Gleisarbeiters nicht, sondern nehme ihn lediglich in Kauf. Den dicken Mann dagegen werfe ich absichtlich in den Tod, um die fünf Arbeiter zu retten. Da ist etwas dran. Wir müssen das aber genauer betrachten. Die Ethiker sprechen von dem »Prinzip der Doppelwirkung« und meinen damit eine Handlung mit zwei Wirkungen – die eine möchte man erzielen, die andere vermeiden. Man kann aber das Gute nur zusammen mit dem Schlechten haben. Stichwort »Kollateralschaden«: Man bombardiert einen Militärstützpunkt, um einen Krieg zu beenden, und nimmt dabei zivile Opfer in Kauf. Die einzige Alternative wäre, den grausamen Krieg zu kämpfen und ihn zu verlieren. Man beabsichtigt also etwas und nimmt die Schäden, die dabei entstehen, missbilligend in Kauf. Ähnlich ist das bei der Weiche, die man stellt: Man rettet die fünf Arbeiter und nimmt in Kauf, dass dabei einer stirbt. Beim Tod des dicken Mannes liegt die Sache jedoch anders. Sein Tod wird nicht »in Kauf genommen«. Hier wird ein Mensch auf seinen Körper reduziert und zu einem bloßen Mittel zum Zweck gemacht. Gegen diese Instrumentalisierung richtet sich unsere moralische Empörung. Der innere Kompass schlägt aus. Egal, ob dabei fünf Menschen sterben. Das Prinzip der Doppelwirkung gilt hier nicht, denn es verlangt, dass die schlechten Folgen nicht als Mittel zum guten Zweck eingesetzt werden.

Stellen Sie sich vor, ein brillanter Chirurg transplantiert Organe so gut, dass sie immer von den Spendern angenommen werden. Gerade hat er fünf Bedürftige auf seiner Warteliste: zwei brauchen dringend einen Lungenflügel, zwei eine Niere und einer ein Herz. Alle haben dieselbe seltene Blutgruppe. Zufällig kommt in dem Moment ein gesunder junger Mann ins Krankenhaus, um eine Routineuntersuchung durchführen zu lassen. Es stellt sich heraus, dass er genau die richtige Blutgruppe hat und somit ein möglicher Spender ist. Darf der Chirurg ihn zugunsten der fünf Empfänger töten und seine Organe verteilen? Natürlich nicht! Instrumentalisierungsverbot. Menschen dürfen nicht als bloße Mittel zum Zweck missbraucht werden.

Aber wie steht es mit folgendem Fall: Ein Terrorist hat in Berlin eine Bombe versteckt, welche die ganze Stadt in die Luft sprengen würde. Für eine Evakuierung fehlt die Zeit. Darf man ihn foltern, um ein Geständnis zu erzwingen und das Versteck der Bombe ausfindig zu machen? Angenommen, man kann das Geständnis nur erzwingen, indem man seine kleine Tochter foltert, die weiß, wo die Bombe liegt. Dürfte man das? Wir alle kennen das Folter-verbot. Es steht in der Allgemeinen Erklärung der Menschen-rechte der UNO und der Europäischen Menschenrechtskonven-tion des Europarats. Zudem ist es im Deutschen Grundgesetz verankert. In der Schweiz jedoch gilt die Folter nicht als Straftat-bestand. Die Sache ist umstritten und ethisch brisant. Denn hier stehen sich die zwei einflussreichsten Moraltheorien gegenüber. Gemeint sind der Utilitarismus und die Pflichtenethik. Die Krux ist, dass wir für beide Theorien Sympathien haben, es aber Fälle gibt, in denen nur eine Theorie richtig liegen kann.

Der Utilitarismus behauptet, der moralische Wert einer Hand-lung bemesse sich allein an den zu erwartenden Folgen der Handlung. Vereinfacht gesagt lautet die Regel: Wenn du wissen willst, ob eine Handlung gut ist, dann schau, was dabei heraus-kommt. Für die Praxis heißt das: Handle so, dass durch deine Handlung das Glück der Betroffenen maximiert und das Leid minimiert wird. Das größte Glück für die größte Zahl. Die Be-gründung »Besser ein Toter als fünf« ist also eine utilitaristische Begründung.

Anders sieht das die Pflichtenethik: Ihr zufolge besteht der Wert einer Handlung nicht nur in ihren Konsequenzen, sondern auch in der Handlung selbst. Es gibt Handlungen, die schlecht sind, egal wie viel Gutes dabei herauskommt. Töten, Foltern und Stehlen gehören dazu. Diese Handlungen sind kategorisch falsch und können nicht durch Kosten-Nutzen-Rechnungen aufgewer-tet werden. Es gibt Dinge, die man nicht tun darf, unter keinen Umständen. Diese moralischen Verbotsschilder schützen unsere Menschenwürde und verhindern, dass unsere Interessen oder unser Leben für das Gemeinwohl geopfert werden.

Wichtige Vertreter des Utilitarismus waren die beiden engli-schen Philosophen Jeremy Bentham (1748–1832) und John Stuart

Mill (1806–1873). Der bekannteste noch lebende Vertreter dieser Denkrichtung ist der australische Philosoph Peter Singer. Auf der anderen Seite stehen die Pflichtenethiker, allen voran Immanuel Kant (1724–1804), der Aufklärer aus Königsberg, Schöpfer des berüchtigten kategorischen Imperativs.

Da man in der Ethik an Kant nicht vorbeikommt, sollten wir uns seine Theorie kurz anschauen. Nach Kant ist eine Handlung gut, wenn sie einem guten Willen entspringt – wenn hinter ihr also eine gute Absicht steckt. Aber wann ist eine Absicht gut? Kants Antwort ist verblüffend einfach: Eine Absicht ist genau dann gut, wenn ich wollen kann, dass jede und jeder nach dieser Absicht handelt. Kant meint, unsere Handlungsgrundsätze – er spricht von »Maximen« – müssten verallgemeinerbar sein. Ein Handlungsgrundsatz von mir sei gut, wenn ich wollen kann, dass auch alle anderen Personen nach diesem Grundsatz handeln. Warum sollten wir nach Kant also unseren Müll nicht auf die Straße werfen, unsere Versprechen nicht brechen und unsere Freunde nicht anlügen? Weil wir nicht ernsthaft wollen können, dass das alle machen! Das ist Kants berühmter kategorischer Imperativ. In seinen eigenen Worten lautet er: »Handle nur nach derjenigen Maxime, durch die du zugleich wollen kannst, dass sie ein allgemeines Gesetz werde.« Diese Aufforderung ist kategorisch und nicht hypothetisch, weil sie ohne Bedingung gilt: Jede und jeder soll sich immer und überall an ihr ausrichten, egal, was die privaten Interessen und Ziele jeweils sind.

Nach Kant ist die Universalisierbarkeit ein ausgezeichneter moralischer Qualitätstest für unsere Grundsätze. Zudem sei die Idee der Verallgemeinerbarkeit und Unparteilichkeit bereits in unserem alltäglichen Verständnis des moralisch Richtigen angelegt. Denken wir nur an unsere Mutter, die damals – nachdem wir wieder mal Mist gebaut haben – an uns appelliert hat mit den Worten: »Stell dir vor: wenn das jeder machen würde! Wo kämen wir da hin!« Es ist dieser Gedanke, der Kants Ethik zugrunde liegt.

Aber Vorsicht: Der Kategorische Imperativ ist nicht dasselbe wie die berühmte Goldene Regel, die besagt: »Was du nicht willst, das man dir tu, das füg auch keinem andern zu.« Oder in der positiven Variante: »Behandle andere so, wie du von ihnen behandelt werden willst.« Die Goldene Regel gebietet für Menschen mit unterschiedlichen Interessen nämlich unterschiedliche Handlungen. Der kategorische Imperativ dagegen fordert von jedem dasselbe. Der Masochist wird zum Sadisten, wenn er sich an die Goldene Regel hält, nicht aber, wenn er dem kategorischen Imperativ folgt.

Kant hat mehrere Formulierungen des kategorischen Imperativs geprägt. Neben der bereits zitierten Universalisierungsformel ist insbesondere die Selbstzweckformel einschlägig, die da lautet: »Handle so, dass du die Menschheit sowohl in deiner Person, als auch in der Person eines jeden anderen jederzeit zugleich als Zweck, niemals bloß als Mittel brauchst.« Kurz: Instrumentalisiere keine Menschen. Mache einen Menschen nie zum bloßen Mittel zum Zweck. Auch nicht dich selbst! Das heißt: Beute dich nicht aus und lasse dich nicht verwahrlosen. Nach Kant haben wir also auch Pflichten gegenüber uns selbst. Er meint sogar, wir seien verpflichtet, unsere Talente und Potenziale zu verwirklichen. Wer tagein, tagaus vor der Glotze hocke, der mache einen moralischen Fehler. Eine interessante, aber umstrittene Idee. Was denken Sie? Was dürfen Sie mit sich selbst auf keinen Fall machen?

## Mutter Teresa und der disziplinierte Psychopath

*Stellen Sie sich zwei Personen vor: Die eine Person ist herzensgut, hat einen moralisch vortrefflichen Charakter und neigt von Natur aus zu moralisch richtigen Handlungen. Sie hat kaum je über Moral nachgedacht, tut aber instinktiv stets das Richtige. Wenn sie gefragt wird, warum sie sich so stark für andere einsetzt, sagt sie: »Ich kann nicht anders.« In ihren Handlungen spiegelt sich ihr gutes, mitfühlendes Wesen. Sie opfert sich gerne für andere auf und kümmert sich mit Leidenschaft um Arme, Kranke, Verstoßene und Benachteiligte. Dafür hat sie den Friedensnobelpreis erhalten. Nennen wir diese Person Mutter Teresa.*

*Bei der zweiten Person handelt es sich um einen Psychopathen, dem jegliches Mitgefühl für andere fehlt. Wenn jemand vor seinen Augen leidet, dann spürt er nichts. Er schaut zu, ohne den Drang zu helfen. Im Laufe der Jahre hat er jedoch gelernt, mit seinem fehlenden Mitgefühl umzugehen. Er hat viel über Moral nachgedacht, kennt die wichtigsten Theorien und weiß, was richtig und falsch ist. Zudem hat er sich eine harte Disziplin erarbeitet. Obwohl sein Herz kalt ist und er nicht von Natur aus zum Guten neigt, richtet er sich in seinem Handeln streng an moralischen Überlegungen aus. Er überwindet seine egoistischen Neigungen jedes Mal aufs Neue und tut stets das Richtige. Mittlerweile hat er sein Leben ganz der weltweiten Armutsbekämpfung verschrieben. Für seine Erfolge hat auch er den Friedensnobelpreis erhalten. Nennen wir diese Person den disziplinierten Psychopathen.*

*Sowohl Mutter Teresa als auch der disziplinierte Psychopath handeln moralisch richtig. Von außen gesehen gibt es kaum Unterschiede. Während Mutter Teresa jedoch einen moralisch guten Charakter hat und von innen heraus das Gute tut, handelt der Psychopath allein aufgrund moralischer Überlegungen, ohne Mitgefühl und ohne inneren Drang. Ihm fehlt der gute Charakter. Ihr jedoch fehlen die moralischen Überlegungen: Sie hat keine Prinzipien und kann ihre Entscheidungen nicht begründen. Sie tut es einfach, gleichsam instinktiv. Die Frage an Sie lautet nun: Welche dieser beiden Personen ist vorbildhafter? Welches Leben ist lobenswerter? Welche Person entspricht eher Ihrer moralischen Idealvorstellung?*

Dieses Gedankenspiel geht zurück auf Aristoteles, der in seinem Werk *Nikomachische Ethik* eine Ethik der Tugenden entwirft. Während der Utilitarismus bei der ethischen Beurteilung in erster Linie auf die Folgen der Handlung blickt und die Pflichtenethik prüft, ob die Handlung selbst keine Prinzipien verletzt, fokussiert die Tugendethik auf die handelnde Person und ihren Charakter. Nach Aristoteles kommt es nicht so sehr darauf an, dass unsere Handlungen gute Folgen haben und wir das Gute tun, sondern dass wir gute Menschen werden. Die Grundfrage der Ethik lautet nicht »Was soll ich tun?«, sondern »Was für ein Mensch soll ich sein?«

Wenn wir einem anderen Menschen Vorwürfe machen oder ihn loben, dann tun wir das oft mit Blick auf seinen Charakter und seine Persönlichkeit. Wir beurteilen weniger seine Handlungen als vielmehr seine Eigenart und sein Wesen. Wir loben einen Menschen für sein Mitgefühl, seinen Mut, seine Toleranz, seine Ehrlichkeit und Hilfsbereitschaft. Wir kritisieren ihn für seinen Egoismus, seine fehlende Rücksicht, seinen Geiz, seine Feigheit und Unehrlichkeit. Eine ehrliche Person darf auch mal lügen, ebenso wie eine hilfsbereite Person auch mal »nein« sagen darf. Wir messen andere Menschen in erster Linie nicht an ihren Handlungen, sondern an ihren inneren Vorzügen und Lastern. Wenn uns die Handlungen interessieren, dann deshalb, weil in ihnen der Charakter und die Persönlichkeit des Handelnden zum Ausdruck kommen. In dem, was wir tun, zeigt sich, wer wir sind.

Bei dem disziplinierten Psychopathen aus dem Gedankenspiel verhält es sich anders. Er handelt zwar aufgrund moralischer Überlegungen, aber nicht aufgrund tugendhafter Charakterzüge. Moral ist für ihn eine Sache des Verstandes, nicht des Gefühls. Ganz anders Mutter Teresa: In ihren moralischen Handlungen kommen ihr mitfühlendes Wesen und ihr guter Charakter zum Vorschein. Sie fühlt sich schlecht, wenn sie nicht hilft. Helfen gehört für sie zu einem glücklichen und erfüllten Leben dazu, so wie schlafen und essen. Doch was wäre, wenn der moralische Instinkt sie plötzlich in die Irre führen oder sie ganz verlassen würde? Kann sie sich auf ihren moralischen Kompass verlassen? Wäre die Einsicht des Verstandes nicht eine willkommene und korrigierende Stütze?

Aristoteles meint, für ein wahrhaft gelungenes Leben, das sowohl gut als auch glücklich ist, brauche es beides: Charaktertugenden ebenso wie Verstandestugenden – die richtige Neigung zusammen mit der richtigen Einsicht. Der disziplinierte Psychopath lebt nur zur Hälfte, denn er tut lediglich, was ihm der Verstand gebietet. Das ist zwar lobenswert, aber glücklich wird dieser Mensch nach Aristoteles nicht. Er kann sich selbst nicht entfalten. Seine Neigungen bleiben auf der Strecke. Aber auch Mutter Teresa entspricht nicht dem Ideal, denn ihre Güte ist auf die Gust des Zufalls angewiesen. Ihre guten Anlagen könnten von einem Tag auf den anderen verfliegen oder sich ins Gegenteil verkehren. Es fehlen die Leitung durch den Verstand und die guten Gründe. Gefühle können irren und sich verändern: Wie wären die Neigungen von Mutter Teresa wohl, wenn sie in einer Gangsterbande groß geworden wäre?

Nach Aristoteles sollte der Verstand unsere Neigungen lenken – für den Fall, dass sie auf die schiefe Bahn geraten. Aber er soll uns auch in konkreten Situationen bei der Entscheidung helfen. Allein das Gute zu wollen, reicht nicht. Man muss auch wissen, worin das Gute in einer konkreten Situation besteht: Wie oft soll ich meine Eltern besuchen? Wann soll ich meinen Kindern erlauben, fernzusehen? Soll ich meiner Freundin sagen, dass meine Gefühle für sie schwächer werden? Wie bringe ich jemandem bei, dass der Job nicht zu ihm passt? Hier braucht es moralisches Fingerspitzengefühl. Aristoteles spricht von Urteilskraft und meint, dazu brauche es Erfahrung. So wie ein Arzt Erfahrung braucht, um im konkreten Fall eine Entscheidung treffen zu können, so brauchen auch wir in moralischen Angelegenheiten Erfahrung und Urteilskraft, um zu wissen, wie wir das Gute in der konkreten Situation umsetzen können. Der Verstand sucht die geeigneten Wege und Mittel, um die Ziele zu erreichen, die unser Charakter und unsere Neigungen festlegen.

Diese Ziele liegen nach Aristoteles idealerweise in der Mitte zwischen zwei Extremen, ebenso wie die Tugenden selbst: Der Mut liegt zwischen der Feigheit und der Tollkühnheit, die Freigiebigkeit befindet sich zwischen der Verschwendungssucht und dem Geiz, und die Freundlichkeit liegt zwischen Schmeichelei und Streitsucht. Tugenden liegen also jeweils in der goldenen Mitte. Und man kann sie schulen, einüben und justieren. Tugenden sind Haltungen, die man sich antrainieren kann. Verzicht, Mut, Großzügigkeit und Mitgefühl kann man nach Aristoteles lernen. Durch wiederholtes Handeln stellen sich die richtigen Haltungen und Neigungen ein. Die Angst verfliegt, die Unbeherrschtheit nimmt ab und das Mitgefühl wächst. Aristoteles fordert eine Erziehung der Lust. Schließlich sollten wir das Gute nicht nur tun, sondern auch Freude daran haben.

## Das Kind im Teich

*Stellen Sie sich vor, auf dem Weg zur Arbeit kommen Sie an einem Teich vorbei. Plötzlich bemerken Sie, dass ein kleines Kind im Teich am Ertrinken ist. Außer Ihnen ist niemand da, der es retten könnte. Wenn Sie schnell reagieren und in den Teich steigen, können Sie das Kind vor dem Tod bewahren. Allerdings müssen Sie danach Ihre teuren Schuhe und Hosen wegwerfen, die Sie gestern gekauft haben. Zudem werden Sie ein wichtiges Meeting verpassen. Sollten Sie das Kind retten? Das ist keine ernsthafte Frage. Natürlich sollten Sie das Kind retten! Warum? Weil Sie es können – und zwar, ohne etwas Vergleichbares dafür zu opfern. Was sind schon Kleider und ein Meeting im Vergleich zu einem Menschenleben!*

*Aber wenn dem so ist, dann stecken die meisten von uns in der Klemme: Wir haben nämlich jederzeit die Gelegenheit dazu, das Geld, das wir für Konsumgüter ausgeben, die wir nicht wirklich brauchen, zu spenden und so das Leben von Kindern in Armut zu retten. Wir hätten ja auf die teuren Schuhe und Hosen verzichten und das Geld stattdessen spenden können. Sind wir, die wir uns Luxusgüter leisten, also zu vergleichen mit jemandem, der ein hilfloses Kind vor seinen Augen ertrinken lässt? Haben wir die Pflicht, armen Menschen zu helfen, ebenso wie wir die Pflicht haben, das Kind aus dem Teich zu retten?*

Dieses prominente Beispiel stammt von dem australischen Philosophen Peter Singer. Singer ist ein überaus engagierter Denker, der sich für das Wohl der Tiere ebenso wie für die Bekämpfung der Armut einsetzt. Die Armut gehört zu den größten Herausforderungen der Menschheit. Auch heute noch. Wir alle kennen die Zahlen: Ein Prozent der Menschen verfügt über knapp die Hälfte des weltweiten Reichtums. Über 40 Prozent der Menschen dagegen leben in Armut. Etwa 2,7 Milliarden Menschen verdienen also weniger als zwei US-Dollar täglich. Über eine Milliarde lebt sogar mit weniger als einem US-Dollar pro Tag. Den meisten davon mangelt es an Trinkwasser, Nahrung und Medikamenten. Täglich sterben 25 000 Kinder an den Folgen von Armut. Täglich! Nach Peter Singer ist der Tod dieser Kinder unnötig. Er glaubt, dass wir die Armut beseitigen können. Und er glaubt auch, dass wir moralisch dazu verpflichtet sind.

Schauen wir uns seine Argumentation etwas genauer an. Singer argumentiert ausgehend von dem Teich-Beispiel. Hier würde jeder von uns zugeben, dass wir eine moralische Pflicht haben, das Leben des Kindes zu retten – auch wenn wir dabei unsere teuren Kleider ruinieren. Aber nur wenige von uns würden behaupten, dass wir keine teuren Klamotten mehr kaufen dürfen, sondern das Geld für Entwicklungshilfe spenden müssten. Was also unterscheidet die Situation am Teich von der alltäglichen Situation? Zunächst besteht ein Unterscheid in der Distanz: Das Kind im Teich stirbt vor unseren Augen, wogegen die Kinder in Afrika und Asien in weiter Entfernung sterben. »Aus den Augen, aus dem Sinn«, sagt man. Uns fehlen die Emotionen, die uns zum Handeln antreiben. Ohne Nähe fehlt uns die Motivation. Doch ist die Distanz auch moralisch relevant? Rechtfertigt sie unser Nichtstun? Wohl kaum. Könnten wir das Kind in Afrika nämlich per Knopfdruck retten oder mithilfe von superlangen Armen, dann sollten wir das unbedingt tun.

Ist es vielleicht die fehlende Direktheit? Da wir in Europa leben, können wir nicht direkt vor Ort selbst mit anpacken, sondern müssen andere dabei finanziell unterstützen. Aber man könnte auch die Teich-Situation variieren, sodass man selbst Nichtschwimmer ist und das Kind nur retten kann, indem man eine Münze in einen schwimmenden Rettungsroboter wirft.

Dieser schwimmt zum Kind und rettet es. Klar müsste man dann zahlen! Aber so leicht ist das nicht, werden Sie vielleicht sagen: Bei vielen Hilfsorganisationen versickert das gespendete Geld und es ist unsicher, ob die Hilfe überhaupt ankommt. Aber nehmen wir an, der Rettungsroboter hat nur zu fünfzig Prozent Erfolg. In jedem zweiten Fall stirbt das Kind im Teich. Würden Sie deswegen keine Münze einwerfen? Wohl kaum.

Es gibt noch weitere Unterschiede zwischen dem ertrinkenden Kind und solchen, die an Armut sterben. Am Teich sind Sie die einzige Person, die das Kind retten kann, während es in der Welt Millionen von anderen Menschen gibt, die auch spenden könnten. Aber ist das ein Grund, nicht zu spenden? Angenommen, neben Ihnen stehen drei weitere Menschen um den Teich, aber niemand geht rein. Verringert das Ihre Pflicht, das Kind zu retten? Hebt es sie auf?

Ist vielleicht nicht die Anzahl der Helfer, sondern die Anzahl der Betroffenen moralisch relevant? Was wäre, wenn nicht ein einzelnes Kind, sondern derer drei im Teich ertrinken würden und Sie könnten nur eines retten? Dies entspricht eher der realen Situation, in der täglich 25 000 Kinder an Armut sterben. Aber entbindet Sie das von der Pflicht zu helfen? Besser nicht helfen als willkürlich ein Kind auszuwählen und zwei sterben zu lassen?

Lassen Sie uns das Beispiel etwas variieren: Angenommen, ein Kind ertrinkt im Schwimmbecken. Es wurde von einem anderen Kind hineingeschubst. Am Rand des Schwimmbeckens stehen die Mutter des Kindes, das schubsende Kind und Michael Phelps, der beste Schwimmer der Welt. Das schubsende Kind kann nicht schwimmen, die Mutter nur mittelmäßig, Phelps ist der weltbeste Schwimmer. Wer sollte das ertrinkende Kind retten? Dieses Beispiel veranschaulicht die unterschiedlichen Beziehungen, in denen man zu dem rettungsbedürftigen Kind stehen kann. Das schubsende Kind ist der Verursacher, Phelps ist der fähigste Helfer und die Mutter steht dem Kind sozial am nächsten. Wer hat die größte Pflicht zu helfen? Ich meine Michael Phelps – und das, obwohl er den Schaden nicht verursacht hat. Warum? Einfach deswegen, weil es für ihn keine große Sache ist. Natürlich müsste man dem schubsenden Kind, wenn die ganze Geschichte vorbei ist, ordentlich die Leviten lesen, damit so etwas künftig nicht mehr vorkommt. Denn in der Regel steht der Verursacher am unmittelbarsten in der Pflicht.

Die Ethik unterscheidet zwischen negativen und positiven Pflichten. Negative Pflichten verlangen, dass man niemandem Schaden zufügt, während positive Pflichten fordern, dass man Hilfe leistet. Jemandem zu schaden finden wir schlimmer als nicht zu helfen. Die negative Pflicht des Nichtschädigens wiegt also schwerer als die positive Pflicht des Helfens. Darum gilt in der Regel: Wer einen Schaden verursacht hat, sollte ihn wieder gutmachen. Da das schubsende Kind aber nicht schwimmen kann, muss Michael Phelps ins Wasser springen.

Die Frage, wer denn nun das schubsende Kind, wer die Mutter und wer Michael Phelps ist, wenn es um die Frage der Weltarmut geht, ist alles andere als leicht zu beantworten. Die Zusammenhänge sind äußerst komplex und die empirischen Daten sind unklar und umstritten. Dennoch kann die Unterscheidung den Blick für die Zuständigkeiten vielleicht schärfen. Bei den Verursachern kann es sich um ausbeuterische Konzerne, korrupte Diktatoren oder Institutionen handeln, die unfaire Handelsbeziehungen aufrechterhalten. Die fähigsten Helfer sind vielleicht die UNESCO, die Weltbank oder das Rote Kreuz. Am nächsten stehen die jeweilige Familie, die Dorfgemeinschaft oder der Staat.

Peter Singer betont unsere Hilfspflichten, nach dem Motto: Wer kann, der soll helfen. Der an der Universität in Yale lehrende deutsche Philosoph Thomas Pogge beruft sich dagegen auf unsere Pflicht, nicht zu schaden und verursachte Schäden wiedergutzumachen. Pogge glaubt, wir alle würden die globale Armut mitverursachen. Wir hätten also eine Pflicht der Wiedergutmachung. Nach Pogge sollten wir mit korrupten und despotischen Regimen gar nicht verhandeln. Diese beuten nämlich ihre Bevölkerung aus, profitieren vom Verkauf der Rohstoffe an westliche Länder und halten sich mit importierten Waffen an der Macht. Für Pogge ist das Hehlerei. Zudem könnten verschwenderische Machthaber ihre privaten Schulden in Staatschulden umwandeln lassen und als Staat ohne Weiteres Kredit aufnehmen. Die Regeln dieses Spiels sind unfair. Und wir spielen mit. Wir liefern Waffen, vergeben Kredite und kaufen Rohstoffe.

Der englische Philosoph David Miller hat dagegen eingewendet, dass in erster Linie nicht die globale Ordnung schuld sei, sondern die Länder und ihre Despoten. Denn nicht allen Ländern schade diese Praxis. Einige könnten große Erfolge in der Armutsbekämpfung vorweisen. Wenn eine Straße in schlechtem Zustand ist, dann sind in erster Linie immer noch die Autofahrer schuld, wenn es zu vereinzelten Unfällen kommt – nicht das Bauamt.

In der global vernetzten Welt von heute sind die Zusammenhänge beinahe unüberschaubar geworden. Bei jeder Kaufentscheidung nehmen wir einen minimalen Einfluss auf die Verhältnisse – wir unterstützen die einen und vernachlässigen die anderen. Zudem leben wir in Demokratien und können mitbestimmen, wie die globalen Spielregeln von morgen aussehen. Leider ist die Schraube, an der wir drehen können, winzig klein. Der kalte Tropfen fällt auf den heißen Stein. Doch Philosophen wie Peter Singer oder Thomas Pogge zeigen, was es heißt, daran zu glauben, dass der Stein mit jedem Tropfen etwas abkühlt.

## Menschenfleisch für Aliens

*Stellen Sie sich vor, es landen Aliens auf unserem Planeten. Sie sind überaus intelligent und uns Menschen physisch, kognitiv und technisch weit überlegen. Sie sperren uns ein, versklaven uns, benutzen uns für medizinische Versuche und fertigen Lederprodukte aus unserer Haut. Außerdem verspeisen sie uns genüsslich, am liebsten unsere Kinder, da deren Fleisch so zart ist. Die Aliens rechtfertigen ihr grausames Verhalten, indem sie sagen: »Wir sind viel intelligenter als diese Menschen und stehen auf einer höheren Stufe. Diese niedrigen Kreaturen haben keine Würde, wie wir sie haben. Ihr Bewusstsein ist sehr primitiv, ebenso wie ihre Kommunikation. Ihr Leben hat einfach nicht denselben Wert.«*

*Die Aliens fühlen sich moralisch überlegen und behandeln uns Menschen so, wie wir Tiere behandeln: Sie sperren uns ein, züchten und mästen uns und schlachten unsere Kinder in jungen Jahren. Wie können die Außerirdischen ihr Verhalten rechtfertigen?*

Dieses Gedankenspiel findet sich bei Richard David Precht, dem deutschen Popstar der Philosophie und Autor des Buches *Wer bin ich – und wenn ja, wie viele?* Die Frage, ob wir Tiere essen dürfen – und wenn ja, wie viele – ist derzeit in aller Munde und steht ganz oben auf der Agenda vieler Ethiker. Immer mehr Menschen verzichten in unseren Breitengraden auf Fleisch. Und die Veganer sind auf dem Vormarsch. Sie verzichten, anders als die Vegetarier, nicht nur auf Fleisch, sondern auf jegliche tierischen Produkte, egal ob Milch, Eier, Honig, Leder oder Daunenfedern.

Sie verwenden zudem keine Kosmetika, die an Tieren getestet wurden. Doch aus welchen Gründen? Taugen ihre Argumente etwas oder handelt es sich dabei lediglich um einen vorübergehenden Trend naiver Weltverbesserer?

Bevor wir in die tierethische Debatte einsteigen, sollten wir uns die Zahlen vor Augen halten. Jedes Jahr werden in Deutschland 750 Millionen Tiere geschlachtet. Jeder von uns isst im Durchschnitt 60 Kilo Fleisch pro Jahr. In einem ganzen Leben sind das knapp 1100 Tiere, die jeder von uns verspeist. Dieser übermäßige Fleischkonsum wirkt sich auch extrem auf die Umwelt aus: Für die Herstellung von einem Kilogramm Rindfleisch werden gut 15 000 Liter Wasser verbraucht, 16 Kilogramm Getreide verfüttert, 50 Quadratmeter Regenwald vernichtet und mehr Treibhaus erzeugt als bei 250 Kilometern Autofahrt. Das heißt auch: Die Viehhaltung erzeugt insgesamt mehr Treibhausgase als sämtliche Transporte weltweit.

Diese Zahlen sprechen eine eindeutige Sprache. Aber das Klima und die Umwelt sind nicht die einzigen Gründe, die gegen den übermäßigen Fleischkonsum sprechen. In der Philosophie stehen insbesondere die tierethischen Überlegungen im Zentrum, etwa die Frage, ob wir überhaupt ein Recht haben, Tiere einzusperren, zu züchten, zu mästen und zu schlachten. Warum behandeln wir Tiere ganz anders als Menschen?

Zunächst fällt auf, dass unser Verhältnis zu Tieren sehr widersprüchlich ist: Wir streicheln unsere Haustiere und schlachten unsere Nutztiere. Die meisten von uns essen Rinder und Schafe, aber keine Pferde und Hunde. Auch Hasen essen wir, aber keine Meerschweinchen. Ist das reine Willkür? In China isst man ja angeblich alles. Und was ist nun richtig? Welche Tiere darf man essen? Und dürfen wir überhaupt Tiere essen?

Vorab sollten wir uns bewusst machen: Wir Menschen sind auch Tiere. Wenn wir von »Tieren« reden, dann meinen wir in der Regel also »nicht-menschliche Tiere« – wie Hunde, Schweine und Schimpansen. Klar ist auch: Wir behandeln Tiere anders als Menschen. Wir tun ihnen Dinge an, die wir einem Menschen niemals antun würden: Wir sperren sie ein, beuten sie aus, nehmen ihnen die Kinder weg, experimentieren mit ihren, töten sie, essen sie oder stellen sie im Zoo aus. Irgendwie müssen wir diese Andersbehandlung von Tieren und Menschen rechtfertigen können. Aber wie? Es müsste etwas geben, das die Menschen von den Tieren unterscheidet – eine Eigenschaft, die alle Menschen haben und die kein Tier hat. Zudem müsste diese Eigenschaft moralisch relevant sein. Nicht jede Eigenschaft ist für die Moral von Belang. Dass Schweine vier Beine und einen Ringelschwanz haben, rechtfertigt nicht, dass wir sie töten. Auch zwischen den Menschen gibt es viele Unterschiede, die zwar auffallen, aber moralisch irrelevant sind, wie etwa die Hautfarbe oder das Geschlecht. Früher glaubte man zwar, diese Eigenschaften seien moralisch wichtig. Schwarze wurden versklavt und Frauen unterdrückt. Doch man hat dazugelernt. Sind wir heute vielleicht auch wieder an einem Punkt, wo wir dazulernen und unser Verhalten radikal ändern müssen? Oder gibt es gute Gründe, Tiere schlechter zu behandeln als Menschen? Was zeichnet den Menschen gegenüber den Tieren aus? Warum darf man Tiere, nicht aber Menschen schlachten?

Erste Antwort: Das haben wir schon immer so gemacht. Einwand: Das sagten auch die Sklavenhalter und die Gegner des Frauenstimmrechts. Der Verweis auf die lange Tradition ist ein schlechtes Argument.

Zweite Antwort: Der Mensch braucht Fleisch. Einwand: Stimmt nicht. Er kann auch ohne. Eine der weltweit größten unabhängigen Ernährungskommissionen – die American Dietetic Association –

meint, eine ausgewogene rein pflanzliche Ernährung sei gesund und für alle Lebensphasen geeignet. Wenn allerdings kein Supermarkt um die Ecke steht, wie in Alaska oder im kirgisischen Hochland, dann sieht die Sache anders aus. Für die meisten von uns gilt jedoch: Es geht gut ohne Fleisch.

Dritte Antwort: Fleisch ist lecker. Einwand: Das findet auch der Menschenfresser Hannibal Lecter im Film *Das Schweigen der Lämmer*. Auch dem Vergewaltiger macht es Spaß, Frauen zu vergewaltigen. Doch der Spaß hat seine Grenzen, nämlich dann, wenn grundlegende Interessen anderer missachtet werden. Und auch Tiere haben Interessen – allen voran das Interesse, zu überleben.

Vierte Antwort: Tiere sind weniger intelligent als Menschen und haben kein Selbstbewusstsein. Sie haben auch kein moralisches Bewusstsein und schmieden keine Lebenspläne. Einwand: Auch gewissen Menschen fehlen diese Eigenschaften. Denken wir an Säuglinge, an geistig schwer behinderte oder an demenzkranke Menschen. Diese Menschen töten wir auch nicht, obwohl ihre geistigen Kapazitäten geringer sind als diejenigen so mancher Tiere. Warum nicht? Weil sie Empfindungen haben. Weil sie Leid und Freude spüren können und Interessen haben. Das aber haben auch Tiere. Der Philosoph Jeremy Bentham meinte zu Beginn des 19. Jahrhunderts, die Frage sei nicht, ob Tiere denken, sondern ob sie leiden können. Er selbst glaubte, »die Zeit wird kommen, da die Menschheit alles, was atmet, unter ihren Schirm und Schild nehmen wird«. So weit sind wir definitiv noch nicht.

Fünfte Antwort: Wenn die Tiere artgerecht gehalten werden, dann darf man sie betäuben und schmerzlos töten. Damit tut man niemandem weh. Einwand: Warum darf man das nicht mit Menschen? Weil das gegen die Würde des Menschen verstößt? Aber was heißt das? Menschen haben das Recht, ein selbstbestimmtes Leben zu führen. Sie haben grundlegende Rechte, wie etwa das Recht auf Leben, auf körperliche Integrität oder auf Freiheit. Und worauf basieren diese Menschenrechte? Auf unseren Interessen: Wir Menschen wollen unversehrt und in Freiheit leben können. Doch das möchten auch die Tiere. Warum also gewähren wir ihnen diese Rechte nicht? Einfach darum, weil sie keine Menschen sind? Wer das behauptet, tappt in die Falle des sogenannten Speziesismus. Der Speziesist glaubt nämlich, dass man allein dadurch, dass man zur Spezies Mensch gehört, bestimmte Rechte habe, ganz egal, welche Eigenschaften man hat. Hauptsache, man ist Mensch. Die Rassisten haben ganz ähnlich argumentiert. Nur war für sie nicht die Gattung Mensch, sondern die Hautfarbe entscheidend. Warum aber die Zugehörigkeit zur Spezies Mensch moralisch relevant sein soll, ist unklar. Ist die Artzugehörigkeit als moralisches Kriterium nicht genauso willkürlich wie die Hautfarbe?

Kommen wir zum Schluss noch einmal auf das Gedankenexperiment mit den Außerirdischen zu sprechen, welche die Weltherrschaft an sich reißen, uns Menschen einsperren und versklaven, unseren Frauen die Kinder und die Milch wegnehmen und uns mästen und verspeisen. Die Außerirdischen hören zwar unsere Schreie, nicht aber unsere Vorwürfe, da sie unsere Sprache nicht verstehen. Sie sind uns körperlich und technisch weit überlegen und nutzen diesen Machtvorsprung gnadenlos aus, ohne jegliche moralische Bedenken. Denn aus ihrer Sicht haben wir erbärmlichen Erdlinge keine Würde im strengen Sinn, denn wir können höchstens fünfzig Jahre vorausdenken, haben lediglich ein oberflächliches Bewusstsein von uns selbst und keinen blassen Schimmer von den höheren Freuden des kosmischen Daseins.

Wir verwenden oft ähnliche Argumente, wenn wir unser grausames Verhalten den Tieren gegenüber zu rechtfertigen versuchen. Doch erst das Gedankenspiel macht uns klar, dass diese

Argumente vermutlich nicht stichhaltig sind. Kaum wechseln wir die Perspektive, verlieren die Rechtfertigungen ihre Plausibilität und Kraft. Moralisches Denken sollte unparteiisch sein. Das wissen wir spätestens seit Immanuel Kant. Die eigene Perspektive und die eigenen Interessen dürfen nicht bevorzugt behandelt werden. Unparteilichkeit aber übt man durch Perspektivenwechsel – indem man sich in die Lage des anderen versetzt. Genau das versucht das Gedankenexperiment mit den Aliens. Plötzlich stecken wir in der Situation der Tiere und werden uns bewusst, was wir ihnen Tag für Tag antun. Eine solche Perspektivenübernahme sensibilisiert uns für die Interessen anderer. Und genau dieses Einfühlungsvermögen ist der Grundstein jeder vernünftigen Moral.

## Der Geiger auf dem Rücken

*Stellen Sie sich vor, Sie wachen eines Tages auf und möchten aus dem Bett steigen, doch es geht nicht. An Ihrem Rücken klebt ein Mensch. Es handelt sich um den weltbesten Geiger. Wie es dazu kam? Nachdem man herausgefunden hatte, dass der Geiger an einer schweren Nierenkrankheit leidet, hatten Musikliebhaber aus der ganzen Welt beschlossen, ihn mit allen Mitteln am Leben zu erhalten. Leider sind Sie der einzige Mensch, der dieselbe Blutgruppe hat wie er. Also wurden Sie gekidnappt, betäubt und chirurgisch an den Blutkreislauf des Geigers angeschlossen. Nun filtern Ihre gesunden Nieren die Schadstoffe aus dem Blut des Geigers.*

*»Das geht doch nicht!«, sagen Sie voller Empörung. Der Leiter der Klinik versucht Sie jedoch zu beruhigen mit den Worten: »Es tut uns schrecklich leid, was die Musikfreunde Ihnen angetan haben. Wir wussten von nichts. Würden wir den Geiger jedoch*

*chirurgisch von Ihnen entfernen, würde das zu seinem Tod füh-*
*ren – das dürfen wir nicht tun. Personen haben ein Recht auf Le-*
*ben. Sie selbst haben natürlich ein Recht zu entscheiden, was mit*
*Ihrem Körper passieren soll, aber das Lebensrecht des Geigers*
*wiegt schwerer. Darum dürfen wir Sie nicht loskoppeln. Es gibt*
*allerdings keinen Grund zum Verzweifeln. Das Ganze dauert*
*nämlich nur knapp neun Monate. Bis dahin wird sich der Körper*
*des Geigers erholt haben und er kann ohne Schaden wieder von*
*Ihnen entfernt werden.«*

*Wie würden Sie reagieren? Ist die Argumentation der Klinik-*
*leitung überzeugend? Und was wäre, wenn der Arzt statt von neun*
*Monaten von neun Jahren gesprochen hätte? Oder wenn Ihre Nie-*
*ren derart unter der Prozedur leiden würden, dass Sie innerhalb*
*des nächsten Monats sterben würden, wenn der Geiger nicht von*
*Ihnen entfernt wird?*

Dieses Gedankenspiel stammt von der US-amerikanischen Philosophin Judith Jarvis Thomson. Es geht dabei weder um den
Wert der Musik, noch darum, was man tun darf, um bedeutende
Persönlichkeiten zu retten. Das Thema ist Abtreibung. Genauer
gesagt die Frage: Darf man bei einer ungewollten Schwangerschaft abtreiben? Der Geiger entspricht also dem ungewollten
Kind im Bauch und Sie sind die schwangere Frau. Neun Monate
lang kann der Geiger nicht ohne Sie überleben, ebenso wie das
im Bauch heranwachsende Kind. Das ist die Analogie.

Ungewollte Schwangerschaften sind keine Seltenheit. Denken
Sie an das Versagen von Verhütungsmitteln oder an Fälle von
Vergewaltigung. Thomsons Gedankenexperiment bezieht sich
nur auf solche Fälle der ungewollten Schwangerschaft. Und
sie umgeht die ganze Debatte um den moralischen Status von
Embryonen. Meist wird im Rahmen der Abtreibungsdebatte

nämlich darüber diskutiert, ob und ab wann Embryonen überhaupt ein Lebensrecht haben. Dabei wird vielfach mit dem Begriff der Person argumentiert und gesagt, nur Personen hätten ein Lebensrecht. Die entscheidende Frage ist dann, ob Embryonen Personen sind. Bevor wir näher auf das Gedankenexperiment eingehen, sollten wir uns die wichtigsten Argumente der Abtreibungsgegner ansehen. Es gibt im Wesentlichen drei Argumente, die für den Schutz des ungeborenen Lebens sprechen: das Kontinuitätsargument, das Identitätsargument und das Potentialitätsargument.

Das Kontinuitätsargument behauptet, es gäbe eine fließende Entwicklung, ohne klare Brüche und Sprünge, von der befruchteten Eizelle bis zum Neugeborenen. Jede Grenzziehung sei willkürlich. Darum habe bereits die befruchtete Eizelle ein Lebensrecht, ebenso wie das Neugeborene. Das Argument hat jedoch Schwächen. Es gibt auch keine klare Grenze zwischen Tag und Nacht – dennoch ziehen wir sie. Ebenso wenig hat die Dämmerung einen klaren Anfang und ein klares Ende. Aber irgendwann ist es definitiv dunkel. Ähnlich verhält es sich bei der Schwangerschaft. Die befruchtete Eizelle empfindet keine Schmerzen und hat keine Interessen, das Neugeborene dagegen schon. Irgendwo dazwischen fängt der Zellhaufen an zu empfinden. Die Biologie geht davon aus, dass das Nervensystem die Grundlage der Empfindungsfähigkeit bildet. Die für Empfindungen relevanten Bereiche des Gehirns bilden sich nach der zwölften Schwangerschaftswoche heraus. Darum setzt man die Grenze in der Regel um die zwölfte Woche.

Während das Identitätsargument behauptet, die befruchtete Eizelle sei identisch mit dem Neugeborenen und genieße darum dieselben Rechte, behauptet das Potentialitätsargument, Embryonen hätten ein Lebensrecht, weil aus ihnen in naher Zukunft

Menschen werden. Embryonen haben das Potential zum Mensch-sein. Darum dürfe man sie nicht töten. Dem wird entgegenge-halten: Auch ein und dasselbe Ding kann zu unterschiedlichen Zeitpunkten andere Rechte haben. Ein und derselbe Mensch darf als Kind nicht wählen, als Erwachsener dagegen schon. Derselbe Einwand spricht gegen das Potentialitätsargument. Nur weil etwas in Zukunft gewisse Rechte haben wird, heißt das nicht, dass es jetzt schon diese Rechte hat. Ansonsten hätte ein Prinz bereits als Kind dieselben Rechte, die er später als erwach-sener König haben wird. Er könnte Befehle geben und sein Land führen, schließlich wird er irgendwann König sein. Doch das ist absurd. Rechte basieren auf Tatsachen, nicht auf Möglichkeiten.

Nachdem wir nun also die wichtigsten Argumente für sowie ge-gen das Lebensrecht von Embryonen skizziert haben, können wir uns dem Gedankenexperiment mit dem Geiger widmen. Thomson möchte mit ihrer Analogie nämlich zeigen, dass auch dann noch gute Gründe für eine Abtreibung sprechen, wenn dem Ungeborenen ein Lebensrecht zugestanden wird. Der Gei-ger ist nämlich ein erwachsener Mensch, der definitiv ein Le-bensrecht hat – auch wenn er an Ihren Körper angenäht ist und sein Überleben von Ihnen abhängt. Doch dieses Lebensrecht des Geigers kollidiert mit Ihrem Recht auf körperliche Unversehrt-heit. Die Frage ist nun, welches Recht höher zu gewichten ist. Für Thomson ist die Sache klar: Die Musikfreunde haben auf dras-tische Weise in Ihr Leben und Ihren Körper eingegriffen. Das geht nicht, meint sie. Jeder habe das Recht, sich von dem Geiger loszukoppeln. Das entspreche einer Notwehr. Und dazu habe man immer das Recht. Wie sehen Sie das? Würden Sie sagen, man dürfe den Geiger auf keinen Fall von Ihnen losmachen? Wenn ja, was würden Sie sagen, wenn er nicht neun Monate, sondern neun Jahre an ihnen hängen würde? Würden Sie auch dann finden, man dürfe ihn nicht umbringen? Und wie würden Sie die Sache beurteilen, wenn Ihre Gesundheit und Ihr Leben dadurch bedroht wären und Sie nur überleben könnten, wenn der Geiger von Ihnen abgekoppelt wird? Mit dieser Variante fordert Thomson diejenigen Abtreibungsgegner heraus, die finden, man dürfe auf keinen Fall abtreiben, auch nicht bei Schwangerschaften, die für die Mutter tödlich verlaufen. Das heranwachsende Kind aktiv zu töten, sei nämlich moralisch verwerflicher, als die Mutter sterben zu lassen. Dabei stützen sich die radikalen Abtreibungsgegner auf die Unterscheidung zwischen Tun und Unterlassen. Doch es ist – wie wir zu Beginn des Kapitels gesehen haben – umstritten, ob der Unterschied zwischen Töten und Sterbenlassen überhaupt moralisch relevant ist. Zumindest scheint er das nicht in allen Fällen zu sein.

# Schönheit und Kunst

Schönheit ist uns wichtig. Frauen lassen sich das Fett an den »Problemzonen« absaugen oder strampeln im Fitnesscenter, sie spritzen Botox oder kaufen Schminke, lassen ihre Brüste vergrößern oder kaufen Push-up-BHs. Die Männer stählen ihre Körper an Kraftgeräten, färben sich die Haare und rasieren den Intimbereich. Beim Friseur lesen wir die neuesten Beauty-Tipps, lassen uns von den aktuellen Trends der Modewelt inspirieren oder planen den nächsten Urlaub – Hauptsache irgendwohin, wo's schön ist. Wenn wir dann aus dem Urlaub nach Hause kommen, verschönern wir die Urlaubsfotos mit digitaler Schminke. Wir suchen die Schönheit, wo's nur geht.

Der Hang zum Schönen kann für einige aber auch zum Verhängnis werden. Statistiken zeigen: Wer weniger gut aussieht, bekommt in der Schule die schlechteren Noten, wird im Job erst später befördert und verdient bis zu zehn Prozent weniger. Schöne Menschen dagegen werden bevorzugt behandelt und gelten aufgrund ihres Äußeren als gesund, intelligent, strebsam und nett. Wir schließen vom Äußeren aufs Innere, vom Aussehen auf die Fähigkeiten und den Charakter einer Person. Das ist unfair. Manche Autoren vergleichen diese Diskriminierung von weniger attraktiven Menschen gar mit Rassismus oder Sexismus und sprechen von einem »Lookism« – abgeleitet aus dem Englischen »look« für Aussehen. Das sind die Schattenseiten der Schönheit.

Doch worauf basiert die menschliche Schönheit eigentlich? Wann ist ein Mensch schön? In den letzten Jahren hat die empirische Forschung einiges über schöne Gesichter herausgefunden. Es sind insbesondere drei Faktoren, die für die Schönheit eines Gesichts ausschlaggebend sind: Durchschnittlichkeit, Geschlechtseindeutigkeit und reine Haut. Je durchschnittlicher ein Gesicht aussieht, desto besser gefällt es uns. Wenn man mit dem Computer mehrere Gesichter übereinanderlegt und einander angleicht, dann finden wir das computergenerierte Mischgesicht schöner als die ursprünglichen Gesichter. Aber auch ausgeprägte Weiblichkeit und Männlichkeit gefallen uns. Bei Frauen mögen wir weiche Gesichtszüge, eine kleine Nase, große Augen und dicke Lippen – das Kindchenschema lässt grüßen. Bei Männern gefallen uns ausgeprägte Wangenknochen, eine große Nase und breite Kiefer. Und schließlich die Sache mit der reinen Haut: Sie ist allseits bekannt und die Hersteller von Beautyprodukten haben daraus längst ein Business gemacht.

Die Schönheit stellte die Philosophen seit jeher vor große Rätsel: Warum finden wir etwas schön? Was ist überhaupt Schönheit? Liegt sie allein im Auge des Betrachters? Oder gibt es objektive Gesetze der Schönheit? Was haben eine schöne Landschaft, ein schönes Gesicht und ein schönes Kunstwerk gemeinsam? Mit diesen Fragen beschäftigt sich die philosophische Ästhetik. Sie interessiert sich jedoch nicht nur für Schönheit, sondern auch für Kunst. Und Kunst muss – wie wir wissen – nicht immer schön sein. Sie kann erschrecken, abstoßen oder irritieren. Und auch im Bereich der Kunst stellen sich interessante philosophische Fragen: Was ist überhaupt ein Kunstwerk? Wodurch unterscheidet es sich von einem alltäglichen Gegenstand? Was ist die Funktion von Kunst? Soll sie uns beglücken, anregen, provozieren oder sensibilisieren? Und was heißt es überhaupt, ein Kunstwerk – ein Gemälde oder ein Musikstück – zu verstehen?

Die Ästhetik beschäftigt sich über Kunst und Schönheit hinaus auch mit alltäglichen Objekten, die weder Kunstwerke sind, noch als »schön« gelten können. Man denke an den kraftvollen Klang eines Automotors, an ein hässliches Kleidungsstück, eine überladene Wohnungseinrichtung, an eine biedere Frisur oder eine lustige Schriftart. Wir können die gewöhnlichsten Gegenstände aus einer ästhetischen Perspektive betrachten und uns fragen: »Gefällt mir das? Was gefällt mir daran? Und warum?« Wer sich diese Fragen stellt, wird schnell bemerken, wie schwierig es ist, die eigenen ästhetischen Empfindungen in Worte zu fassen. Oft können wir nämlich nicht sagen, was uns an einem Kleid gefällt oder was uns daran stört. Wir fällen ein schnelles Urteil, ohne uns über die Gründe im Klaren zu sein.

Dieses Kapitel soll dazu anstiften, dass wir uns diese Fragen öfter stellen. Wenn Ihr Blick das nächste Mal auf einem schönen Gesicht, einem eleganten Kleid oder einer malerischen Landschaft hängen bleibt, dann sollten Sie sich fragen: Warum zum Teufel gefällt mir das? Was finde ich daran schön? Der französische Schriftsteller Stendhal meinte, Schönheit sei ein Versprechen von Glück. Fragen Sie sich also: Welches Versprechen liegt in diesem schönen Anblick? Warum zieht mich diese Schönheit so sehr in Bann?

Die Ästhetik gehört zu den interessantesten Bereichen der Philosophie, denn sie verändert unseren Blick auf die Dinge. Die Welt sieht auf einmal anders aus. Ich hoffe, dieses Kapitel wird Sie davon überzeugen. Schauen Sie sich also noch ein letztes Mal um. Danach wird alles anders sein.

## Leblose Freunde

*f* **b** *Ʒ* T *a* 𝒢 *l* g Q *w* 𝒦 R

*Stellen Sie sich vor, diese Buchstaben wären Personen – Menschen wie Sie und ich. Mit welchem möchten Sie befreundet sein? Welcher hört gerne klassische Musik? Welcher ist aufbrausend, welcher gelassen, welcher streng und welcher lustig? Welche Berufe haben sie? Gibt es einen Banker, eine Literatin, einen Clown? Welcher Buchstabe ist am glücklichsten?*

Dieses Gedankenspiel stammt von Alain de Botton, einem Schweizer Philosophen, der in London lebt. Der Gedanke, dass Gegenstände menschliche Charaktereigenschaften verkörpern, ist nicht neu. Bereits im antiken Griechenland finden wir die Idee, dass das Schöne und das Gute eng zusammenhängen. Die Griechen sprachen von der »Kalokagathia«, der ethisch-ästhetischen Vortrefflichkeit – abgeleitet von »kalos kai agathos« für »schön und gut«. Bei Immanuel Kant finden wir dann die Idee, dass Schönheit ein »Symbol des Sittlich-Guten« ist. Alain de Botton steht in dieser Tradition, wenn er behauptet, schöne Gegenstände würden unsere Lebensideale verkörpern. In seinem Buch *Glück und Architektur* vertritt er die Ansicht, dass unser Gefühl für Schönheit und unsere Vorstellung von einem guten Leben miteinander verwoben sind und sich in unseren ästhetischen Vorlieben unsere Lebensideale spiegeln. »Die Dinge, die wir schön finden«, schreibt de Botton, »sind Spielarten der Menschen, die wir lieben.«

Ob es sich um einen Roman, um ein Bild, ein Musikstück, einen Film, ein Gebäude, ein Auto oder eine Lederjacke handelt – immer gilt: Was uns gefällt, ist wie ein Mensch, den wir mögen. Der

Roman ist vielseitig, das Bild wirkt leidenschaftlich, die Musik klingt melancholisch, der Film ist tiefsinnig, das Gebäude wirkt bescheiden, das Auto macht einen ernsten Eindruck und die Lederjacke strahlt Stärke aus. Ein Gegenstand gefällt uns, weil er Charaktereigenschaften und Gemütszustände verkörpert, die wir für erstrebenswert halten oder die wir an anderen Menschen schätzen – Eigenschaften wie: verspielt, schlicht, ehrlich, gefühlvoll, unbeschwert, diszipliniert, abgeklärt, heiter, wild, mutig, voller Energie etc.

Sie können in jedem beliebigen Gegenstand menschliche Eigenschaften entdecken – in Ihrem Besteck, in Kaffeetassen, Wasserkochern, Lampen, Sesseln, Tischen, Kleidungsstücken, Mobiltelefonen, Häusern und Autos – aber auch in Bäumen, Blumen und Landschaften. Fragen Sie sich einfach, wie der Gegenstand als Mensch wohl wäre, welche Vorlieben und Charakterzüge er hätte und wie sein Leben aussehen würde. Oft entdecken Sie so, warum Ihnen der Gegenstand gefällt oder warum Sie ihn hässlich finden. Üben Sie sich in der Kunst der Vermenschlichung – Sie werden die Welt mit anderen Augen sehen und dem Rätsel der Schönheit auf die Spur kommen.

Die Designer wissen das natürlich und versuchen, den Konsumartikeln und Gebrauchsgegenständen einen symbolischen Mehrwert zu verleihen. Wenn Sie shoppen gehen, dann kaufen Sie nicht nur materielle Objekte, sondern immer auch einen Lebensstil und ein Stück Identität. Sie kaufen neue Möbel und decken sich gleichzeitig mit neuen, leblosen Freunden ein. Vielleicht entsteht dadurch auch das Gefühl, zu Hause zu sein.

Die Idee, dass Gegenstände Werte verkörpern können, hat auch den deutschen Dichter und Philosophen Friedrich Schiller beeindruckt. Für ihn war das Schöne eine Verkörperung von Freiheit und Selbstbestimmung. Betrachten wir die folgenden beiden Linien:

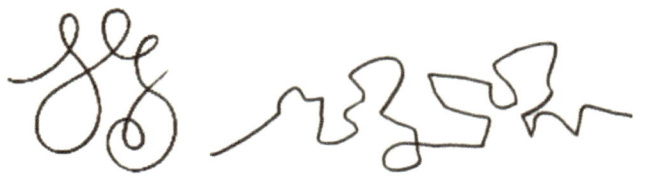

Nach Schiller finden wir die geschwungene Linie schöner, weil sie lebendig, frei und selbstbestimmt wirkt. Sie sieht aus wie das Resultat einer sich frei entfaltenden Bewegung. Sie wirkt, als hätte sie sich die Gesetze, nach denen sie verläuft, selbst gegeben. Die gezackte Linie dagegen wirkt fremdbestimmt und von äußeren Kräften beeinflusst. Die Richtungsänderungen sind abrupt, unmotiviert und zufällig. Das spüren wir übrigens, wenn wir mit unserem Blick der Linie entlangfahren. Bei der geschwungenen Linie fühlt sich das frei und ungehemmt an, bei der gezackten Linie dagegen sind wir angespannt und gezwungen, an beliebigen Stellen die Richtung zu ändern. Nach der Einfühlungstheorie des Psychologen Theodor Lipps (1851–1914) gefällt uns eine Form oder eine Bewegung dann, wenn wir uns ungehemmt und frei in sie einfühlen können. Wir schauen einer Tänzerin zu und tanzen innerlich mit. Wenn wir uns während dieser Einfühlung frei fühlen, nennen wir den Tanz »schön«. Schönheit ist nach Schiller und Lipps also sinnlich erfahrene Freiheit.

Schiller verknüpft die Ästhetik mit der Ethik und meint, es sei die »Schönheit, durch welche man zur Freiheit wandert«. Allein die Kunst schaffe es nämlich, den Menschen ganzheitlich anzusprechen und ihn auf spielerische Weise zu bessern. Durch den Anblick des Schönen lerne der Mensch, das Gute zu lieben und seine Neigungen mit den moralischen Pflichten in Einklang zu bringen. Die Französische Revolution scheiterte nach Schiller, weil die Menschen nicht dazu bereit waren – ihr Verstand wohl, aber nicht ihr Gefühl. Ihnen fehlte eine ästhetische Erziehung, die den Verstand und das Gefühl aufeinander abstimmt und eine Neigung zur Pflicht weckt.

Das Schöne als Symbol des Guten – diese Idee hat manche Philosophen verführt. Viele jedoch denken, dass es unangemessen ist, die ästhetischen Vorzüge auf ethische Werte zurückzuführen. Schönheit sei ein eigenständiger Wert und nicht an das Wahre, Gute oder Göttliche geknüpft. Doch warum empfinden wir dann bestimmte Dinge als schön und andere als hässlich? Woher kommt unser Sinn für Schönheit?

Die Evolutionsbiologie meint, die Ursache unseres Schönheitsempfindens liege weit zurück und sei in der Entstehungsgeschichte des Menschen zu finden. Unser Gefühl für Schönheit sei von Vorteil gewesen für das Überleben unserer Vorfahren. Für diese Theorie spricht, dass es gewisse Dinge gibt, die alle Menschen schön finden, egal wo und wie sie leben. So gibt es Landschaften, die allen Menschen gefallen, egal aus welcher Kultur sie stammen und wie alt sie sind. Es handelt sich dabei um Landschaften, die einer Savanne ähneln, die also übersichtlich sind, mit leichter Vegetation und Gewässern. Dies deute darauf hin, dass unsere ästhetische Vorliebe für solche Landschaften in der afrikanischen Savanne entstanden ist, bei den nomadisch lebenden Jägern und Sammlern vor rund sieben Millionen Jahren. Diese Menschen hätten überlebt, weil sie Landschaften schön fanden, die sich zum Überleben eigneten – die also übersichtlich waren und Schutz, Wasser, Nahrung und Jagdmöglichkeiten boten. Die Wüstenliebhaber dagegen sind ausgestorben.

Auch die unter allen Menschen verbreitete Vorliebe für einen jugendlichen und symmetrischen Körperbau ließe sich so erklären, meinen Evolutionspsychologen. Asymmetrische Körper seien nämlich ein Indikator für Krankheiten, Behinderungen und Defizite im Kampf ums Überleben. Und ein zu hohes Alter des

Sexualpartners verhindert die Zeugung. Wer also asymmetrische und alte Körper schön fand, dessen Gene sind ausgestorben – und mit den Genen auch die ästhetische Vorliebe.

Die Evolutionstheoretiker versuchen nicht nur dem Rätsel der Schönheit der Natur und des Menschen auf die Spur zu kommen, sie möchten auch unsere Faszination für Kunstwerke erklären. Ihre These lautet: Künstler haben gute Gene. Sie haben Geduld, Energie, Koordination, Intelligenz, Kreativität und Muße. Diejenigen Vorfahren, die Kunstwerke toll fanden und mit den Künstlern ins Bett hüpften, sicherten sich das Überleben ihrer Nachkommen und damit ihrer eigenen Gene. In dieser Weise hat sich die Vorliebe für Kunst evolutionär durchgesetzt.

Diese evolutionstheoretischen Erklärungen üben auf viele eine gewisse Faszination aus und sind nur schwer zu widerlegen. Aber auch kaum zu beweisen. Abgesehen davon hat die Evolutionstheorie ihre Grenzen: Sie kann nur die Gemeinsamkeiten zwischen den Menschen, nicht aber die Unterschiede erklären. Und was den Geschmack angeht, so sind die Unterschiede größer als die Gemeinsamkeiten. Schauen Sie sich nur die Mode aus den achtziger Jahren an! Unser Schönheitssinn ist stark geprägt durch unser Umfeld, durch Gewohnheit und Kultur. Hier muss die Biologie weichen und der Soziologie Platz machen. Aber auch innerhalb einer Gesellschaft gibt es unterschiedliche ästhetische Vorlieben. Die einen mögen es schlicht und streng, die anderen eher üppig und verspielt. Die einen mögen es formvollendet und glatt, die anderen fragmentarisch und brüchig. Woher kommen diese persönlichen Vorlieben? Hängen sie vielleicht doch mit unseren individuellen Lebensidealen zusammen?

Um das herauszufinden, müssen wir mit uns selbst und anderen ins Gespräch kommen und fragen: Warum gefällt mir das? Was stört mich daran? Was fasziniert mich an strengen und klaren Formen? Warum mag ich lieber Holz als Stahl? Warum übt das Unvollkommene, Brüchige und Abgründige einen derart starken Reiz auf mich aus? Was fasziniert mich an der spielerischen Leichtigkeit der Pinselführung? Woher kommt meine Vorliebe für harmonische und gleichmäßige Übergänge? Warum gefällt mir besonders traurige Musik? Vielleicht erfahren wir durch solche Fragen nicht nur etwas über unseren Geschmack, sondern auch über unsere Persönlichkeit, unsere Sehnsüchte und unsere Vision eines gelungenen Lebens.

## Musik ohne Gefühle

*Stellen Sie sich vor, Ihr musikalisches Gehör wäre eingeschränkt und Sie würden an emotionaler Amusie leiden: Sie können zwar einzelne Töne, Tonabstände, Melodien, Tonarten und Tempoveränderungen erkennen, aber die Musik drückt für Sie keine Gefühle aus. Sie hören nicht, ob ein Musikstück traurig, bedrohlich oder fröhlich klingt. Sie selbst haben zwar Gefühle und können sie auch an anderen Menschen erkennen, aber der Musik fehlt in Ihren Ohren jegliches Gefühl. Sie sind emotional taub.*

*Im Laufe der Zeit haben Sie jedoch gelernt, mit dieser Hörschwäche umzugehen. Sie haben sich gewisse Daumenregeln zurechtgelegt, die Ihnen in den meisten Fällen erlauben zu beurteilen, ob ein Musikstück traurig oder fröhlich ist. Wenn das Stück eher langsam ist, in Moll steht und viele abfallende Linien aufweist, dann wird es mit größter Wahrscheinlichkeit traurig sein. Wenn es sich dagegen um ein schnelles Stück in Dur mit kurzen*

*Noten, Sprüngen und aufsteigenden Linien handelt, dann gehen Sie davon aus, dass es sich dabei um ein heiteres Stück handelt.*

*Nun hören Sie zum ersten Mal die Mondscheinsonate von Beethoven. Genauer: den ersten Satz daraus. Bereits zu Beginn wird Ihnen klar, dass es sich dabei um ein melancholisch-trauriges Stück handeln muss, denn es ist langsam und steht in Moll. Nun fragt Sie eine taube Person: »Und? Wie ist das Stück? Eher traurig oder fröhlich?« Sie antworten: »Die Mondscheinsonate ist ein trauriges Stück.« Aber: Haben Sie mit dieser Aussage ein ästhetisches Urteil gefällt? Was braucht es, um ein angemessenes ästhetisches Urteil fällen zu können?*

Ein ähnliches Gedankenspiel stammt von Frank Sibley, einem englischen Philosophen des 20. Jahrhunderts, der vorwiegend zu Fragen der Ästhetik arbeitete. Sibley war der Ansicht, dass ästhetische Begriffe wie »anmutig«, »zart«, »elegant«, »spannungsreich«, »düster« und »melancholisch« nicht auf nicht-ästhetische Begriffe wie »dreieckig«, »pastellfarben« oder »langsam« zurückgeführt werden können. Wir können nicht anhand von Kriterien und Regeln ableiten, welche ästhetischen Qualitäten ein Gegenstand hat. Ob ein Kleid spießig oder elegant aussieht, hängt manchmal von kleinsten Details ab. Und manchmal auch vom Kontext: So kann es wichtig sein, welche Schuhe man zu dem Kleid trägt. Je nach Schuh wirkt das Kleid anders.

Mithilfe ästhetischer Begriffe und Urteile drücken wir nach Sibley unsere ästhetischen Erlebnisse aus. Um ästhetische Begriffe korrekt verwenden zu können, brauche es eine gewisse Sensibilität. Sibley spricht von »Geschmack«. Wenn Sie also unter emotionaler Amusie leiden würden, dann könnten Sie gar nicht verstehen, was es heißt, dass ein Musikstück »traurig« klingt. Ebenso wenig kann ein Mensch, der nur schwarz-weiß sieht, die Ausdrücke »blau« und »gelb« verstehen. Um solche

Wahrnehmungsbegriffe verstehen zu können, muss man diese oder ähnliche Wahrnehmungen bereits gehabt haben. Bei ästhetischen Begriffen ist das auch so. Um ästhetische Urteile verstehen und fällen zu können, muss man die entsprechenden Erlebnisse und Wahrnehmungen kennen. Zu sagen »Der neue James-Bond-Film ist schlecht, aber ich habe ihn noch nicht gesehen« ist Unsinn. Keine ästhetischen Urteile ohne ästhetische Erfahrung. Doch was ist eigentlich eine ästhetische Erfahrung?

Ästhetische Erfahrungen können wir fast überall machen, nicht nur im Museum oder in der schönen Natur. Wir können jeden beliebigen Gegenstand aus einer ästhetischen Perspektive betrachten: Unsere Wohnungseinrichtung, das Besteck, das Auto des Nachbarn, seine Frisur, den Löwen im Zoo, die Wolken am Himmel oder das Kernkraftwerk neben der Autobahn. Wenn wir diesen Objekten gegenüber eine ästhetische Einstellung einnehmen, dann betrachten wir sie um der Betrachtung willen, ohne praktische oder theoretische Interessen. Nur das Erlebnis zählt. Wir schauen nicht in die Wolken, um in Erfahrung zu bringen, ob ein Gewitter aufzieht und wir einen Schirm brauchen werden, sondern um uns dem Spiel von Licht, Schatten und Bewegung zu überlassen. Uns interessiert auch nicht, wie der Gegenstand tatsächlich beschaffen ist, sondern nur, wie er uns erscheint: Ein Tanz kann leicht und beschwingt aussehen, für die Tänzerin aber überaus anstrengend sein. Auch ob der Gegenstand seine Funktion erfüllt, ist irrelevant für die ästhetische Betrachtung: Ein Stuhl kann wunderschön sein, obwohl er instabil ist. Immanuel Kant hat zudem darauf hingewiesen, dass für die Beurteilung von Schönheit eine gewisse Unvoreingenommenheit nötig ist. Wenn uns eine Rose gefällt, weil sie das Geschenk einer geliebten Person ist, oder wir eine Person ansprechend finden, weil wir sie begehren, dann handelt es sich nach Kant nicht um ein »interesseloses Wohlgefallen«. Schön sei etwas aber nur dann, wenn es ein interesseloses Wohlgefallen auslöse.

Wenn wir die Dinge aus einer ästhetischen Perspektive betrachten, dann achten wir auf ihre ästhetischen Eigenschaften. Diese Eigenschaften oder Qualitäten können den ästhetischen Wert einer Sache steigern oder mindern. Auch Hässlichkeit, Plumpheit, Unausgewogenheit oder Unreinheit sind ästhetische Eigenschaften, ebenso wie Schönheit, Glanz, Feinheit, Verspieltheit, Tiefsinn oder Witz. In der Regel sind ästhetische Qualitäten nicht per se gut oder schlecht. Ihr Wert hängt vom jeweiligen Gegenstand und vom Kontext ab. Ästhetische Qualitäten wie Schlichtheit, Kraft, Eleganz oder Komplexität können also nicht nur für, sondern auch gegen den ästhetischen Wert einer Sache sprechen. Eleganz adelt ein Abendkleid, aber keine Hip-Hop-Hose. Sie passt nicht überall. Das gilt selbst für die Schönheit. Ein AC/DC-Konzert soll nicht schön sein. Das Wort »Schönheit« hat einen Beigeschmack von Harmonie und Reinheit. Manche von uns aber lieben das Deftige und Dunkle.

Unser ästhetisches Erleben unterscheidet sich oft von demjenigen anderer Menschen oder anderer Kulturen. Ob eine Frisur brav oder erotisch aussieht, hängt davon ab, in welcher Kultur man aufwächst. Ob Jazzmusik nervös und chaotisch klingt, hängt davon ab, wie oft man Jazz hört. Und ob chinesische Musik chinesisch klingt, hängt davon ab, wie vertraut man mit chinesischer Musik ist. So wie wir die Welt durch unsere kulturelle Brille sehen, hören wir auch alles durch einen kulturellen Filter. Es gibt jedoch ästhetische Qualitäten, die alle Menschen gleich wahrnehmen, egal welcher Kultur sie angehören. Auch Angehörige indigener Völker, die noch nie westliche Musik gehört hatten, konnten im Rahmen von Studien fröhliche, traurige und bedrohliche Musikstücke den entsprechenden Gesichtsausdrücken zuordnen. Was jedoch die Tonsysteme angeht, so gibt es auffallende Unterschiede zwischen den Kulturen: Manche arabischen Tonleitern klingen in unseren Ohren sehr verstimmt, da wir mit den Tonabständen überhaupt nicht vertraut sind. Durch Gewohnheit hat sich unser Ohr gewisse Muster angeeignet. Werden diese durchbrochen, dann klingt es falsch. Gewohnheit schafft Ideale.

Aber gibt es überhaupt richtig und falsch in der Kunst? Und lassen sich ästhetische Urteile begründen? In der Philosophie werden diese Fragen unterschiedlich beantwortet. Die Realisten glauben, ästhetische Qualitäten seien objektiv, ähnlich wie Farben objektiv sind. So wie es Farbenblinde gibt, gäbe es auch in Sachen Ästhetik Menschen, denen die nötige Sensibilität fehlt. Auf der anderen Seite gibt es die Subjektivisten, die glauben, Schönheit liege in den Augen des Betrachters und unsere ästhetischen Urteile seien weder wahr noch falsch. Dazwischen gibt es mittlerweile unzählig viele Positionen. Die meisten sind sich jedoch darin einig, dass sich ästhetische Urteile nicht durch Schlussfolgerungen begründen lassen.

Es gibt keine allgemeine Regel, aus der man ableiten könnte, ob ein Bild schön oder hässlich ist. Wenn Sie das Bild schön finden, Ihr Gesprächspartner jedoch nicht, dann bleibt Ihnen nur eine Möglichkeit: Sie müssen ihn dazu bringen, das Bild so zu sehen, wie Sie selbst es sehen. Weisen Sie ihn auf Details und Zusammenhänge innerhalb des Bildes hin und bringen ihn so zu einer neuen Sichtweise! Weisen Sie ihn auf die Dinge hin, die Ihnen gefallen: die schwungvolle Pinselführung, die weichen Farben, das gekonnte Spiel mit Licht und Schatten und die Ausgewogenheit des ganzen Bildes. Es kann gut sein, dass Sie Ihrem Gesprächspartner dadurch eine neue Wahrnehmungsweise ermöglichen und ihn so von Ihrem Urteil überzeugen. Es kann aber auch sein, dass er all diese Dinge sieht und ihm das Bild dennoch nicht gefällt. Diese Situation gibt es auch unter Experten. Auch Kenner sind sich manchmal nicht einig in ihren Urteilen. Doch in solchen Fällen lässt sich nicht sagen, dass einer der Experten falsch liegen muss. Man kann es eben so oder anders sehen. In der Kunst gibt es selten nur eine einzige richtige Deutung.

Die Unterscheidung zwischen Experten und Laien ist in der Ästhetik gang und gäbe, ebenso wie in anderen Bereichen. Und auch hier gilt in der Regel: Die Experten haben recht. Ihr Urteil ist mehr Wert, da ihre Sinne durch Wissen und Erfahrung geschult sind und ihre Wahrnehmung reicher und differenzierter ist als diejenige der Laien. Eine Architektin sieht bei einem Stadtspaziergang tausend Mal mehr als ein Laie. Ebenso hört ein Klassikexperte im Konzertsaal weitaus mehr als ein Klassikbanause. Er hört Variationen, Anspielungen, Wiederholungen, Registereinsätze, Dominantseptakkorde und vieles mehr, das dem Laien entgeht. Es ist wie im Sport: Wenn Sie selbst gelegentlich Tennis spielen, werden Sie beim Verfolgen eines Spiels Aufschläge, Rückhände, Slicebälle, Flugbälle und Smashes sehen, während jemand, der von Tennis keine Ahnung hat, lediglich sieht, wie der Ball hin und her gespielt wird. Das Urteil des Tennisexperten ist mehr Wert als dasjenige des Laien, weil er mehr weiß und mehr sieht. Genauso ist es in der Kunst.

Was nun aber nicht heißen soll, dass die Experten einen Zugang zu einem objektiven Bereich der Realität haben, der den Laien noch oder immer verwehrt bleibt. Es gibt keine unumstößlichen ästhetischen Tatsachen. Jede und jeder einzelne von uns kann sich zwar über die ästhetischen Qualitäten einer Sache täuschen, aber wir können uns unmöglich alle gleichzeitig täuschen. Ein Kleid kann nicht schön sein, wenn alle Menschen es hässlich finden. Das ist so unmöglich wie ein Witz, der lustig ist, obwohl ihn niemand lustig findet. Ein Witz ist witzig, weil wir ihn witzig finden. Genauso ist es bei traurigen Klängen in der Musik. Akkorde in Moll sind nicht objektiv trauriger als Dur-Akkorde. Wir können uns eine Welt vorstellen, in der die Menschen Mollakkorde als fröhlich hören. Diese Menschen täuschen sich nicht, sie hören einfach anders als wir. Aber wie können wir dann behaupten, dass ein Jazzmusiker besser beurteilen kann, wie Jazz klingt, als ein Laie? Sein Höreindruck ist vielleicht differenzierter und geübter, aber warum sollte sein Urteil treffender sein, wenn ästhetische Qualitäten doch nicht objektiv sind?

## Rotes Quadrat auf weißem Grund

*Stellen Sie sich vor, Sie betreten ein Kunstmuseum, gehen zur Kasse, geben Ihre Garderobe auf und schlendern neugierig drauflos. Im ersten Raum hängt ein Bild, das lediglich eine rote Fläche zeigt. Sie nähern sich vorsichtig dem Gemälde und lesen den Titel: »Blick auf das rote Meer. 215 n. Chr.« Sie entfernen sich von dem realistischen Gemälde und schlendern andächtig in den nächsten Raum. Überrascht stellen Sie fest, dass hier das gleiche Bild noch einmal hängt! Dieses Exemplar jedoch trägt den Titel: »Kierkegaards Stimmung. 1870« Im nächsten Raum hängt – Sie erwarten es – das gleiche Bild noch einmal. Titel: »Roter Platz. 1975« In den übrigen Räumen hängen noch »Rotes Tischtuch«, »Blut«, »Liebe«, »Rotes Quadrat«, »Ohne Titel« und eine rot grundierte Leinwand aus einem IKEA-Kaufhaus.*

*Nachdem Sie alle Räume gesehen haben, laufen Sie irritiert zur Kasse und verlangen Ihr Geld zurück. Der gut gekleidete Herr an der Kasse weist Sie jedoch freundlich darauf hin, dass in dieser*

*seriösen Ausstellung äußerst seltene Werke aus ganz unterschied-*
*lichen Kontexten und Richtungen versammelt sind: Landschafts-*
*malereien, Werke des Expressionismus, impressionistische ebenso*
*wie gesellschaftskritische Kunst, Stillleben ebenso wie abstrakte*
*Malerei. Zudem macht er Sie darauf aufmerksam, dass die Bilder*
*ganz unterschiedliche Bedeutungen haben und drückt Ihnen einen*
*Museumsprospekt mit Interpretationsansätzen in die Hand.*

*Verwirrt verlassen Sie das Museum. In Ihrem Kopf schwirren*
*lauter Fragen: »Was soll das? Wozu braucht es diese Kunst? Was*
*überhaupt ist Kunst? Kann alles Kunst sein? Und was bestimmt*
*die Bedeutung eines Kunstwerks? Gibt es in der Kunst überhaupt*
*richtige und falsche Interpretationen?«*

Dieses Beispiel stammt von dem US-amerikanischen Kunstphi-
losophen Arthur Danto. In seinem Buch *Die Verklärung des Ge-*
*wöhnlichen. Eine Philosophie der Kunst* versucht Danto dem Rätsel
der Kunst auf die Spur zu kommen und die Frage zu beantworten, was überhaupt ein Kunstwerk ist. Diese Frage ist nämlich
seit dem 20. Jahrhundert alles andere als einfach zu beantworten.
Marcel Duchamps stellte zu Beginn des Jahrhunderts ein Fahrrad-
rad, einen Flaschentrockner und ein Pissoir ins Museum. Andy
Warhol imitierte mit seinen »Brillo Boxes« handelsübliche Ver-
packungen für Putzschwämme und stellte sie aus. Duchamps
lässt alltägliche Objekte ins Museum stellen und Warhol imitiert
handelsübliche Massenware. In beiden Fällen entstehen Kunstwerke, die nicht anders aussehen als gewöhnliche Gegenstände.
Warum also handelt es sich bei dem Pissoir und bei den Brillo
Boxes um Kunst? Danto meinte, beide Objekte würden, im Unterschied zu ihren alltäglichen Zwillingen außerhalb des Muse-
ums, etwas zu verstehen geben. Der Künstler macht mit ihnen
eine Aussage. Kunstwerke sind »über etwas«, wie Danto schreibt.
Beim Betrachten können wir uns fragen: »Was will uns der

Künstler damit sagen?« Bei alltäglichen Gegenständen dagegen funktioniert das nicht: »Was möchte mir der Hersteller mit diesem Pissoir sagen?«

Zu Zeiten Platons und Aristoteles' glaubte man, alle Kunstwerke würden etwas darstellen. »Mimesis« – altgriechisch für »Nachahmung« oder »Darstellung« – war das Zauberwort der Stunde. Kunst solle die Natur darstellen und den Menschen nachahmen – im Theater, auf Bildern und mittels Skulpturen. Diese Theorie dominierte dann auch über zweitausend Jahre. Die Darstellungstheoretiker stritten sich lediglich darüber, ob die Kunst nun die wirkliche oder die ideale Natur darstellen soll – wie sie ist oder wie sie sein sollte.

Später hat man gesehen, dass nicht jede Kunst etwas darstellt oder nachahmt. Musik und abstrakte Malerei repräsentieren rein gar nichts. Dennoch handelt es sich dabei um Formen der Kunst. Warum? Diese Werke sind voller Ausdruck, obwohl sie nichts darstellen. Und allein auf den Ausdruck käme es an, Kunst sei Ausdruck, hieß es nun. Abstrakte Bilder und Musikstücke drücken ebenso wie Landschaftsgemälde oder Theaterstücke etwas aus, nämlich Gefühle, Stimmungen und Gedanken. Aber ist die Tatsache, dass Kunstwerke etwas ausdrücken, wirklich so einzigartig? Drückt nicht auch das Schreien eines Babys Angst und Leid aus? Warum ist ein Babyschrei kein Kunstwerk, aber »Der Schrei« von Edvard Munch schon? Und gibt es nicht auch Kunstwerke, die keine Gefühle ausdrücken, sondern einfach gefallen, wie etwa Piet Mondrians Bilder?

Der britische Kunstkritiker Clive Bell meinte, es sei nicht der Inhalt, sondern die Form, die etwas zu einem Kunstwerk mache. Die Art und Weise, wie etwas dargestellt oder ausgedrückt werde, sei entscheidend. Darstellen kann jedes Urlaubsfoto und ausdrücken jedes Baby. Aber Kunst ist mehr als das. Bell sprach von der »signifikanten Form« – einer Form, die Bedeutung hat und einen Inhalt transportiert. Damit machte er auf etwas aufmerksam, das bereits der deutsche Philosoph Hegel und später Adorno betont haben: Wenn es um Kunst geht, kann der Inhalt nicht von der Form getrennt werden. Man kann Poesie nicht ohne Verlust in Prosa übersetzen. Wenn man Goethes »Erlkönig« in nüchternen Sätzen nacherzählt, geht etwas Wichtiges verloren. Beethovens fünfte Symphonie kann man nicht einfach in ein Gemälde oder in einen Film übersetzen. Kunstwerke geben zwar etwas zu verstehen, aber ihr Gehalt lässt sich nicht losgelöst wiedergeben. Ansonsten könnte man sich den Museumsbesuch sparen und zu Hause gemütlich die Werkbeschreibungen und Interpretationen lesen. Doch diese lösen kein ästhetisches Erlebnis aus. Und darauf kommt es an. Wie aber kann man Kunstwerke von alltäglichen Gegenständen unterscheiden, die ebenfalls ästhetische Qualitäten aufweisen? Warum ist das Pissoir im Museum Kunst und draußen nicht?

Die einfache Antwort der »Institutionentheorie« lautet: Weil es im Museum steht. Nach dieser Theorie ist dasjenige Kunst, was in der Kunstwelt als Kunst gilt. Wenn Experten sich einig sind, dass ein Pissoir ins Museum gehört, dann handelt es sich dabei um Kunst. Aber nach welchen Kriterien entscheiden die Experten? Und können sie sich nicht täuschen? Künstler, die heute berühmt sind, wurden zu Lebzeiten ignoriert, und Kunstformen wie die Fotografie galten bei ihrer Entstehung gar nicht als Kunst. Wie aber kann das sein, wenn Kunst doch das ist, was als Kunst gilt?

Unter Berufung auf den Sprachphilosophen Ludwig Wittgenstein glaubten einige Kunsttheoretiker schließlich, der Ausdruck »Kunst« ließe sich gar nicht definieren. Kunstwerke seien so unterschiedlich wie die Mitglieder einer Großfamilie. Es gäbe zwar

Ähnlichkeiten zwischen einigen von ihnen, aber es gäbe kein Merkmal, das alle Kunstwerke gemeinsam haben und das sie von alltäglichen Objekten abhebt. Zudem wandle sich der Kunstbegriff fortwährend und jede Definition laufe Gefahr, bereits morgen überholt zu sein.

Die Frage nach der Definition von »Kunst« sollte man unterscheiden von der Frage nach der Funktion von Kunst. Auch in dieser Frage gehen die Meinungen auseinander. Manche Philosophen meinen, Kunst solle lediglich gefallen, andere vertreten die Ansicht, sie solle den Menschen erziehen, die Gesellschaft kritisieren, unsere Sinne sensibilisieren, die Wahrheit aufdecken, neue Perspektiven aufzeigen oder zum Denken anregen.

Worin besteht für Sie die Funktion von Kunst? Was erwarten Sie von einem guten Kunstwerk? Soll Kunst weh tun, wie Adorno meinte? Soll sie irritieren und schockieren oder lieber gefallen und beruhigen? Soll Kunst in erster Linie Ihre Sinne oder Ihr Denken ansprechen? Soll Sie Ihnen die Augen öffnen und Ihnen eine neue Sichtweise der Welt erschließen? Oder möchten Sie in eine ganz eigene, unwirkliche Welt eintauchen? Auf diese Fragen gibt es zum Glück keine richtigen und falschen Antworten. Sie können sich also frei und je nach Bedarf diesen oder jenen Kunstwerken zuwenden. Genuss oder Schmerz – Hauptsache, Sie bekommen, was Sie wollen.

# Freiheit

Wir haben heute in westlichen Demokratien so viele Wahlmöglichkeiten wie noch nie zuvor. Wir können wählen, wie wir leben möchten, wie wir unser Geld verdienen, ob wir Kinder haben möchten und mit wem. Wir dürfen uns frei bewegen, können anziehen, was wir wollen, unsere Meinung frei äußern, politische Parteien wählen und uns zwischen mindestens zwanzig verschiedenen Shampoos entscheiden. Bei diesen Freiheiten handelt es sich um Handlungsfreiheiten: Wir können so oder anders handeln, je nachdem, was wir wollen.

Wir können jedoch nicht alles tun, was wir wollen. Wir dürfen nicht bei Rot über die Ampel gehen und keine anderen Menschen töten. Streng genommen können wir zwar beides, aber wir müssen mit den Konsequenzen leben. Und dann gibt es Dinge, die wir nicht tun können, selbst wenn wir sie wollen und dürfen: Wir können ohne Nahrung nicht überleben, nicht in die Vergangenheit reisen und uns nicht nach China beamen. Diese Dinge können wir wünschen, aber wir können sie nicht tun. Nicht nur die Politik und die Moral, auch die Physik setzt unserer Handlungsfreiheit Grenzen. Wir können nicht alles tun, was wir möchten.

Von der Handlungsfreiheit zu unterscheiden ist die Willensfreiheit. Manchmal steckt nicht der Körper in einer Zwangsjacke, sondern der Wille. Denken Sie an Gehirnwäsche, an Zwangsstörungen oder an eine starke Sucht. Menschen, die das eigene Rauchen als Laster empfinden, fühlen sich unfrei. Der Wunsch nach der Zigarette fühlt sich fremd an. Eigentlich möchten sie davon loskommen. Die Sucht steuert den Willen und der Wille wird zur Marionette. Aber wo fängt die Sucht an? Was ist lediglich ein starkes Verlangen und wo beginnt der innere Zwang? Sind wir unfrei, wenn unsere Angstgefühle oder unsere sexuellen Neigungen überhand nehmen? Wie stark beeinflussen uns Werbung, Rhetorik und Propaganda im Alltag? Welche Wünsche gehören wirklich uns?

Die Philosophie beschäftigt sich seit ihren Anfängen mit dem Problem der Willensfreiheit. Das gilt auch für die Neurowissenschaft. Nur ist diese viel jünger. Hirnforscher haben der alten philosophischen Debatte nach dem freien Willen jedoch neues Leben eingehaucht. Zündstoff lieferte ein Experiment, das der US-amerikanische Hirnforscher Benjamin Libet 1979 durchgeführt hat. Er konnte zeigen, dass sich in unserem Gehirn etwas regt, bevor wir uns bewusst dazu entschließen, zu handeln. Daraus zogen viele die Konsequenz, dass unser Wille dem Gehirn hinterherhinke: »Unser Gehirn hat bereits entschieden, bevor wir eine Willensregung spüren«, hieß es. Das Experiment wurde von allen möglichen Seiten kritisiert. Aber neuere Ergebnisse bestätigen die erstaunlichen Befunde.

Der deutsche Hirnforscher John-Dylan Haynes konnte aufgrund der Gehirnaktivität einer Versuchsperson vorhersagen, welchen von zwei Knöpfen die Person drücken wird – und zwar sechs Sekunden, bevor der Proband sich seiner Entscheidung bewusst war. Die Vorhersage traf zwar nur zu sechzig Prozent zu. Aber immerhin: Besser als der Zufall. Wie kann das sein? Derzeit wird unter der Schädeldecke viel geforscht und die Philosophen diskutieren fleißig mit. Denn wenn behauptet wird, unsere

Entscheidungen seien nicht frei, sollte man zunächst klären, was »frei« überhaupt heißt. Das leistet die Philosophie. Einige Philosophen meinen gar, egal wie früh sich im Gehirn etwas regt, wir seien immer noch frei. Auch wenn diese Ansicht auf Anhieb seltsam klingt, spricht doch einiges für sie. Doch dazu später. Zunächst wollen wir fragen, ob die Welt unbeugsamen Gesetzen folgt und was das für unsere Freiheit heißen könnte.

### Kann man die Zukunft ausrechnen?

*Stellen Sie sich vor, Sie könnten das gesamte Universum für eine Weile anhalten. Alles würde an Ort und Stelle verharren. Jedes einzelne Atom. Nichts bewegt sich mehr. Nehmen Sie weiter an, Sie wären allwissend: Sie können die unendlichen Weiten des Weltalls überblicken und tief ins Innere der Materie hineinschauen. Sie kennen den Zustand der Welt zum Zeitpunkt des Stillstands in- und auswendig. Sie wissen also, wo sich jedes Teilchen befindet, welchen Impuls es hat und mit welcher Geschwindigkeit es gerade in welche Richtung unterwegs ist.*

*Könnten Sie mit diesem Wissen die Zukunft vorhersagen? Die Berechnung wäre zwar kompliziert, aber prinzipiell möglich. Denn: Ist der momentane Zustand der Welt nicht die zwingende Folge des unmittelbar vorangehenden Zustands? Und legt der momentane Zustand nicht fest, wie es weitergehen wird? Wenn dem aber so ist, dann ist seit dem Urknall festgelegt, dass Sie jetzt gerade hier sitzen und diesen Satz lesen! Ist das nicht absurd? Und: Wäre unsere Freiheit dann nicht eine bloße Illusion?*

Dieses Gedankenspiel stammt von dem französischen Mathematiker Pierre-Simon Laplace (1749–1827). Er stellte sich ein Wesen vor, das die Welt zu einem bestimmten Zeitpunkt bis ins letzte

Detail kennt. Man nannte dieses Wesen später den Laplaceschen Dämon. Aus seinem Wissen könne dieser Dämon jeden beliebigen Zustand der Welt ableiten, meinte Laplace. Jeder Zustand sei nämlich die unausweichliche Folge des unmittelbar vorangegangenen Zustands. Die Welt folge unbeugsamen Gesetzen und der Weltverlauf sei von Beginn an bis in alle Zukunft hinein festgelegt. Es stand also bereits vor Milliarden von Jahren fest, dass Sie jetzt diesen Satz lesen. Diese Weltsicht heißt Determinismus.

Der Determinismus ist ein zweischneidiges Schwert – im Großen unplausibel, aber im Kleinen überzeugend. Dass seit dem Urknall feststeht, was Sie gerade tun, ist höchst unplausibel. Aber die Annahme, dass jedes Ereignis die unausweichliche Folge des vorangegangenen ist, hat einiges für sich. Wenn zwei Billardkugeln aufeinandertreffen, dann ist bereits vor dem Aufprall bestimmt, wie die Kugeln nach dem Aufprall weiterrollen werden. Und so scheint das bei allen physikalischen Ereignissen zu sein. Im Alltag sprechen wir zwar von Zufällen, meinen damit aber lediglich Situationen, die sehr unwahrscheinlich sind oder bei denen wir nicht wissen, was passieren wird. So nennen wir etwa das Fallen eines Würfels zufällig. Aber aus physikalischer Sicht ist bereits nach dem Abwurf klar, wie der Würfel zu liegen kommen wird. Die Gesetze sind bekannt, nur ist die Berechnung äußerst kompliziert.

Die Quantenmechanik hat an diesem deterministischen Weltbild kräftig gerüttelt und viele glauben, sie habe es zum Einsturz gebracht. Dieser Teilbereich der Physik geht davon aus, dass es im subatomaren Bereich wirkliche Zufälle gibt und dass die einzelnen Ereignisse in dieser Größenordnung nicht festgelegt sind. Wann ein Atom zerfällt, könne unmöglich berechnet werden, denn es stehe nicht fest. Im Innern der Materie herrschen Chaos und Zufall. Mehr als Wahrscheinlichkeiten gibt es nicht. Es steht nicht mit Bestimmtheit, sondern nur mit einer bestimmten Wahrscheinlichkeit fest, wohin sich ein Elementarteilchen als nächstes bewegen wird. Das ist so, als könnten zwei Billardkugeln nach dem Aufprall so oder auch anders wegrollen. Was passiert, ist Zufall. Aber wie kann das sein? Irgendein winziges Detail muss doch bestimmen, dass es so und nicht anders weitergeht! Oder etwa nicht?

Der von der Quantenmechanik propagierte Indeterminismus ist übers Ganze gesehen zwar plausibel, aber im Detail strapaziert er unsere Denkgesetze. Letztlich müssen wir uns aber entscheiden, denn unsere Freiheit scheint davon abzuhängen. Wäre nämlich alles determiniert, dann könnten wir nicht frei sein. Zumindest meinen das die sogenannten Inkompatibilisten. Der Inkompatibilismus behauptet, wir könnten nur eines von beiden haben: entweder den Determinismus oder die Freiheit. Die zwei würden sich nämlich ausschließen, seien also inkompatibel. Als Inkompatibilist haben Sie zwei Optionen: Entweder Sie sagen, wir Menschen sind frei und die Welt ist nicht determiniert, oder sie akzeptieren den Determinismus und leugnen die menschliche Freiheit. Die sogenannten Libertarier behaupten das erste, die »Freiheitsskeptiker« das zweite. Sie können aber auch die inkompatibilistische Annahme fallen lassen und behaupten, eine deterministische Welt sei vereinbar mit unserer Freiheit. Dann vertreten Sie einen sogenannten Kompatibilismus. Diese Position behauptet, wir können auch frei sein, wenn alle unsere Entscheidungen seit dem Urknall festgelegt sind. Freiheit heiße nämlich nur, dass wir zu nichts gezwungen werden und tun können, was wir möchten. Diese Position stößt in der heutigen Philosophie – zum Erstaunen vieler Nicht-Philosophen – auf breite Akzeptanz. Schauen wir uns die Begründung also etwas genauer an.

## Hätte ich auch anders entscheiden können?

*Stellen Sie sich vor, es ist Mittag und Sie stehen in der Kantine vor der Menüauswahl. Im Angebot stehen ein Rumpsteak mit Gemüse und eine vegetarische Lasagne. Sie verspüren momentan keine Lust auf Fleisch und denken zudem an die schlechten Lebensbedingungen der Nutztiere. Zudem stehen Sie total auf Lasagne. Also entscheiden Sie sich kurzerhand für die vegetarische Variante.*

*Hätten Sie sich auch anders entscheiden können? »Klar!«, werden Sie sagen. Angenommen aber, Sie könnten die Zeit zurückdrehen, exakt bis zu dem Zeitpunkt unmittelbar vor Ihrer Entscheidung. Hätten Sie sich in dieser Situation, unter identischen Ausgangsbedingungen, anders entscheiden können? Hätten Sie sich angesichts Ihrer Werte, Überzeugungen und Überlegungen, Ihrer Vorlieben und momentanen Neigungen wirklich anders entscheiden können? Vielleicht sagen Sie jetzt: »Klar! Wenn ich gewollt hätte, dann hätte ich mich auch gegen meine Überlegungen und Neigungen entscheiden können.« Aber was hätte den Ausschlag gegeben? Welches Motiv oder welche Überlegung hätte die Waage auf die andere Seite kippen lassen, wenn doch alle äußeren und inneren Bedingungen identisch sind?*

*Wenn ein verlockender Fleischgeruch in Ihre Nase gestiegen wäre oder Sie nicht an die armen Nutztiere gedacht hätten, dann hätten Sie sich für das Fleisch entschieden. Wenn ... Aber es gibt kein Wenn. Die Situation muss identisch sein, schließlich möchten wir behaupten, dass wir uns auch unter exakt denselben Bedingungen anders hätten entscheiden können. Aber wie soll das gehen? Wäre eine abweichende Entscheidung nicht reiner Zufall gewesen? Zufall aber ist keine Freiheit. Wenn Entscheidungsfreiheit also heißt, dass man sich in derselben Situation auch anders hätte entscheiden können, dann hat die Freiheit einen schweren Stand, denn es ist nicht klar, wie man in ein und derselben Situation so oder anders entscheiden kann.*

Überlegungen dieser Art werden in der philosophischen Debatte um die Willensfreiheit gern angeführt, um zu zeigen, dass unsere naive Vorstellung eines freien Willens unklar, unrealistisch oder gar widersprüchlich ist. Manchmal denken wir, es gäbe ein Ich, das über allem steht und losgelöst von jeglichen Einflüssen entscheidet. Zwar sind bei jeder Entscheidung auch Überzeugungen, Gefühle und Wünsche mit im Spiel, aber letztlich entscheidet bei freien Handlungen immer das Ich. So unsere Vorstellung. Dabei vergessen wir, dass unser Ich nicht losgelöst ist von unserem Körper, unserem Charakter, unseren Gefühlen, Überzeugungen, Gedanken, Erinnerungen, Werten und Interessen. Ohne diese Einflussfaktoren wären wir nicht, wer wir sind. Unser Wille hätte keine Richtung.

Manche denken, wenn wir einem Gefühl, einem körperlichen Impuls oder einer Leidenschaft nachgeben, dann sind wir nicht frei. Das ist eine seltsame Vorstellung. Wenn sie zuträfe, wären wir im Alltag fast nie frei. Ob wir uns beim Frühstück für den Butterzopf entscheiden oder mit dem Partner ins Bett steigen: Wir lassen uns in den Entscheidungen von unseren Bedürfnissen leiten. Das jedoch schmälert unsere Freiheit nicht. Im Gegenteil.

Es kommt darauf an, wie wir uns von unseren Antrieben und Motiven leiten lassen und wie wir uns zu ihnen *verhalten*. Ein Drogensüchtiger kann sich mit seinem Drang nach der Droge nicht identifizieren. Er empfindet den Hang zur Spritze als fremd und als inneren Zwang. Dadurch wird seine Entscheidung zugunsten der Spritze unfrei, denn sie steht nicht mit dem in Einklang, was er eigentlich tun und sein möchte. Er möchte nämlich endlich von dem Zeug wegkommen. Was er tut, steht im Widerspruch zu dem, wie er sein möchte. Er gibt dem Drang nicht aufgrund vernünftiger Überlegungen nach, er wird von ihm überwältigt. Der Drogensüchtige ist ein Getriebener, wie der Schweizer Philosoph Peter

Bieri schreibt. Wenn wir uns dagegen im Winter für ein warmes Bad entscheiden, dann folgen wir absichtlich unseren Impulsen und Wünschen. Wir unterliegen weder einem äußeren noch einem inneren Zwang, sondern geben mit innerer Zustimmung dem stärksten Motiv nach und handeln in Einklang mit unseren Zielen und Überlegungen. Das ist Freiheit. Mehr braucht es nicht.

Die gerade geschilderte Position ist dem Kompatibilismus zuzurechnen. Sie geht davon aus, dass unsere Willensfreiheit, wenn wir sie richtig verstehen, vereinbar ist mit einer deterministischen Welt. Auch in einer deterministischen Welt würden wir zwischen Menschen unterscheiden, die äußeren oder inneren Zwängen Folge leisten, und solchen, die im Einklang mit ihren Überlegungen und Zielen handeln. Die ersten nennen wir »unfrei«, die zweiten »frei«. Ob die Welt determiniert ist, spielt für die Frage, ob wir andere Menschen »frei« oder »unfrei« nennen, keine Rolle.

Unsere Entscheidungen finden nie im luftleeren Raum statt. Es gibt immer Faktoren, die uns beeinflussen, seien das Charakterzüge, Gefühle, Überlegungen oder Wünsche. Die naive Vorstellung von einem Ich, das losgelöst von Wünschen, Überzeugungen und Gefühlen in jeder beliebigen Situation so oder anders entscheiden kann, ist aus Sicht der Kompatibilisten unhaltbar und unverständlich. Letztlich sei die Vorstellung einer unbedingten Freiheit, die viele von uns im Hinterkopf haben, nichts anderes als Zufall. Wenn die Ausgangsbedingungen offenlassen, wie es weitergeht, dann sind meine Handlungen zufällig und nicht frei. Manche Libertarier entgegnen darauf: Nicht der Zufall, sondern das Ich bestimmt, wo's langgeht. Aber das heißt nichts, solange nicht klar ist, was dieses Ich ausmacht: Welche Ziele verfolgt das von den aktuellen Wünschen, Überzeugungen und Gefühlen losgelöste Ich? Sind meine Überzeugungen, Wünsche und Gefühle Teil meines Ich? Wenn nicht, dann muss man erklären, was dieses Ich ist und wie es – gleichsam von außen – in die Welt eingreift.

Wer bin ich? Was an mir gehört wirklich mir? Welche Ansichten sind *meine* Ansichten und welche habe ich bloß von anderen übernommen? Welche Wünsche und Werte sind wirklich *meine* Wünsche und Werte? Und schließlich: Welche meiner Gefühle sind echt? Wann mache ich mir selbst etwas vor? Wer frei sein will, muss sich diese Fragen immer wieder aufs Neue stellen. Freiheit ist Selbstbestimmung. Und ob *ich* es bin, der bestimmt, was ich tue, denke und erstrebe, weiß ich erst, wenn ich mich selbst kenne. Keine Selbstbestimmung ohne Bestimmung des Selbst. Niemand ist frei, der sich selbst verkennt. Frei zu sein ist so schwierig, wie zu wissen, wer man ist.

Wir Menschen übernehmen von Kindesbeinen an Werte und Überzeugungen. Charakterzüge, Weltbilder und Lebensideale wählen wir nicht, sie schleichen sich in unser Ich ein, gleichsam hinter unserem Rücken. Zufälle spielen dabei eine entscheidende Rolle: Eltern, Freunde, Vorbilder, Bücher, Filme und Begegnungen prägen uns und machen uns erst zu dem, was wir sind. Was wir Ich nennen, gleicht einer Collage aus Spuren vergangener Zufälle. Für die Frage der Freiheit kommt es nun darauf an, wie wir uns zu diesen äußeren Einflüssen verhalten. Manche Dinge übernehmen wir, obwohl sie nicht zu uns passen. Wir passen unser Verhalten an, laufen mit, machen anderen und zuweilen auch uns selbst etwas vor. Hier fehlt uns die Freiheit. Andere Dinge übernehmen wir, weil wir sie wirklich wollen. Wir eignen sie uns an. Nicht nur unser Verhalten verändert sich, sondern auch unser Selbst. Was wir tun, ist echt. Hier sind wir frei.

Freiheit ist selten eine Frage von Ja oder Nein. Die meisten unserer Entscheidungen liegen in einem Zwischenbereich: Handeln Sie frei, wenn Sie in der Partnerschaft Kompromisse eingehen oder im Beruf der Chefin einen Gefallen tun? Entscheiden Sie frei, wenn Sie sich beim Einkaufen von der Verpackung, der

Werbung oder dem sympathischen Verkäufer beeinflussen lassen? Sind Ihre Entscheidungen frei, wenn Sie aufgrund Ihrer Erziehung und Veranlagung lieber alles beim Alten belassen und Veränderungen meiden? Wichtig ist sicher, dass wir die Einflussfaktoren kennen. Noch wichtiger jedoch ist, wie wir zu ihnen stehen. Was empfinden wir als fremd und was als eigen? Das ist die entscheidende Frage. Oft ist es irgendwie beides.

## Wenn der Mörder nicht anders kann

*Stellen Sie sich vor, Sie möchten Ihren Nachbarn umbringen. Sie haben Ihre Gründe, sind mit Ihrem Vorhaben jedoch nicht allein. Auch die Mafia möchte Ihren Nachbarn eliminieren. Die Mafia will Sie nun als Tötungsinstrument missbrauchen. Und zwar so: Ein brillanter Mafioso pflanzt Ihnen heimlich einen Mikrochip ins Hirn. Mit diesem Chip können die Mafiosi jederzeit feststellen, wofür Sie sich entscheiden werden. Zudem können sie Ihre Entscheidung in die eine oder andere Richtung manipulieren.*

*Nun bestehen zwei Möglichkeiten: Entweder Sie entscheiden sich aus eigenem Antrieb, den Nachbarn zu töten, dann greift die Mafia nicht ein; denn Ihre Entscheidung käme der Mafia ja sehr gelegen. Wenn die Mafiosi aber feststellen, dass Sie dabei sind, sich zu entscheiden, den Nachbarn doch nicht zu töten, dann greifen sie ein, aktivieren den Mikrochip und bringen Sie dazu, dass Sie sich entscheiden, den Nachbarn doch zu töten. Sie töten den Nachbarn also so oder so. Aber sind Sie in beiden Fällen für den Mord verantwortlich? »Nicht, wenn die Mafia eingreift«, werden Sie sagen. Aber was, wenn Sie den Nachbarn aus eigenem Antrieb umbringen?*

*Nur wer sich auch anders entscheiden kann, ist verantwortlich für seine Handlung. Meint man. Aber stimmt das? In dem Mafia-Fall steht Ihre Entscheidung fest: Sie können sich nur dafür ent-*

*scheiden, den Nachbarn zu töten. Leben lassen geht nicht, denn dann würde die Mafia eingreifen. Falls Sie aber von selbst, ohne Eingriff der Mafia, zu dem Tötungsentschluss kommen, sind Sie moralisch verantwortlich. Und das, obwohl Sie nicht anders konnten. Also können wir auch dann für eine Entscheidung verantwortlich sein, wenn wir uns nicht anders entscheiden konnten. Richtig?*

Dieses Gedankenexperiment stammt von dem US-amerikanischen Philosophen Harry Frankfurt. Er gilt als gewichtige Stimme in der Debatte um die Willensfreiheit, hat aber auch Bücher über Wahrheit und über Liebe geschrieben – und ein populäres Buch über »Bullshit«. Nach Frankfurt reden wir heute viel zu viel Bullshit. Wir sprechen über Dinge, die wir nicht verstehen. Und noch schlimmer: Wir interessieren uns nicht dafür, ob das Gesagte wahr oder falsch ist. Hauptsache, wir haben eine Meinung.

In der Debatte um die Willensfreiheit vertritt Frankfurt eine kompatibilistische Position. Er ist der Ansicht, unser Wille sei frei, wenn wir im Einklang mit unseren höherstufigen Wünschen handeln. Das Verlangen eines Drogensüchtigen nach dem Stoff steht nicht im Einklang mit seinen höherstufigen Wünschen – er möchte gerne von der Droge loskommen. Was er tut, widerspricht dem, was er sein möchte. Für manche Raucher gilt das Gleiche. Bei den meisten unserer alltäglichen Handlungen dagegen gilt: Die Interessen, die uns antreiben, stimmen mit dem überein, was wir sein möchten. Wir sind also frei. Ob die Welt determiniert ist, spielt dabei keine Rolle. Wir können auch frei sein, wenn der Weltverlauf bereits festgelegt ist.

Verantwortung setzt voraus, dass wir uns zwischen zwei Optionen entscheiden können. Zumindest scheint das so. Wer gezwungen wird oder nicht anders kann, der ist auch nicht verantwortlich für das, was er tut: Wenn ein Bankräuber den Bankangestellten mit einer Pistole zwingt, den Tresor zu öffnen, dann trägt der Angestellte keine Schuld am Bankrott der Bank. Er konnte nicht anders. Sein Leben stand auf dem Spiel. Aber gilt der Grundsatz »Verantwortlich ist nur, wer auch anders handeln kann« wirklich ohne Ausnahme? Das Gedankenexperiment mit der Mafia legt das Gegenteil nahe. Hier bleibt Ihnen keine Wahl. Sie können sich nur für den Mord entscheiden. Entweder frei und aus eigenem Antrieb oder unfrei, aufgrund des Mikrochips in Ihrem Gehirn, aktiviert durch die Mafia. Sie können also nicht anders, als den Nachbarn zu töten. Dennoch würde man Sie, zumindest im ersten Fall, für den Mord verantwortlich machen. Die Freiheit, die wir brauchen, um für unsere Handlungen verantwortlich zu sein, setzt also nicht voraus, dass wir anders handeln können. Weder Freiheit noch Verantwortung setzt ein Anderskönnen voraus, behaupten die Kompatibilisten. Wer das Gegenteil vertritt, muss behaupten, dass Sie für den Mord des Nachbarn nicht verantwortlich sind, auch wenn Sie sich aus freien Stücken dazu entschieden haben. Einfach darum, weil Sie nicht anders konnten.

# Recht und Gerechtigkeit

Zwei niedliche Kapuzineräffchen sitzen in zwei getrennten Käfigen und haben eine Aufgabe: Sie müssen einen Stein zurückgeben, den der Versuchsleiter ihnen reicht. Der erste Affe meistert die Aufgabe und bekommt als Lohn ein Stück Gurke. Der andere tut dasselbe und bekommt eine leckere Traube. Der erste Affe sieht das und reagiert überrascht und unzufrieden, als dächte er: »Vielleicht war der unterschiedliche Lohn nur Zufall. Mal abwarten, was beim nächsten Mal passiert.« Doch auch beim nächsten Mal bekommt der erste Affe bloß ein Stück Gurke, der zweite dagegen eine süße Traube. Nun kann sich der erste Affe kaum mehr halten: Er wirft die Gurke aus dem Käfig, haut mit der Hand auf den Boden und rüttelt an den Gitterstäben. Eine solche Ungerechtigkeit lässt er nicht auf sich sitzen.

Das Video dieses Experiments von Sarah Brosnan und Frans de Waal ging um die Welt. Der Befund ist erstaunlich: Diese Kapuzineraffen scheinen ein ausgeprägtes Gerechtigkeitsempfinden zu haben. Beide Affen leisten dasselbe, aber der eine bekommt einen besseren Lohn dafür. Das ist unfair. Also protestiert man.

Auch bei uns Menschen sitzt der Sinn für Ungerechtigkeit tief. Gerechtigkeit scheint ein universeller Wert zu sein. Bei den meisten Kulturen, Weltanschauungen und Religionen ist die Gerechtigkeit der Leitbegriff des Zusammenlebens. Alle wünschen sich

Gerechtigkeit. Aber nicht alle verstehen dasselbe darunter. Und je nach Weltbild gelten andere Dinge als gerecht und ungerecht. Der Begriff der Gerechtigkeit ist komplex und vielschichtig.

Was Gerechtigkeit ist, lässt sich nur schwer sagen, aber im Alltag erkennen wir Ungerechtigkeiten oft auf Anhieb. So finden wir es ungerecht, wenn ein Tsunami die Ärmsten trifft, wenn Manager exorbitante Löhne kassieren, Menschenrechte mit Füßen getreten werden, Frauen weniger verdienen als Männer, Schmiergelder wichtige Entscheide beeinflussen, Verträge nicht eingehalten werden, gleiche Leistungen unterschiedlich honoriert werden, Chancen ungleich verteilt sind oder zukünftige Generationen infolge unseres derzeitigen Energie- und Ressourcenverbrauchs leiden müssen.

Wer nach Gerechtigkeit sucht, kommt an der Gleichheit nicht vorbei. Die Frage ist jedoch, an welcher Gleichheit: Sollen alle gleich viel haben? Und wovon? Brauchen wir gleiche Rechte, gleiche Freiheiten, gleiche Startbedingungen, gleiche Chancen oder gleich viel Lohn? Neben der Gleichheit spielt auch die Unparteilichkeit eine große Rolle: Die personifizierte Gerechtigkeit namens Justitia trägt nicht umsonst eine Augenbinde. Sie sieht nicht, über wen sie urteilt. Ihr Urteil ist unbestechlich und neutral. In der einen Hand hält sie eine Waage, in der anderen ein Schwert. Sie kennt das objektive Gewicht des Vergehens und stellt durch die verhältnismäßige Strafe das gerechte Gleichgewicht wieder her. Ungerechtigkeiten sollen sanktioniert werden – da sind sich alle einig. Oft aber werden sie toleriert, denn es fehlen die entsprechenden Gesetze.

Doch ist es überhaupt sinnvoll, von einer Gerechtigkeit außerhalb des Rechts zu sprechen? Wie verhält sich die Gerechtigkeit zum Recht? Und ist alles, was dem Recht entspricht, auch gerecht? Um diese Fragen dreht sich der philosophische Streit zwischen den Rechtspositivisten und den Vertretern des sogenannten Naturrechts. Die Rechtspositivisten behaupten, gerecht sei dasjenige, was das faktisch geltende Recht fordert. Es gäbe keinen normativen Maßstab außerhalb des Rechts. Dagegen behaupten die Verfechter des Naturrechts, dass jeder Mensch von Natur aus gewisse Rechte hat, egal ob der Staat, in dem er lebt, diese Rechte anerkennt oder nicht. Menschenrechte haben alle Menschen, nur werden sie nicht allen gewährt. Während die Rechtspositivisten keine Grundlage haben, um das bestehende Recht zu kritisieren oder zu verbessern, stehen die Verfechter natürlicher Rechte vor der Herausforderung zu zeigen, woher die natürlichen Rechte stammen und warum sie gelten. Warum gelten die Menschenrechte?

Bevor wir uns der Gerechtigkeit zuwenden, sollten wir die Frage stellen, ob die Menschen überhaupt einen Rechtsstaat brauchen. Wären wir nicht viel freier und glücklicher ohne Gesetze? Warum beugen wir uns der Macht des Staates?

### Der wilde Mensch

*Stellen Sie sich vor, Sie leben in freier Wildbahn, allein auf sich gestellt. Sie begegnen zwar ab und zu anderen Menschen, doch es gibt kein geregeltes Zusammenleben, keine Gesetze und keinen Staat. Alle schlagen sich irgendwie durch. Sie sind frei wie ein Vogel und dürfen alles tun, was Sie möchten. Die anderen jedoch auch.*

*Sie bauen sich Ihre kleine Hütte in der Nähe eines Flusses, sammeln Früchte und Gemüse, gehen auf die Jagd und legen Vorräte für den Winter an. Doch Sie leben in ständiger Angst und Unsicherheit. Denn es herrscht allein das Faustrecht. Jeden Moment könnten Sie von einer Räuberbande überfallen werden. Danach stehen Sie wieder mit leeren Händen da.*

*Sie haben bereits mit anderen über diese unerfreuliche und un-*
*sichere Lage gesprochen und erfahren, dass die meisten ein Pro-*
*blem damit haben. Freiheit und Unabhängigkeit seien ja schön*
*und gut, sagen sie, aber ohne jegliche Sicherheit lebe man in stän-*
*diger Angst. Darum schließen Sie zusammen mit den anderen einen*
*Vertrag: Jeder lässt den anderen in Ruhe und hält sich von frem-*
*den Sachen fern. Doch wer garantiert, dass sich alle an den Ver-*
*trag halten? Irgendjemand muss für Recht und Ordnung sorgen*
*und diejenigen bestrafen, die sich nicht an die Abmachungen hal-*
*ten. Aber wer sollte das sein? Egal, finden Sie, Hauptsache, er sorgt*
*dafür, dass alle in Frieden leben können. Also wird irgendjeman-*
*dem die volle Gewalt übertragen. Alle Waffen werden eingezogen*
*und dem gewählten Ordnungshüter übergeben. Dieser baut nun*
*eine Polizeitruppe auf, die in der Gegend für Recht und Ordnung*
*sorgt. Die Leute sind beruhigt. Zwar können sie aus dem Garten*
*des Nachbarn keine Früchte mehr stehlen, aber dafür müssen sie*
*auch keine Angst um ihr eigenes Zeug haben. Bleibt nur zu hoffen,*
*dass die Polizeitruppe nicht auf einmal anfängt, ihre Macht zu*
*missbrauchen.*

Dieses Gedankenexperiment stammt von Thomas Hobbes,
einem englischen Philosophen des 17. Jahrhunderts. Hobbes war
ein nüchterner Denker und Verfechter eines materialistischen
Weltbilds: Die Welt sei nichts weiter als Materie in Bewegung.
Kleinste Teilchen, die einander stoßen – mehr sei da nicht. Damit knüpfte er an die griechischen Atomisten wie Leukipp und
Demokrit an, die meinten: »Nur scheinbar hat ein Ding eine
Farbe, nur scheinbar ist es süß und bitter; in Wirklichkeit gibt es
nur Atome und leeren Raum.« Der Mensch ist nach Hobbes
nichts weiter als ein sich bewegender Atomhaufen, der ständig
nach der Befriedigung seiner Bedürfnisse strebt. Was unsere Interessen befriedige, würden wir »gut« nennen – was uns schade,

nennen wir »schlecht«. Moral, Recht und Gesetze seien dazu da, Frieden zu stiften, das Überleben zu sichern und das Zusammenleben angenehm zu gestalten. Denn ohne Gesetze würden die Menschen im ständigen Krieg miteinander leben. Hobbes wusste, wovon er sprach, denn im damaligen England herrschten grausame Bürgerkriege: Parlament gegen König, Protestanten gegen Katholiken.

In seinem Hauptwerk *Leviathan* fragt sich Hobbes, wie die Autorität des Staates gerechtfertigt werden kann. Hobbes glaubte weder an göttliche Gesetze noch an ein Recht, das von Natur aus gilt – ausgenommen das Recht auf Selbsterhaltung. Gesetze werden von Menschen gemacht. Und solange keine verbindlichen Gesetze gelten, gibt es weder Recht noch Unrecht. Alles ist erlaubt. Um diese anarchische Situation vor Augen zu führen, erfindet Hobbes einen Naturzustand des Menschen, indem er sich fragt: Wie würde der Mensch ohne Gesellschaft, ohne Staat, ohne Moral und ohne Gesetze leben?

Hobbes meint, im Naturzustand sorge sich jeder in erster Linie um sein Überleben, um seine Bedürfnisse und um seine Sicherheit. Es herrsche ein »Krieg aller gegen alle«, wie er schreibt. Jeder nimmt sich vom andern, was er braucht, und alle leben in Angst. Die Menschen leben zwar in völliger Freiheit, jedoch ohne Sicherheit. Überall droht Gefahr.

Nach Hobbes gibt es nur einen vernünftigen Ausweg aus diesem Naturzustand: Man schließt einen Gesellschaftsvertrag, der jedem Bürger bestimmte Rechte garantiert und bestimmte Pflichten abverlangt. Man gibt gewisse Freiheiten auf, gewinnt dafür jedoch Sicherheit. Für die Durchsetzung des Vertrags braucht es ein Gewaltmonopol, einen »Souverän«, wie Hobbes schreibt. Dieser absolutistische Herrscher sorgt für Sicherheit und Ordnung im Staat. Nur so können friedliche Verhältnisse garantiert werden. Und Friede sei das Ziel aller Menschen. Hobbes möchte mit seinem Gedankenspiel also zeigen, dass es vernünftig und für alle nachvollziehbar ist, die absolute Freiheit des Naturzustands einzuschränken und sich durch einen Gesellschaftsvertrag einem Gewaltmonopol unterzuordnen. Friede statt Freiheit.

Nach Hobbes ist der Mensch zwar nicht von Natur aus böse, aber er braucht den Staat, um friedlich und glücklich leben zu können. Ganz anderer Meinung war der in Genf geborene Aufklärungsphilosoph Jean-Jacques Rousseau. Er war ein dezidierter Gesellschaftskritiker. Der Mensch ist von Natur aus gut, erst die Gesellschaft bringt seine schlechten Seiten zum Vorschein, meinte er. Für den Menschen gab es keine guten Gründe, den Naturzustand aufzugeben. Es war vielmehr ein verhängnisvoller Zufall. Irgendjemand erhob Anspruch auf ein Stück Land und nannte es sein Eigentum. Das war der Anfang vom Ende. Bei Rousseau liest sich das so: »Der erste, der ein Stück Land eingezäunt hatte und auf den Gedanken kam zu sagen ›Dies ist mein‹ und der Leute fand, die einfältig genug waren, ihm zu glauben, war der wahre Begründer der zivilen Gesellschaft. Wie viele Verbrechen, Kriege, Morde, wie viele Leiden und Schrecken hätte nicht derjenige dem Menschengeschlecht erspart, der die Pfähle herausgerissen oder den Graben zugeschüttet und seinen Mitmenschen zugerufen hätte: ›Hütet euch davor, auf diesen Betrüger zu hören. Ihr seid verloren, wenn ihr vergesst, dass die Früchte allen gehören und dass die Erde niemandem gehört.‹« Karl Marx hat seinen Rousseau gelesen, wie man hier sieht. Beide schimpfen auf das Eigentum: Es fördere den Neid und die Missgunst, den Vergleich und den Wettbewerb unter den Menschen und die Sucht nach Anerkennung, Ehre, Besitz und Reichtum. Erst durch das Eigentum und das Leben in der Gesellschaft kommt der Mensch auf den Egotrip.

Nach Rousseau braucht es eine gute Erziehung, um zukünftige Generationen vor dieser Dekadenz zu bewahren. In seinem Werk *Émile oder Über die Erziehung* suchte er nach einer Form von Erziehung, in der sich die guten Anlagen des Menschen frei entfalten können. In erster Linie müsse man das Kind vor gesellschaftlichen Einflüssen schützen und es in Situationen bringen, in denen es seine natürlichen Bedürfnisse ausleben kann. Die optimale Erziehung sei also negativ und indirekt: Sie hält das Schlechte fern und schafft ein Umfeld, in dem sich das Gute entfalten kann. Die meisten unserer Laster sind nach Rousseau ja künstlich und erst durch die Gesellschaft geschaffen, etwa der Wunsch nach materiellem Reichtum und der Drang nach Anerkennung. Ein Kind, das fern von gesellschaftlichen Einflüssen aufwächst, kenne weder Neid, noch habe es einen Drang nach Geltung und Besitz. Ein solches Kind der Natur sei als Erwachsener unabhängig, selbständig und frei – im Gegensatz zu seinen Mitmenschen, die zu Sklaven von gesellschaftlichen Erwartungen gemacht wurden. »Der Mensch wird frei geboren«, schreibt Rousseau – und fügt hinzu: »und überall liegt er in Ketten!«

Müssen wir nach Rousseau also Einsiedler werden, um frei und glücklich leben zu können? Nein, meint er, denn es gäbe eine höhere Form der Freiheit, welche erst in der Gemeinschaft zu finden sei. Und zwar in der direkten Demokratie. Im Idealfall würden alle einzelnen Mitglieder der Gemeinschaft mitbestimmen und sich für das Gemeinwohl einsetzen. Der einzelne Wille verschmilzt mit dem Gemeinwillen – mit der viel zitierten »volonté générale«. Jede und jeder darf mitbestimmen und alle lassen sich bei der Mitbestimmung von unparteilichen Überlegungen und Interessen leiten. Einer für alle und alle für einen. Doch wie kann man garantieren, dass die Bürger unbefangen wählen und niemand den eigenen Vorteil sucht?

# Der Schleier des Nichtwissens

*Angenommen, Sie haben die Möglichkeit, die Gesetze Ihrer Gesellschaft von Grund auf neu zu bestimmen. Sie dürfen jedes Gesetz erlassen, das Sie wünschen. Es gibt allerdings einen Haken. Ihnen ist ein »Schleier des Nichtwissens« umgebunden: Sie wissen nämlich nicht, welche Position Sie selbst in der Gesellschaft haben werden, wie Ihre körperliche und geistige Verfassung sein wird, welche Talente und welche Schwächen Sie haben werden, welchen Beruf Sie ausüben und wie viel Sie verdienen werden. Sie wissen auch nicht, welches Geschlecht, welche Interessen, welche ethnische Zugehörigkeit und welche Religion Sie haben werden. Sie können zwar die Spielregeln festlegen, wissen jedoch nicht, an welcher Position und auf welcher Seite Sie spielen werden.*

*Garantiert dieser Schleier des Nichtwissens, dass Sie sich für gerechte und faire Grundprinzipien der Gesellschaft entscheiden werden? Auf welche Grundregeln könnten Sie sich mit anderen einigen?*

Dieses Gedankenexperiment stammt von dem US-amerikanischen Philosophen John Rawls. Seine »Theorie der Gerechtigkeit« von 1971 gilt als einflussreichstes Werk der politischen Philosophie des 20. Jahrhunderts. Rawls fragt sich darin, auf welchen Grundprinzipien ein gerechter Staat aufgebaut sein soll. Was ist gerecht? Und wer bestimmt, was gerecht ist? Rawls meinte, zur Bestimmung der Gerechtigkeit brauche es ein faires Verfahren. Und hier kommt der Schleier des Nichtwissens ins Spiel. Er garantiert nämlich, dass die Suche nach den Grundregeln des Zusammenlebens nicht von eigenen Interessen gesteuert wird. Der Schleier sorgt für Unparteilichkeit.

Wer die Grundprinzipien der Gesellschaft festlegt, sollte unbefangen und fair entscheiden. Das gelingt dann am besten, wenn man nicht weiß, wie sich die Entscheidung auf einen selbst auswirken wird. Wer reich ist, der ist befangen, wenn es um die Reichensteuer geht. Für den Armen gilt dasselbe. Wer jedoch nicht weiß, ob er als Reicher oder als Armer in der Gesellschaft leben wird, der wird Gesetze schaffen, die Reiche und Arme fair behandeln. Und wer den Schleier des Nichtwissens umgebunden hat, der wird Grundregeln des Zusammenlebens definieren, die für alle Menschen fair sind. Aber was heißt das? Worauf könnten sich Arme, Reiche, Männer, Frauen, Gläubige, Atheisten, Kluge, Denkfaule, Spießer und Hippies hinter dem Schleier des Nichtwissens einigen?

Wenn sie vernünftig sind, werden sie sich nach Rawls auf folgende Prinzipien einigen können. In einem ersten Schritt werden sie die Grundregeln so gestalten, dass alle die gleichen Rechte und möglichst viele Freiheiten haben. So viele Freiheiten für alle wie möglich, lautet das oberste Prinzip. Grundrechte wie etwa das Recht auf Bewegungsfreiheit, auf Eigentum, auf Rede- und Wahlfreiheit oder das Diskriminierungsverbot sollen für alle gleichermaßen gelten. Im Rahmen dieser Grundrechte und Freiheiten sollen in einem zweiten Schritt Ungleichheiten nur dann toleriert werden, wenn diese allen zugute kommen, auch den Schwächsten. Ungleichheit ist also nur dann der Gleichheit vorzuziehen, wenn alle davon profitieren. Diese Regel nennt man auch die Maximin-Regel, denn sie maximiert das Minimum, indem sie den Schlechtestgestellten hilft. Drittens müssen die Positionen der Bessergestellten prinzipiell für alle offenstehen. Jeder muss es nach oben schaffen können. Stichwort Chancengleichheit.

Auf diese Prinzipien werden sich vernünftige Personen hinter dem Schleier des Nichtwissens einigen können, meint Rawls. Und da der Schleier garantiert, dass keine individuellen Interessen im Spiel sind, sondern unparteilich nachgedacht und entschieden wird, können diese Prinzipien nach Rawls als fair und gerecht gelten. Aber stimmt das wirklich? Stellen Sie sich vor, hinter dem Schleier sitzt ein Gambler, der pokert. Er hofft darauf, dass er reich sein wird und findet, die Reichen sollen für ihren Reichtum nicht bestraft, sondern belohnt werden. Er nimmt das Risiko der Armut bewusst in Kauf. Rawls schließt in seinem Gedankenspiel solche risikofreudigen Gambler zwar aus. Aber sind Zocker denn unvernünftig?

Gegen das Gedankenexperiment wurde auch eingewendet, dass der Schleier keineswegs eine neutrale Beurteilung garantiere. Hinter den Gerechtigkeitsprinzipien, auf die man sich nach Rawls angeblich einigen kann, verstecke sich nämlich ein individualistisches, westliches Gesellschaftsmodell. Das wird klar, wenn wir uns fragen: Auf welche Prinzipien könnten sich religiöse Fundamentalisten hinter dem Schleier des Nichtwissens einigen? Worauf würde sich eine Bande von Rassisten einigen? Wäre ein Rassist vielleicht sogar damit einverstanden, als Farbiger schlechter behandelt zu werden? Die entscheidende Frage lautet also: Können wir bei der Bestimmung der Gerechtigkeit von unseren eigenen Weltbildern und Werten abstrahieren? Gibt es eine neutrale Gerechtigkeit, die ohne Vorstellung des guten Lebens auskommt? Gewisse Ansichten und Werte prägen unsere Identität zu stark und sitzen zu tief, als dass wir von ihnen abstrahieren können. So zumindest lautet die Kritik an Rawls von Seiten des Kommunitarismus.

Kritisiert wurde auch die Maximin-Regel. Erläutern wir die Regel zunächst noch einmal an einem Beispiel: Angenommen, Sie können zwischen zwei Schatzkisten wählen. In der ersten Kiste sind entweder 1 000 oder 100 Euro versteckt, in der zweiten dagegen entweder 500 oder 300 Euro. Die Maximin-Regel empfiehlt

Ihnen nun, die zweite Kiste zu nehmen, da sie hier 300 Euro sicher haben. In der anderen Kiste sind, wenn Sie Pech haben, lediglich 100 Euro. Das schlechteste Ergebnis ist bei der zweiten Kiste also besser als bei der ersten. Darum empfiehlt die Maximin-Regel, die zweite Kiste zu nehmen. Aber gibt es nicht Fälle, in denen es vernünftiger ist, die erste Kiste zu wählen? Etwa dann, wenn man für eine Operation dringend 1 000 Euro braucht und 300 Euro nicht helfen würden? Man kann sich aber auch fragen: Ist es wirklich gerechter, wenn sieben Milliarden Menschen zehn Euro pro Tag verdienen, als wenn alle Menschen hundert Euro verdienen, bis auf eine Person, die neun Euro verdient? Im zweiten Fall ist der niedrigste Lohn zwar etwas tiefer, dafür verdienen knapp sieben Milliarden Menschen zehn Mal mehr!

Einer der schärfsten Kritiker von John Rawls war der US-amerikanische Philosoph Robert Nozick. Als Verfechter des Libertarismus vertrat er die Ansicht, der Staat solle zwar Grundrechte wie das auf Eigentum schützen, sich jedoch aus Verteilungsfragen heraushalten. Nozick argumentierte nicht nur gegen die Maximin-Regel, nach der Ungleichheiten nur zu tolerieren sind, wenn sie allen zugute kommen, sondern gegen jegliche Eingriffe in die Freiheit des Marktes. Für diese libertäre Position bringt er seinerseits ein Gedankenexperiment ins Spiel:

Angenommen in einem Basketballteam sind die Einkommen »gerecht verteilt«, was auch immer das aus Sicht der jeweiligen Gerechtigkeitstheorie heißt. So fordern egalitäre Positionen etwa eine Gleichverteilung, die Chancengleichheit oder den Ausgleich von Handicaps – etwa eine Lohnfortzahlung bei einer Verletzung. Die Ausgangsbedingungen gelten also als gerecht. Nun macht ein Club dem besten Spieler der Liga, Wilt Chamberlain, ein Angebot: Wenn er zu dem Team wechselt, bekommt er pro bezahltes Eintrittsticket einen Dollar. Bei einer Million Zuschauern pro

Saison sind das eine Million Dollar – sehr viel mehr als das Einkommen der übrigen Spieler. Chamberlain nimmt das Angebot an. Der Club freut sich. Und das Stadion ist bei Heimspielen immer ausverkauft. Der Vertrag wurde von beiden Seiten freiwillig eingegangen. Und die Zuschauer sind bereit, den Preis zu bezahlen, um Chamberlain spielen zu sehen.

Die interne Gehaltsverteilung im Team entspricht nach dem Transfer von Chamberlain zwar nicht mehr dem ursprünglichen Muster, aber es gab einen freiwilligen Übergang vom als gerecht akzeptierten Ausgangszustand zum aktuellen Zustand. Nun fragt sich Nozick: Wie kann das Resultat ungerecht sein, wenn die Änderung freiwillig geschah und niemand benachteiligt wurde? Die anderen Spieler verdienen schließlich immer noch so viel wie vorher. Was kann daran ungerecht sein? Nozick zufolge ist eine Güterverteilung gerecht, wenn sie aus freiwilligen Transfers mit rechtmäßig erworbenem Besitz hervorgeht. Gerechtigkeit brauche also keine bestimmte Verteilungsstruktur. Solange sich alle freiwillig auf den Deal einlassen.

Bei dem Beispiel ist tatsächlich nicht zu sehen, wer durch den Transfer geschädigt wird. In der Realität sieht die Sache oft anders aus, denn es entstehen sogenannte Externalitäten, bei denen Dritte zu Schaden kommen. Denken Sie an einen Deal zwischen Rohstoffkonzernen und Staaten: Zwar profitieren beide Parteien, aber beim Abbau werden Arbeiter ausgebeutet und der Verbrauch schadet der Umwelt und damit nachkommenden Generationen. Zudem kann es politisch bedenklich sein, wenn sich Geld und Macht in den Händen einiger weniger konzentrieren.

Brady Dougan, der CEO der Schweizer Bank Credit Suisse, verdient schätzungsweise 90 Millionen Franken pro Jahr. Das sind 7,5 Millionen pro Monat. Vielleicht hat hier der freie Markt gespielt – wer weiß das schon? Aber man kann sich dennoch fragen:

Hat er so viel mehr verdient als seine Angestellten, die am Bankschalter arbeiten? Warum verdienen Ärzte mehr als das Pflegepersonal? Sollte man den Unterschied zwischen den Löhnen begrenzen? Und abgesehen davon: Haben nicht alle Arbeitenden einen Mindestlohn verdient, mit dem sie ein anständiges Leben führen können? Oder brauchen wir gar ein bedingungsloses Grundeinkommen für alle, egal was und wie viel jeder arbeitet? Diese Fragen sind äußerst komplex. Da hilft nur eins: Kuchenbacken.

### Wer bekommt das größte Stück?

*Stellen Sie sich vor, Sie backen mit Ihren vier Kindern einen Kuchen. Die achtjährige Lisa hat bereits etwas Erfahrung und übernimmt daher die Regie: Sie hält das Rezept in der Hand, liest die einzelnen Schritte laut vor und kontrolliert, ob auch alles nach Plan läuft. Ihr Zwillingsbruder Paul hat gar keinen Bock auf Backen, spielt ständig mit seinem Handy und macht nur das Nötigste – aber er hat großen Hunger, da er soeben vom Fußballtraining kommt. Die vierjährige Tochter Sara dagegen packt richtig an und übernimmt die anstrengenden und schwierigen Aufgaben: Sie knetet den Teig, zerkleinert die Schokolade und schlägt die Eier auf. Der zweijährige Simon ist total aufgeregt, da er zum ersten Mal beim Kuchenbacken mithelfen darf. Er ist jedoch noch sehr ungeschickt, sodass er keine wirkliche Hilfe ist, im Gegenteil: Sara muss ihm bei jedem Schritt unter die Arme greifen.*

*Nach dreißig Minuten Backzeit ist der Kuchen fertig. Es riecht fantastisch! Simon kann es kaum erwarten, Paul hat bereits einen richtigen Kohldampf und auch Sara freut sich auf den Kuchen. Lisa ist zwar gespannt, wie der Kuchen schmeckt, aber ihr liegt das Frühstück immer noch im Magen. Die große Frage ist nun: Wer bekommt das größte Stück? Oder bekommen alle gleich viel?*

Solche Gedankenspiele werden gerne verwendet, um auf die Probleme der Verteilungsgerechtigkeit hinzuweisen. Bereits Aristoteles unterschied zwischen der Tausch- und der Verteilungsgerechtigkeit. Ein Tauschhandel ist nach Aristoteles gerecht, wenn Güter von gleichem Wert ausgetauscht werden. Das gilt für Kaufentscheidungen ebenso wie für Bestrafungen: Der Preis sollte dem Wert des gekauften Produkts entsprechen und die Höhe der Strafe der Schwere des Vergehens. Von dieser bilateralen Tauschgerechtigkeit grenzt Aristoteles die Verteilungsgerechtigkeit ab, bei der es darum geht, eine Sache unter mehreren Personen gerecht aufzuteilen. Bei dieser Sache kann es sich um etwas Gutes handeln – wie etwa bei Unternehmensgewinnen, Bildungschancen oder Kuchenstücken – oder um etwas Schlechtes – wie bei Steuerpflichten oder Arbeiten, die erledigt werden müssen. Nach Aristoteles gilt bei der Verteilungsgerechtigkeit das Prinzip des Verdienstes. Jeder soll das bekommen, was er verdient hat. Aber was heißt das? Wer hat Anrecht auf wie viel? Wann ist eine Ungleichverteilung gerechtfertigt? Und: Wer bekommt das größte Stück?

Betrachten wir das Gedankenspiel: Der gebackene Kuchen ist das Endprodukt und der Lohn gemeinsamer Arbeit. Beteiligt waren Sie und Ihre vier Kinder. Sie selbst haben die Zutaten eingekauft und die Infrastruktur zur Verfügung gestellt. Ansonsten lassen Sie die Kinder machen. Die älteste Tochter Lisa hat die größte Erfahrung und trägt die Verantwortung. Paul hat zwar den größten Hunger, aber seine Leistung lässt zu wünschen übrig, ebenso wie seine Teamfähigkeit. Sara unternimmt die größte Anstrengung und hat eine hohe Belastung, da sie auch noch dem kleinen Simon helfen muss. Dieser gibt sich zwar sehr viel Mühe, aber bekommt nichts ordentlich auf die Reihe. Welche dieser Kriterien zählen nun für die Verteilung? Womit verdient man sich mehr als die anderen? Oder steht allen gleich viel zu, ganz unabhängig vom jeweiligen Einsatz?

Würde man allein das Kriterium der Leistung berücksichtigen, dann würden die beiden Jungs leer ausgehen. Das möchte man nicht. Die Leistungsgerechtigkeit allein scheint, wenigstens in diesem Beispiel, nicht zu genügen. Zumindest der kleine Simon scheint ein Anrecht auf ein Kuchenstück zu haben. Er hat die Sache zwar eher verzögert, sich aber sehr viel Mühe gegeben und sich toll in das Team eingefügt. Großer Einsatz soll belohnt werden, auch bei fehlendem Talent und ungenügender Leistung. Oder etwa nicht?

Paul hat genauso wenig geleistet wie der kleine Simon – jedoch aus Faulheit, nicht aus Unfähigkeit. Er wollte einfach nicht. Aber er hat den größten Hunger. Paul erbringt also weder Anstrengung noch Leistung, hat aber die höchste Bedürftigkeit. Doch in diesem Fall reicht das nicht: Er könnte ja einfach ein Stück Brot essen, um seinen Hunger zu stillen. Vielleicht geben ihm die anderen trotzdem ein Stück, aber Paul sollte zumindest ein schlechtes Gewissen haben. Und wahrscheinlich werden die anderen den nächsten Kuchen ohne ihn backen. In diesem Fall wäre es eine Frechheit, wenn er sich ein Stück krallen würde, ohne zu fragen.

Bleibt noch Pauls Zwillingsschwester Lisa. Sie trägt die ganze Verantwortung. Wenn sie in den entscheidenden Momenten nicht aufpasst, ist die ganze Arbeit im Eimer. Aber sie packt nicht mit an. Ihre körperliche Anstrengung hält sich sehr in Grenzen. Im Unterschied zu der großen physischen Belastung ihrer Schwester spürt sie nur eine leichte psychische Belastung, denn sie hat bereits Routine und schon viele Kochbücher gelesen. Aber wie fallen Ausbildung, Erfahrung und Verantwortung ins Gewicht? Und wie relevant ist die Tatsache, dass sie keinen großen Appetit hat? Hat sie Anspruch auf zwei Stücke, auch wenn Sie nur eins schafft? Und: Wem sollte sie das verbleibende Stück schenken? Einpacken für morgen?

# Geist und Gehirn

Haben Sie schon einmal ein echtes Gehirn gesehen? Wie Sie sicher wissen, handelt es sich dabei um einen zerfurchten Klumpen Materie, bestehend aus lauter Nervenzellen, die elektrische Signale austauschen. Neurowissenschaftler behaupten, dass in diesem grauen Haufen unser Bewusstsein und unser Geist zu Hause seien. Aber wo bitte schön ist da Platz für unser Bewusstsein? Wo steckt unser Ich, wo unsere Wahrnehmungen und wo unsere Gefühle? Wie kann aus einer schleimigen Ansammlung von Hirnzellen ein Ich mit Gefühlen, Wünschen und Wahrnehmungen entstehen? Wie kann aus einem Verbund von Atomen ein Ich hervorgezaubert werden, das eine eigene Perspektive auf die Welt hat? Kurz: Wie bringt das Gehirn den Geist hervor? Und wie hängen Geist und Gehirn zusammen? Das sind die entscheidenden Fragen dieses Kapitels.

Auf der Suche nach Antworten fliegen wir mit Fledermäusen durch die Nacht, spazieren durch ein Gehirn, befreien die eingesperrte Mary, freunden uns mit Zombies an, basteln eine Gehirnprothese, jonglieren mit chinesischen Schriftzeichen und implantieren ein Smartphone in unser Gehirn. Am Ende dieser Reise wird sich – so hoffe ich – Ihr Bewusstsein erweitert haben. Aber was ist das überhaupt – das Bewusstsein? Vielleicht können uns die Fledermäuse bei der Beantwortung dieser Frage helfen.

# Das Geheimnis der Fledermäuse

*Stellen Sie sich vor, Sie wären ein Fledermausexperte und wüssten so gut wie alles über diese pelzigen Nachtschwärmer: wie sie kopfüber an den Decken hängen, im Blindflug mittels Echolot durch das Dunkel navigieren, wie sie fressen, kommunizieren und sich paaren. Seit einigen Jahren kennen Sie auch die Gehirne dieser Tiere und wissen, welche Gehirnareale für welche Verhaltensweisen verantwortlich sind. Aber immer wieder fragen Sie sich: Wie fühlt es sich wohl an, eine Fledermaus zu sein? Wie ist das: sich mit Echolot im Raum zu orientieren, also mit den Ohren zu sehen? Wie fühlt es sich an, einen pelzigen Körper mit Flügeln zu haben? Wie riecht die Welt für eine Fledermaus, wie schmeckt das Essen im Mund, wie fühlt sich der Sex an und wie klingt die Welt? Können wir uns vorstellen, wie das ist? Können wir uns vorstellen, wie es sich für eine Fledermaus anfühlt, eine Fledermaus zu sein?*

Das Gedankenexperiment stammt von dem US-amerikanischen Philosophen Thomas Nagel. Er möchte damit zunächst einmal zeigen, dass wir uns nicht vorstellen können, wie es ist, eine Fledermaus zu sein. Es hilft auch nichts, ein Batman-Kostüm anzuziehen, Mücken zu verspeisen und kopfüber von der Decke zu hängen. Dadurch erfahren wir bloß, wie es *für uns* ist, Mücken zu essen und mit den Füßen an der Decke zu hängen – nämlich eklig und anstrengend. Wie sich all das dagegen für eine Fledermaus anfühlt, können wir nicht wissen.

Nagels Gedankenexperiment ist ein ganz besonderes, denn es ist eines, das wir gar nicht durchführen können. Aber genau darum geht es. Nagel möchte zeigen, dass wir das Bewusstsein eines anderen Wesens nie aus der Innenperspektive kennen werden. Von innen kennen wir lediglich unseren eigenen Geist. Wir können nie erleben, was in anderen Wesen vorgeht. Das gilt auch für andere

Menschen. Wir können Vermutungen anstellen und unsere eigenen Erlebnisse auf andere übertragen. Ob ich aber dasselbe erlebe wie mein Freund, wenn wir beide ein Erdbeereis essen und den Sonnenuntergang betrachten, das kann ich nicht wissen. Bewusstsein ist gemäß Nagel etwas, das man nur aus der subjektiven Innenperspektive erforschen kann. Da die Wissenschaft jedoch objektive Tatsachen erforscht, steht ihr nur die Außenperspektive zur Verfügung. Daher kann sie unser Bewusstsein nicht erforschen.

Viele Philosophen würden nicht so weit gehen. Der österreichische Philosoph Ludwig Wittgenstein etwa kritisierte die strikte Unterscheidung zwischen Innen und Außen. Er meinte, das Verhalten eines anderen Menschen ließe in bestimmten Fällen klare Rückschlüsse auf seine mentalen Zustände zu: Wenn ein Mensch mit schmerzverzerrtem Gesicht blutend am Boden liege, dann sei sonnenklar, dass er Schmerzen hat. Wer in diesem Fall behauptet, wir wüssten nicht, wie dem anderen zumute ist, rede schlicht Unsinn. Bei Tieren jedoch sähe die Sache anders aus, insbesondere dann, wenn ihr Verhalten stark von unserem abweicht. Je fremder das Verhalten eines Lebewesens ist, desto schwerer fällt es uns vorzustellen, wie es wäre, dieses Lebewesen zu sein. Insofern hat Nagel mit seinen Fledermäusen recht.

Die Neurowissenschaft versucht sich dem Bewusstsein von außen zu nähern, über das Gehirn. Sie schaut, welche Gehirnareale aktiv sind, wenn wir denken, fühlen und wollen. Aber was erforschen die Neurowissenschaften eigentlich: das Gehirn oder den Geist? Oder etwa beides? Und wie hängen Geist und Gehirn zusammen?

## Spaziergang durchs Gehirn

*Möchten Sie wissen, was Ihr bester Freund wirklich über Sie denkt? Würden Sie am liebsten sein Gehirn durchforsten, auf der Suche nach seinen allergeheimsten Gedanken? Aber was würden Sie da finden?*

*Stellen Sie sich vor, Ihr eigener Körper wäre millionenfach geschrumpft worden und Sie befänden sich nun tatsächlich im Gehirn Ihres Freundes. Dieses ist für Sie so groß, dass Sie problemlos darin herumspazieren können. Na ja, ganz problemlos nicht: Sie kämpfen sich durch einen Dschungel voller Nervenzellen. Überall Gewebe, Zellwände, Leitungsbahnen. Hin und wieder schnellt ein elektrischer Impuls vorbei. Aber wo zum Teufel sind die Gedanken? Weit und breit ist nichts in Sicht, was auch nur annähernd einem Gedanken gleichen würde. Und wo sind all die Erinnerungen, die Sie und Ihr Freund teilen? Wo sind seine Gefühle? Wo ist sein Ich?*

Dieses Gedankenexperiment stammt ursprünglich von dem deutschen Philosophen und Mathematiker Gottfried Wilhelm Leibniz (1646–1716). Er selbst verglich das Gehirn nicht mit einem blutigen Dschungel, sondern mit einer komplexen Maschine. Das Problem jedoch bleibt dasselbe: Auch beim Spaziergang durch eine große Maschine finden wir weder Gedanken noch Gefühle.

Wer das Gehirn untersucht, um darin ein Gefühl oder einen Gedanken zu finden, der sucht am falschen Ort. Gefühle und Gedanken sind, anders als Regenschauer und Erdrutsche, offenbar keine rein materiellen Phänomene, sondern mentale Vorgänge. Alles, was wir im Gehirn finden, besteht aus Materie. Der Geist jedoch scheint von anderer Art zu sein. Und dennoch muss er irgendwie mit dieser Materie zusammenhängen. Nur wie? Tasten wir uns sachte an diese große Frage heran:

René Descartes, der philosophische Vater der Moderne, meinte, der Geist wirke auf unseren Körper ein, etwa wenn wir unseren Arm heben wollen und dieser sich anschließend tatsächlich hebt. Gleichzeitig wirke der Körper aber auch auf den Geist, etwa wenn wir uns stoßen und anschließend einen Schmerz verspüren. Descartes vertritt also die Position des »Interaktionismus«, da er meint, das Mentale und das Materielle stünden in Wechselwirkung miteinander. Wie aber kann das sein? Wie kann eine Energieübertragung zwischen Physischem und Nichtphysischem stattfinden? Welche Art von Impuls wird hier übertragen? Und wo?

Den Ort der Interaktion zwischen Psychischem und Physischem, sozusagen die Schnittstelle zwischen Körper und Geist, lokalisierte Descartes in der Zirbeldrüse, einem erbsengroßen Teil des Gehirns. Die Aufgabe dieser Zirbeldrüse sah er darin, im Gehirn umherschwirrende Teilchen – Descartes nannte sie Lebensgeister – von ihrer Bahn abzulenken und ihnen eine neue Richtung zu geben, etwa durch geistige Willensakte. Dieses Umlenken brauche, so der Irrglaube der damaligen Physik, keine Kraft. Der Geist könne also verursachen, dass sich unser Arm hebt, ohne der physikalischen Welt Energie zuzuführen. Die kausale Geschlossenheit des Universums bleibe erhalten und der Energieerhaltungssatz unverletzt.

Später fand man heraus, dass die physikalische Theorie, von der Descartes ausgegangen war, falsch ist. Bereits Leibniz musste das Körper-Geist-Problem anders lösen, da er wusste: Auch eine Richtungsänderung braucht Kraft. Da der Interaktionismus, indem er gegen die kausale Geschlossenheit der physikalischen Welt verstößt, nur schwer haltbar ist, entschied sich Leibniz für einen »Parallelismus«: Die beiden Sphären des Geistigen und Körperlichen seien, so meint er, kausal vollkommen getrennt und könnten in keiner Weise aufeinander einwirken. Wie aber kommt es dann, dass sich Ihr Arm genau dann hebt, wenn Sie es wollen? Und warum spüren Sie Schmerzen genau dann, wenn Sie sich verletzen? Kurz: Warum stimmt das Geistige mit dem Körperlichen so gut überein, wenn beide Bereiche doch strikt voneinander getrennt sind? Leibniz gibt eine verblüffend einfache Antwort: Gott selbst habe die beiden Bereiche genau aufeinander abgestimmt, wie zwei Uhren, die exakt gleichschnell laufen und immer dieselbe Zeit anzeigen, jedoch kausal in keiner Weise verbunden sind. Der Philosoph spricht hier von einer »prästabilierten Harmonie«. Kluge Worte für eine Verlegenheitslösung?

Nicht im damaligen Weltbild. Da der allwissende und allmächtige Gott jede Ihrer Entscheidungen im Voraus kennt, weiß er auch, wann Sie Ihren Arm heben möchten, und kann Ihren Körper so programmieren, dass sich Ihr Arm genau dann hebt, wenn Sie es wollen. Er kann die Materie perfekt auf den Geist abstimmen. Ob Sie allerdings immer noch frei sind, wenn der allwissende Gott jede Ihrer Entscheidungen im Voraus kennt, ist eine andere Frage. Zu diesem Problem kommen wir später, in dem Kapitel über Gott und Glaube.

An dieser Stelle ist festzuhalten: Sowohl der Interaktionismus als auch der Parallelismus verstricken sich in arge Schwierigkeiten, wenn es darum geht zu erklären, wie Geist und Gehirn zusammenhängen.

Das Rätsel wäre gelöst, wenn wir sagen könnten: Der Geist ist nichts anderes als das Gehirn. Diese These vertreten die sogenannten Physikalisten. Sie behaupten nämlich, Gedanken, Gefühle und Wünsche seien nichts anderes als Gehirnvorgänge. Etwa so wie Wasser nichts anderes sei als eine Ansammlung von $H_2O$-Molekülen. Der Physikalismus kann problemlos erklären, wie unser Geist unseren Körper bewegen und steuern kann, denn unser Geist ist aus Sicht des Physikalismus körperlich und damit Teil der physikalischen Welt. Wenn der Geist den Körper bewegt, dann wirke Materie auf Materie, so der Physikalist. Es geschehe also nichts Rätselhaftes.

Der Physikalismus hat aber nicht nur Vorteile. Die folgenden beiden Gedankenexperimente zielen auf die Achillesverse der Physikalisten. Mary und die Zombies wollen denen an den Kragen.

## Mary und die Farben

*Kennen Sie Mary? Sie ist die führende Expertin, wenn es um Farben und die menschliche Farbwahrnehmung geht. Sie weiß alles über Wellenlängen, die Retina des Auges und die Verarbeitung von visuellen Reizen im Gehirn. Sie weiß schlicht alles, was es objektiv über die menschliche Farbwahrnehmung zu wissen gibt. Die Geschichte hat jedoch einen Haken: Mary hat selbst noch nie einen farbigen Gegenstand gesehen, weder eine rote Tomate noch den blauen Himmel. Sie lebt und arbeitet nämlich seit ihrer Geburt in einem Raum, in dem es keine Farben gibt: Sie kennt nur schwarz, weiß und grau. Eines Tages wird die Tür geöffnet und Mary darf den trostlosen schwarz-weißen Raum verlassen. Endlich sieht sie mit eigenen Augen, worüber sie jahrelang geforscht hat: Farben!*

*Die entscheidende Frage lautet nun: Lernt Mary etwas Neues über Farben, wenn sie den Raum verlässt? Wenn ja: War ihr einstudiertes Wissen über Farben also unvollständig? Gibt es Tatsachen, die selbst eine perfekte physikalische Theorie nicht beschreiben kann? Gibt es Dinge jenseits des Physikalischen?*

Das Gedankenexperiment stammt von dem australischen Philosophen Frank Jackson. Er wollte damit in den 1980er-Jahren den Physikalismus widerlegen, der behauptet, es gäbe nur physikalische Tatsachen und sonst nichts. Wenn Mary bereits vor dem

Verlassen des Raums alle physikalischen Tatsachen über Farben kennt, aber dennoch etwas Neues über Farben lernt, wenn sie den Raum verlässt und zum ersten Mal eine rote Tomate sieht, dann gibt es über Farben mehr zu wissen als die entsprechenden physikalischen Tatsachen. Kurz: Mary lernt eine neue, und zwar eine nichtphysikalische Tatsache über die Farbe Rot kennen, sobald sie zum ersten Mal eine rote Tomate sieht. Sie lernt nämlich, wie es ist, Rot zu sehen. Daraus folgt: Es gibt nicht nur physikalische Tatsachen. Also ist der Physikalismus falsch. So Jackson.

Die harten Physikalisten haben sich natürlich mit Händen und Füßen gegen dieses Argument von Jackson gewehrt. Einige Physikalisten meinten, Mary lerne keine neue Tatsache über die Welt, sie erwerbe lediglich eine neue *Fähigkeit*. Mary gleiche nämlich einer farbenblinden Person, die durch eine plötzliche Heilung nun in der Lage ist, Farben zu sehen: Zuvor musste sie andere Personen fragen, welche Farbe ihr Pullover oder das Haus gegenüber hat. Nun kann sie die Farben selbst identifizieren. Gelernt hat sie keine neuen Tatsachen über ihre Umgebung. Es fällt ihr jetzt nur leichter, diese Tatsachen selbst ausfindig zu machen. Sie muss nicht mehr fragen, sondern kann hinschauen. Aber ist diese Fähigkeit alles, was Mary erwirbt, wenn sie den Raum verlässt? Erwirbt sie nicht in erster Linie ein Wissen? Und ist nicht dieses Wissen die Grundlage ihrer neuen Fähigkeit?

Andere Physikalisten meinten, was Mary kennenlerne, wenn sie zum ersten Mal eine rote Tomate sieht, sei keine neue Tatsache, sondern lediglich eine neue *Perspektive* auf eine bereits bekannte Tatsache. Dass reife Tomaten rot sind, wusste Mary bereits, als sie noch im schwarz-weißen Raum saß, denn sie konnte die von Tomaten reflektierten Wellenlängen analysieren und dem Bereich Rot zuordnen. Auch wusste sie bereits, dass der Anblick einer reifen Tomate eine rote Farbwahrnehmung in uns Menschen auslöst. Sie wusste nämlich, dass die durch eine reife Tomate ausgelösten Reizmuster der Retina und die entsprechenden Gehirnaktivitäten eindeutig für eine Rotwahrnehmung sprechen. Was Mary vor dem Verlassen des Raums jedoch nicht wusste, war, *wie* etwas Rotes aussieht und welche *sinnliche Qualität* ein roter Farbeindruck hat. Sie wusste also nicht, dass Rot *so* aussieht. Aber mit diesem »so« ist es so eine Sache: Sobald man das Wort durch eine Beschreibung ersetzt, verliert es seinen Witz. Wer etwa sagt, die Farbe einer roten Tomate sähe aus »wie die Farbe eines Ferrari Testarossa«, der sagt damit etwas, das Mary bereits wissen konnte, als sie noch in dem schwarz-weißen Raum lebte. Eine reife Tomate und ein Ferrari Testarossa rufen nämlich sehr ähnliche Farbwahrnehmungsmuster in unseren Gehirnen hervor. Zudem bezeichnen die Menschen die Farben beider Gegenstände als »rot«.

Spitzen wir die Sache zu: Mary wusste bereits vor dem Verlassen des Raums, dass Rotwahrnehmungen die sinnliche Qualität der Röte haben – schließlich behaupten das alle Menschen. Erst beim Anblick einer reifen Tomate wird Mary allerdings klar, was die Menschen mit dieser »sinnlichen Qualität der Röte« gemeint haben. Man könnte also sagen, dass Mary den Satz »Rotempfindungen haben die sinnliche Qualität der Röte« erst jetzt versteht, nachdem sie den Raum verlassen hat. Und da man nicht wissen kann, was man nicht versteht, wusste sie in dem schwarz-weißen Raum noch nicht, was sie jetzt weiß, nämlich dass Rotwahrnehmungen die sinnliche Qualität der Röte haben. Sie hat also doch eine neue Tatsache gelernt. Oder etwa nicht?

Das folgende Gedankenexperiment versucht die Physikalisten noch weiter in die Enge zu treiben – und zwar mithilfe von Zombies. Aber keine Angst. Es handelt sich um eine philosophische

Unterart von Zombies. Diese sind weder blutrünstig, noch sehen sie furchterregend aus. Sie verhalten sich äußerlich wie normale Menschen und könnten Ihre Nachbarn sein.

## Der nette Zombie von nebenan

*Stellen Sie sich vor, Ihr netter Nachbar wäre ein Zombie. Kein normaler Zombie, wie Sie ihn vielleicht aus billigen Filmen kennen, sondern ein philosophischer Zombie. In der Philosophie versteht man unter einem »Zombie« ein Wesen, das nichts erlebt und nichts fühlt, sich aber genauso verhält wie ein normaler Mensch. Das Verhalten eines Zombies unterscheidet sich also in keinem Detail von dem eines Menschen. Im Gegensatz zu einem Menschen hat ein Zombie allerdings kein Innenleben. Was dem Zombie fehlt, sind sogenannte phänomenale Zustände, in der Fachsprache auch Qualia genannt: Er weiß nicht, wie es sich anfühlt, ein Stück Schokolade zu essen, einen Sonnenuntergang zu sehen oder eine Beethovensinfonie zu hören – obwohl er all das schon gemacht hat.*

*Können Sie sich vorstellen, Ihr netter Nachbar wäre ein Zombie? Können Sie es ausschließen?*

Die Idee dieser philosophischen Zombies kam in den 1970er-Jahren auf. Bekannt wurden sie insbesondere durch den australischen Philosophen David Chalmers. Er gilt als einer der besten Bewusstseinsphilosophen weltweit – und das, obwohl er meint, unser Bewusstsein sei ein großes, ungelöstes Rätsel. Man könne nämlich unser Erleben schlicht nicht erklären. Zwar könne man zeigen, dass bestimmte bewusste Erlebnisse mit bestimmten Gehirnvorgängen korrelieren, also miteinander auftreten. Aber wie Gehirnzustände bewusste Erlebnisse hervorbringen, sei ein Mysterium.

Die Physikalisten möchten dieses Mysterium Chalmers zufolge mit einem Trick aus der Welt schaffen, indem sie behaupten, bewusste Erlebnisse seien nichts weiter als Gehirnzustände. Damit unterstellen sie, mentale Zustände wie Wünsche, Gefühle und Gedanken seien aus physikalischen Zuständen ableitbar – ähnlich wie aus der Tatsache, dass in einem Glas $H_2O$-Moleküle sind, ableitbar ist, dass sich Wasser darin befindet. Wer die Molekularstruktur und die wirkenden Naturgesetze kenne, könne logisch folgern, dass es sich bei der Substanz um eine flüssige und durchsichtige Substanz handelt. So könne auch aus einer detaillierten Beschreibung des Gehirns einer Person abgeleitet werden, ob diese Person Schmerzen hat oder nicht.

Für die Physikalisten ist das Problem der mentalen Verursachung, wie bereits gesagt, ein Kinderspiel: Weil mentale Zustände eigentlich physikalische Zustände seien, könnten sie auch kausal wirken, so die Physikalisten. Weil unser Durstgefühl nichts Immateriell-Geistiges, sondern letztlich etwas Physisches, nämlich ein Gehirnzustand ist, kann das Gefühl uns dazu bringen, dass wir unseren Körper in Bewegung setzen, zum Kühlschrank gehen und uns ein Getränk holen. Das macht die Position des Physikalismus unter anderem so attraktiv. Sie hat aber auch Schwächen.

Der Zombie bereitet den Physikalisten nämlich Kopfzerbrechen. Dieser verhält sich nicht nur wie ein normaler Mensch, obwohl er nichts empfindet, er hat auch dieselben Gehirnzustände wie ein normaler Mensch. Wenn wir also einem Zombie den Schädel aufschneiden, sieht es darin nicht anders aus als bei einem normalen Menschen: Man kann Hirnströme messen und Aktivitätsmuster identifizieren. Nur: Der Zombie erlebt nichts. Bei ihm ist das Licht aus. Diese Vorstellung ist auf Anhieb etwas befremdlich. Die Frage ist aber, ob ein solcher Zombie zumindest widerspruchsfrei denkbar ist. Wenn ja, dann scheint der

Physikalismus falsch, denn dieser behauptet ja, mentale Vorgänge seien nichts anderes als Gehirnvorgänge. Wenn $H_2O$-Moleküle in einem Glas sind, muss auch Wasser drin sein. Ein Zombie aber gleicht einer Ansammlung von $H_2O$-Molekülen ohne Wasser. Er hat nämlich ein funktionierendes Gehirn, jedoch kein Erleben. Wenn Sie zusammen mit einem Zombie gegen eine Wand laufen, feuern in Ihren Gehirnen dieselben Neuronen. Nur brummt Ihnen der Schädel, während er nichts spürt. Schließlich hat er gar kein Ich, das etwas erleben könnte.

Es scheint – wie der Philosoph Joseph Levine es formuliert hat – eine *Erklärungslücke* zwischen Gehirnprozessen und Erlebnissen zu geben: Selbst aus der exaktesten Beschreibung des Gehirns einer Person lässt sich nicht logisch ableiten, wie sich die Person fühlt. Vielleicht finden die Neurowissenschaften irgendwann exakte Korrelationsgesetze, die Gehirnzustände und Erlebnisse verknüpfen, wie etwa: »Wenn im Gehirn C-Fasern aktiv sind, dann hat die Person Schmerzen.« Aber damit ist nicht gesagt, dass Schmerzen nichts anders sind als eine Aktivität von C-Fasern im Gehirn. Schmerzen sind *abhängig* von Gehirnzuständen, jedoch *nicht reduzierbar* auf sie.

Aufgrund natürlicher Gesetzmäßigkeiten kann es eine Veränderung auf der geistigen Ebene nur geben, wenn es auch eine Veränderung auf der physischen Ebene gibt. Also: Kein Unterschied im Geist ohne Unterschied im Gehirn. Das heißt jedoch nicht, dass aus einer vollständigen Beschreibung des Gehirns eines Menschen logisch folgt, ob der Mensch Schmerzen hat oder nicht. Schmerzen zeichnen sich nämlich durch eine bestimmte Erlebnisqualität aus, die nicht vollständig zu beschreiben ist. Versuchen Sie einmal bis ins Detail zu beschreiben, wie es sich anfühlt, wenn Sie auf ein Pfefferkorn beißen, einen Lieferwagen vorbeifahren hören oder sich am Hals streicheln.

Das Zombie-Gedankenexperiment hat einen sonderbaren Status, da unklar ist, ob es überhaupt denkbar ist. Wäre der Zombie denkbar, dann wäre der Physikalismus widerlegt. Es gibt jedoch Physikalisten, die behaupten, die Vorstellung eines Zombies sei widersprüchlich, so wie die Vorstellung eines verheirateten Junggesellen widersprüchlich ist. Chalmers dagegen findet, Zombies seien denkbar und der Physikalismus somit widerlegt. Welche Theorie des Bewusstseins aber die beste ist, weiß er selbst nicht so genau. Die akademische Diskussion ist schon seit längerer Zeit hochkompliziert und äußerst spitzfindig.

Chalmers hat früher mit einer Position geliebäugelt, die im 19. Jahrhundert von Thomas Henry Huxley bekannt gemacht wurde und sich Epiphänomenalismus nennt. Der Geist ist gemäß dieser Theorie ein Epiphänomen des Gehirns, also ein bloßes Nebenprodukt: Geistige Zustände seien verursacht durch Gehirnzustände, würden selbst jedoch gar nichts verursachen. Der Epiphänomenalismus ist gewissermaßen ein halber Interaktionismus, da er behauptet, das Gehirn beeinflusse den Geist, aber nicht umgekehrt. Damit kann er zwar das Problem der rätselhaften Kraftübertragung vom Geist auf den Körper umgehen: Es gäbe nämlich gar keine solche Einwirkung des Geistes auf den Körper. Er handelt sich jedoch ein großes Problem ein, da er den Geist zu einem ohnmächtigen Spielball des Gehirns degradiert. Für den Epiphänomenalisten gibt es keine mentale Verursachung: Unser Arm hebe sich nicht, weil wir das wollen, sondern weil im Gehirn etwas passiert ist. Unser bewusst verspürter Wille gaukelt uns also bloß vor, wir könnten unseren Körper steuern. In Wirklichkeit geschehen unsere Handlungen von selbst, ähnlich wie unser Herzschlag oder unsere Verdauung. Das klingt alles ziemlich unplausibel. Aber was sind die Alternativen? Jede Theorie scheint ihre Stärken und Schwächen zu haben.

Mithilfe des folgenden Gedankenexperiments soll eine weitere attraktive Position vorgestellt werden, die als Funktionalismus bezeichnet wird. Freunde von Science-Fiction werden auf ihre Kosten kommen, denn es geht um Cyborgs – um Wesen also, die halb Mensch und halb Maschine sind. Und es geht um die Frage, ob die Roboter der Zukunft Gedanken, Gefühle und Wünsche haben können.

## Die Gehirnprothese

*Stellen Sie sich vor, die Nervenzellen Ihres Gehirns würden, eine um die andere, schrittweise durch winzige Mikrochips aus Silizium ersetzt. Nach und nach bestünde ein Großteil Ihres Gehirns aus Silizium, ähnlich einem Computer. Dabei würde jeder Chip genau dieselbe Funktion wie die ersetzte Nervenzelle erfüllen. Das Gehirn würde also genauso funktionieren wie zuvor, nur nicht auf biologischer Basis. Unsere Hardware wäre die eines Computers. Was aber würde passieren? Würde sich unser Erleben verändern? Würde plötzlich alles dunkel? Keine Gerüche, keine Gefühle mehr? Wenn ja, wann würde das passieren? Bereits bei der ersten Nervenzelle, die durch einen Mikrochip ersetzt wird? Oder erst nach einer Million ersetzter Nervenzellen? Oder würde das Bewusstsein allmählich verblassen? Oder passiert vielleicht gar nichts? Und wenn sich nichts verändern würde: Könnte dann auch ein Roboter Gefühle haben?*

Dieses Gedankenspiel stammt von John Searle, einem der einflussreichsten Bewusstseins- und Sprachphilosophen der Gegenwart. Die Idee ist einfach: Unser Gehirn besteht aus über einhundert Milliarden Nervenzellen. Jede dieser Zellen hat eine bestimmte Funktion: Wenn sie von umliegenden Nervenzellen genügend stark elektrisch erregt wird, leitet sie diese Erregung weiter. Man könnte also einen Mikrochip bauen, einen winzigen

Schaltkreis, der genau dieselbe Funktion erfüllt wie eine einzelne Nervenzelle. Dieser Chip liefert zu einem bestimmten Input jeweils den gleichen Output wie die Nervenzelle. Er hat also dieselbe kausale Rolle, dieselbe Funktion wie die Nervenzelle. Nun stellt sich die Frage: Was würde mit Ihrem bewussten Erleben passieren, wenn eine einzelne Nervenzelle Ihres Gehirns durch einen Mikrochip ersetzt würde? Wie würde es sich nach der ersten Million ersetzter Neuronen anfühlen? Würden Ihre Erlebnisqualitäten allmählich verblassen? Oder würden einzelne Bereiche ausfallen? Etwa die Farbwahrnehmung? Und was würde mit Ihrem Verhalten passieren?

Eigentlich müsste doch alles beim Alten bleiben, selbst dann, wenn Ihr ganzes Gehirn durch Mikrochips ersetzt würde. Diese kleinen Steuerungseinheiten erfüllen schließlich dieselbe Funktion wie zuvor die Nervenzellen, also muss auch das Gehirn als Ganzes noch dieselbe Funktion erfüllen. Nur die Hardware Ihres Gehirns wurde ausgetauscht. Die Software müsste störungsfrei weiterlaufen.

Nachdem alle Ihre Nervenzellen durch Mikrochips ersetzt wurden, sind Sie nun ein Cyborg, halb Mensch, halb Maschine. Sie haben eine Festplatte anstatt eines Gehirns. Aber wie fühlen Sie sich? Wenn Sie nun sagen »So wie immer!«, dann sind Sie ein Funktionalist. Der Funktionalismus wurde in den 1960er-Jahren von Hilary Putnam und Jerry Fodor entwickelt und sagt im Kern, dass mentale Zustände durch ihre Funktion definiert sind. Ein mentaler Zustand wie Furcht etwa sei dadurch definiert, dass derjenige, der sich vor einem Objekt fürchtet, dieses Objekt meidet und bei einer Begegnung zusammenzuckt. Ein mentaler Zustand wie Furcht sorgt dafür, dass wir auf einen bestimmten Input mit einem bestimmten Output reagieren, zum Beispiel beim Anblick einer Schlange zusammenzucken und zurückweichen. Wie diese Funktion physisch realisiert ist, sei egal. Die Vertreter sprechen daher von einer »multiplen Realisierbarkeit« mentaler Zustände. Die gleiche Software kann auf jeder beliebigen Hardware laufen. Wenn ein Roboter gebaut werden könnte, der vor einer Schlange zusammenzuckt und zurückweicht, dann sei klar: Er fürchtet sich vor Schlangen. Er verhält sich nämlich genau wie wir Menschen, wenn wir uns fürchten. Kurz: Wenn ein Roboter sich genauso verhält wie wir Menschen, dann hat er dieselben mentalen Zustände wie wir: Er hat Gedanken, Wünsche und Gefühle. Die ganze Palette.

Wenn Sie glauben, das sei ausgeschlossen, dann sollten Sie zeigen können, wann und warum in dem Gedankenexperiment mit den Mikrochips das Bewusstsein verschwindet! Warum braucht der Geist eine biologische Basis? Warum soll eine künstliche Hardware nicht reichen, wenn sie dasselbe leistet?

Das folgende Gedankenexperiment möchte zeigen, dass selbst der beste Computer keine Gedanken haben kann. Ein Schachcomputer spiele zwar besser Schach als ein Mensch, aber er verstehe rein gar nichts von dem, was er tut. Dasselbe gelte für Sprachcomputer, mit denen wir kommunizieren können. Diese verstehen nichts, weder Bahnhof noch Chinesisch.

### Das chinesische Zimmer

*Stellen Sie sich vor, Sie wachen auf und finden sich in einem Zimmer wieder, in dem Körbe stehen, die mit lauter chinesischen Schriftzeichen gefüllt sind. Zudem finden Sie ein Buch, das aussieht wie ein Regelhandbuch. Plötzlich bekommen Sie eine Botschaft mit chinesischen Schriftzeichen durch einen Schlitz gereicht. Sie verstehen nur Bahnhof. Doch dann schauen Sie in Ihr Regelbuch. Da steht, was Sie tun müssen, wenn Sie dieses Zeichen bekommen: Sie müssen ein bestimmtes anderes Zeichen nach draußen geben. Sie suchen das Zeichen in den Körben und geben es nach draußen. Und schon kommt das nächste rein. Mit der Zeit werden Sie immer schneller und kennen das Regelhandbuch fast auswendig: Sie wissen also, mit welchen Zeichen Sie antworten müssen, wenn Sie dieses oder jenes Zeichen erhalten. Natürlich verstehen Sie kein Chinesisch. Sie haben keine Ahnung, was sie kommunizieren. Dennoch: Sie machen genau das, was eine Person machen würde, die Chinesisch versteht! Die Leute außerhalb des Zimmers glauben, Sie würden perfekt Chinesisch verstehen.*

Dieses Szenario lässt sich mit einem Computerprogramm vergleichen: Das Regelbuch ist die Software, Sie sind die Hardware. So wie Sie kein Chinesisch verstehen, würde auch der Computer kein Chinesisch verstehen, selbst wenn seine Antworten auf unsere Fragen immer passend wären. Denken und Verstehen ist mehr als korrekte Zeichenverwendung nach Regeln. So die These. Aber stimmt das? Werden Computer niemals denken können? Was würden Sie sagen, wenn zukünftige Roboter sich genauso verhalten und genauso kommunizieren würden wie wir? Gemäß dem vom britischen Logiker Alan Turing erfundenen »Turing-Test« kann ein Computer denken, wenn man mit ihm kommunizieren kann wie mit einem Menschen, genauer: wenn man nicht merkt, ob man mit einem Menschen oder einem Computer kommuniziert. Wenn Sie also zwei Stunden lang mit »Daisy_81« chatten, ohne zu merken, dass die Antworten und Fragen von »Daisy_81« nicht von einem Menschen, sondern von einem Computerprogramm stammen, dann hat dieses Programm den Turing-Test bestanden: Der Computer kann denken. So die These von Alan Turing.

John Searle hält nichts von dieser These und glaubt, sie mit seinem Gedankenexperiment des chinesischen Zimmers widerlegt zu haben. Korrekte Zeichenverwendung sei noch kein Verstehen, wie das Gedankenexperiment zeige. Der Funktionalismus sei widerlegt. Mentale Vorgänge wie Denken oder Verstehen seien nicht allein durch ihre Funktion definiert. Ein Roboter könne genauso funktionieren wie unser Geist, habe aber dennoch kein Bewusstsein und sei nicht in der Lage, zu denken oder zu verstehen. Von Gefühlen keine Rede.

Rücken wir Searle nun mit einem Roboter zu Leibe: Stellen Sie sich vor, das chinesische Zimmer sei ein Cockpit im Kopf eines riesigen Roboters, der seine Umgebung mit Kameras wahrnehmen und sich in ihr bewegen kann. Sie selbst sitzen in dem Cockpit und steuern den Roboter durch Peking. Direkt vor Ihnen im Cockpit sehen Sie einen Steuerknüppel und einen Computer, dessen Bildschirm anzeigt, was die Videokamera von der Umgebung einfängt. Sie sehen chinesische Straßenschilder, hören, was die Leute um Sie herum sprechen und können gezielte Handlungen ausführen.

Ein Chinese ruft Ihnen zu: »You zhuan!« Sie schauen in Ihrem Handbuch nach. Darin heißt es, bei »You zhuan!« sollen Sie den Steuerhebel nach rechts umlegen. Sie legen also den Hebel um und stellen fest: Der Roboter dreht sich nach rechts. »You zhuan!« könnte also »Drehen Sie sich nach rechts!« heißen. Tatsächlich bedeutet »You zhuan!« genau das: »Nach rechts drehen!« Sie haben also den Befehl nicht nur ausgeführt, sondern ihn anscheinend auch verstanden, da Sie gesehen haben, was danach passiert ist.

Nun sehen Sie auf dem Bildschirm ein sonderbares langes Objekt, das direkt vor Ihnen steht. Da Sie nicht wissen, was es ist, schauen Sie im Handbuch nach: Bei diesem Bild steht, Sie sollen das Zeichen »Long« in den Bordcomputer eingeben und die Enter-Taste drücken. Nachdem Sie das getan haben, hören

Sie, wie die tiefe Stimme Ihres Roboters sagt: »Long.« Daraufhin klatschen alle Menschen, die um Sie herum stehen. Warum? Das sonderbare Objekt vor Ihnen, das Sie auf dem Bildschirm gesehen haben, war ein Drache. Und »Long« bedeutet Drache. Sie konnten also, so scheint es, dank des Handbuchs einen chinesischen Drachen erkennen und benennen.

Sie haben also gelernt, wie chinesische Drachen aussehen, dass »Long« Drache heißt und »You zhuan!« dasselbe wie »Nach rechts drehen!« bedeutet. Obwohl Sie bloß nach dem Handbuch gehandelt haben und zu Beginn kein Chinesisch verstanden, haben Sie nun einiges gelernt. Oder etwa nicht? Vielleicht können reine Sprachcomputer nichts verstehen, aber was ist mit solchen, die sich bewegen, Befehle ausführen und ihre Umgebung wahrnehmen können?

Die Umgebung ist auch Thema des nächsten Gedankenexperiments. Viele alltägliche Informationen speichern wir nämlich nicht in unserem Gehirn, sondern in Agenden, Notizbüchern und Smartphones, also außerhalb von uns. Das Gedankenexperiment möchte zeigen, dass unser Geist nicht nur unter der Schädeldecke haust, sondern auch draußen in der Welt ist.

## Der Geist im Smartphone

*Haben Sie auch schon mal Ihr Smartphone verloren? Und damit alle Telefonnummern, Termine und Textnachrichten? Wie haben Sie sich dabei gefühlt? Fühlte es sich an, als wäre Ihnen ein Teil Ihres Ichs abhanden gekommen?*

*Stellen Sie sich vor, Ihr Smartphone würde Ihnen ins Gehirn implantiert und Sie könnten nun, ohne Ihre Hände zu benutzen, durch reines Nachdenken auf die Informationen zugreifen. Sie*

*würden also nicht mehr in Ihrem Smartphone nach einer Telefon-*
*nummer suchen, sondern in Ihrem Geist! Die Informationen des*
*implantierten Smartphone gehörten nun zu Ihrem ganz persön-*
*lichen Wissen. Wenn Ihr Gerät Internetzugang hat, wissen Sie auf*
*einmal alles, was in den Zeitungen steht und auf Wikipedia zu le-*
*sen ist! Kurz: Sie wären ein Universalgenie. Aber halt: Sind Sie das*
*nicht schon heute? Warum sollte es überhaupt einen Unterschied*
*machen, ob Ihr Smartphone in der Hand oder im Kopf ist? Haupt-*
*sache, die Daten sind jederzeit zugänglich. Vielleicht sitzt Ihr Geist*
*also nicht nur im Gehirn, sondern auch in Ihrem Smartphone.*

Dieses Gedankenexperiment stammt von den Philosophen Andy Clark und David Chalmers. Es soll die Theorie des »Extended Mind« belegen, die besagt, dass unser Geist nicht nur im Gehirn zu Hause ist, sondern auch in unserer Umgebung – in unseren Notizbüchern, Agenden und Smartphones. Kurz: in all unseren Erinnerungsstützen und Nachschlagewerken. Ein Teil unseres Geistes sei also nicht im Kopf, sondern irgendwo da draußen.

Dass wir nicht nur mit unserem Gehirn denken, kann man leicht zeigen. In einem gewissen Alter rechnen Kinder mit ihren Händen. Sie benutzen ihre Finger, um etwa die Zahlen vier und fünf zusammenzuzählen. Ohne Hände könnten sie nicht rechnen. Dennoch würden wir sagen, diese Kinder wüssten, dass $4 + 5 = 9$ ist. Manche Erwachsene brauchen nicht nur ihre Hände, sondern auch einen Stift und ein Blatt Papier, um auszurechnen, was $346 + 231 - 76$ ergibt. Wir verwenden zahlreiche Hilfsmittel, um unseren Kopf zu entlasten: Wir machen Knöpfe in Taschentücher, schreiben Termine in unsere Agenden, speichern Telefonnummern im Handy und schlagen Informationen auf Wikipedia nach.

Stellen Sie sich einen an Alzheimer erkrankten Menschen vor, der sein Langzeitgedächtnis verloren hat und alles, was er sich merken sollte, in einem Notizbuch niederschreibt, das er immer bei sich trägt. Darin steht zum Beispiel: »Ich wohne in der Schillerstraße 22« oder »Meine Freundin heißt Carla«. Dinge, die wir in unserem Kopf speichern, überträgt er in sein Notizbuch, in dem er jederzeit nachschlagen kann – wie wir in unserem Gedächtnis. Würden Sie nun sagen, dieser Alzheimerpatient wüsste nichts von dem, was in seinem Notizbuch steht? Weiß er lediglich, dass die wichtigsten Dinge in seinem Notizbuch stehen und er sie dort nachschlagen kann? Aber wissen wir, die wir ein funktionierendes Gedächtnis haben, denn nicht auch nur, dass die wichtigsten Dinge in unserem Gedächtnis gespeichert sind und wir sie durch Erinnern abrufen können? Nun sagen Sie vielleicht: Aber das Notizbuch kann man dem Alzheimerpatienten doch wegnehmen! Sicher. Man kann jedoch auch Ihnen den Schädel aufschneiden und den Teil Ihres Gehirns herausoperieren, in dem die wichtigsten Gedächtnisinhalte gespeichert sind. Ein wenig aufwendig, zugegeben. Aber immerhin denkbar.

Kommen wir zurück zum Gedankenexperiment mit dem Smartphone. Angenommen, man würde Ihr Smartphone in Ihr Gehirn verpflanzen und Sie könnten nun durch bloßes Nachdenken auf die Informationen zugreifen. Stellen Sie sich vor, wie viel Sie plötzlich wüssten! Alle Telefonnummern auswendig, alle Termine präsent und alle Wikipedia-Einträge vor dem geistigen Auge abrufbar. Niemand würde bestreiten, dass Sie diese Dinge wirklich wissen und dass diese Informationen Teil Ihres Geistes sind. Aber sobald man das Smartphone wieder herausoperiert und Sie die Informationen mit den Händen nachschlagen müssen, würden alle sagen, keine dieser Informationen gehöre zu Ihrem Geist und Sie wüssten nichts von alldem. Komisch, nicht?

Clark und Chalmers glauben, wir hätten keine guten Gründe, diese zwei Situationen so unterschiedlich zu beurteilen. Sie fordern daher, dass Prozesse und Informationen, die als Teil unseres Geistes gelten würden, wenn sie in unserem Gehirn stattfänden, auch außerhalb von uns als Teil unseres Geistes zu verstehen sind. Einzige Bedingung: Wir müssen die Informationen bereits einmal verarbeitet haben und sie müssen konstant und einfach abrufbar sein – wie die Informationen, die im Notizbuch des Alzheimerpatienten niedergeschrieben sind.

Der französische Romancier Marcel Proust schreibt in seinem monumentalen Werk *Auf der Suche nach der verlorenen Zeit,* dass der beste Teil unseres Gedächtnisses außerhalb von uns lebe – »in dem feuchten Hauch eines Regentages, dem Geruch eines ungelüfteten Raums oder dem Geruch eines eben entzündeten, aufflammenden Feuers, das heißt überall da, wo wir von uns aus selbst das wiederfinden, was unser Verstand als unverwendbar abgelehnt hatte, die letzte Reserve, die beste, die Vergangenheit, die wenn alle unsere Tränen versiegt scheinen, uns noch immer neue entlocken wird«. Manchmal müssen wir das alte Lied wieder hören, um uns an einen verlorenen Menschen zu erinnern. Oder wir müssen in unser Heimatdorf zurückkehren, um uns an unsere Kindheit erinnern zu können. Viele unserer Erinnerungen liegen verborgen und brauchen die richtige Umgebung, um wieder lebendig zu werden. Deshalb meint Proust, ein Teil unseres Gedächtnisses lebe außerhalb von uns.

Wo unser Geist anfängt und wo er aufhört, ist gar nicht so leicht zu sagen. Wir Menschen sind keine isolierten Geister, sondern körperliche Wesen aus Fleisch und Blut, die ihre Mitmenschen in ihr Herz schließen und sich ihre Umwelt so eingerichtet haben, dass sie zu einem Teil ihrer selbst geworden ist.

# Gott und Glaube

Haben Sie auch schon mal in den Nachthimmel geblickt und sich gefragt, wozu wir eigentlich hier auf der Erde sind? Ob unser Leben einen Sinn hat? Wie das ganze Universum wohl entstanden ist?

Viele Menschen können sich mit dem Gedanken, das Leben sei sinnlos, unmöglich anfreunden. Sie würden sich einsam, verloren und überflüssig fühlen in dieser kalten Unendlichkeit. Daher glauben sie an »etwas Höheres«, wie sie sagen, an eine »höhere Macht« oder eben an einen Gott. Dieser Glaube stifte Sinn in ihrem Leben und gebe ihnen Halt, Geborgenheit und Zuversicht. So sind sie sicher: Es wird alles gut. Gott sei Dank.

Viele gläubige Menschen sind der Auffassung, die Existenz Gottes ließe sich zwar nicht beweisen, jedoch auch nicht bestreiten. Der Glaube sei eben kein Wissen, sondern ein Fürwahrhalten ohne zwingende Gründe. Da man jedoch das Gegenteil nicht beweisen könne, nämlich die Nicht-Existenz Gottes, sei es jedem Einzelnen selbst überlassen, ob er oder sie an Gott glaubt oder nicht. Der Glaube an Gott sei letztlich also Ansichtssache. Man könne endlos diskutieren. Eine Lösung jedoch werde man auf rationalem Weg nicht finden.

Nicht alle sind dieser Meinung. Es gibt auch heute noch Menschen, die ihren Glauben durch Beweise rechtfertigen wollen.

Und es gibt noch Menschen, die im Namen Gottes Blut vergie-ßen – etwas, das sie wohl kaum tun würden, wenn sie meinten, es sei bloße Ansichtssache, ob Gott existiert oder nicht.

Die Philosophie hat sich seit jeher in die Diskussion um den Glauben eingemischt. Einige Philosophen haben versucht, die Existenz Gottes rational zu beweisen, andere, sie zu widerlegen. Wieder andere haben gemeint, wir sollten an Gott glauben, auch wenn wir seine Existenz nicht beweisen können. Und schließ-lich meinten auch einige, wir sollten nicht an ihn glauben, auch wenn wir seine Nicht-Existenz nicht beweisen können.

In diesem Kapitel schauen wir uns die Argumente und Gedan-kenspiele etwas genauer an, damit wir gewappnet sind für die nächste Diskussion »über Gott und die Welt«. Wir steigen gleich richtig ein, nämlich mit den sogenannten Gottesbeweisen.

### Gott – das höchste denkbare Wesen

*Lehnen Sie sich zurück. Atmen Sie tief durch und sammeln Sie Ihre geistigen Kräfte. – Bereit? Dann denken Sie sich das höchste, gü-tigste und mächtigste Wesen aus, das Sie sich überhaupt ausdenken können. Dieses vollkommene Wesen nennen wir nun Gott. Denn was soll Gott sein, wenn nicht das allerklügste, allermächtigste und allergütigste Wesen überhaupt? Gott ist also dasjenige, über das hinaus nichts Größeres und Besseres gedacht werden kann.*

*Nun kommt der Clou der Geschichte: Wie haben Sie sich dieses vollkommene Wesen ausgedacht? Als existierend oder als nicht existierend? Ich nehme doch an, als existierend. Denn ein nicht existierendes Wesen wäre wohl kaum das beste und höchste Wesen überhaupt, sondern ein bloßes Hirngespinst. Die Existenz gehört also zwingend zu diesem höchsten Wesen dazu. So wie es zum*

166

*Begriff eines Junggesellen gehört, dass Junggesellen unverheiratet
sind, so gehört es zum Begriff Gottes, dass Gott existiert.*

*Fassen wir zusammen: Gott ist das höchste denkbare Wesen.
Zum höchsten denkbaren Wesen gehört notwendigerweise, dass es
existiert. Also existiert Gott.*

Dieser ebenso schlichte wie verblüffende Gottesbeweis stammt
aus dem 11. Jahrhundert, von dem Philosophen Anselm von Canterbury, einem gebürtigen Italiener, der später Erzbischof in England wurde. Viele Philosophen haben sich an diesem Gottesbeweis die Zähne ausgebissen. Tatsächlich wird man den Verdacht
nicht los, dass hier gemogelt wird. Aber wo genau? Welcher Schritt
in der Argumentation ist falsch? Oder ist etwa alles korrekt?

Zunächst könnte man einwenden, bereits die Definition Gottes als »dasjenige Wesen, über das hinaus wir uns nichts Höheres
denken können« sei fehlerhaft. Gott übersteige nämlich unseren Verstand und unsere Vorstellungskraft und wir dürfen seine
Größe nicht von unserer Denkleistung abhängig machen. Stimmt.
Aber würden nicht die meisten gläubigen Menschen zugeben,
dass Gott das höchste Wesen überhaupt ist? Wenn Ihnen diese
Definition lieber ist, dann nehmen Sie diese. Für den Beweis tut
es nichts zur Sache, ob Gott nun »das höchste denkbare« oder
das »höchstmögliche« Wesen ist. Hauptsache, er ist ganz oben.
Anselms Gottesbeweis hat aber andere Tücken.

Immanuel Kant, der berühmte Philosoph der Aufklärung, hat
sich eingehend mit Anselms Gottesbeweis auseinandergesetzt
und ihn heftig kritisiert. Man könne, so bemängelt Kant, von
dem Begriff Gottes nicht auf die Existenz Gottes schließen. Aber
genau das versuche der Beweis. Darum heißt er übrigens auch
ontologischer Gottesbeweis, abgeleitet vom altgriechischen Wort
»on« für »das Seiende«. Der Fehler liege also, so Kant, in dem
Übergang von der Vorstellung oder dem Begriff eines höchsten

Wesens zu der Annahme seiner Existenz. Ausgehend von dem bloßen Gedanken, dass ein Ding existiert, könne man nicht schließen, dass dieses Ding auch wirklich existiert. Sonst könnten wir uns ja einfach eine Million Euro vorstellen und denken, sie wäre echt, und – Abrakadabra! – wir wären reich.

Aber halt: Bei Gott verhält es sich anders als bei der Million Euro. Gott *muss* existieren, er kann gar nicht anders, würde Anselm sagen. Ein nicht-existierendes höchstes Wesen wäre nicht das allerhöchste Wesen, also nicht Gott. Bei Gott ist die Existenz eine notwendige Eigenschaft – sie gehört zu seinem Wesen. Wir können uns Gott nämlich nicht denken, ohne gleichzeitig seine Existenz mitzudenken. Die Million Euro dagegen können wir uns ausdenken, ohne sie als wirklich zu denken. Die Million im Geldschrank ist in dieser Hinsicht wie ein Einhorn: Wir können sie uns vorstellen, ohne dass wir annehmen müssen, es gebe sie wirklich. Gott dagegen, so Anselm, können wir uns nur vorstellen, wenn wir auch annehmen, dass es ihn wirklich gibt. Aber stimmt das? Ist die Existenz wirklich eine notwendige Eigenschaft Gottes? Gehört sie zum Begriff Gottes wie das Unverheiratetsein zum Begriff des Junggesellen gehört? Ist die Aussage »Gott existiert nicht« also genauso unsinnig wie »Paul ist ein verheirateter Junggeselle«?

Zunächst ist zu sagen: Wenn die Existenz aus der Vollkommenheit folgen würde, dann müsste es auch einen vollkommenen Regenschirm und ein vollkommenes Tennismatch geben – denn beides sind Dinge, die wir uns denken können, ebenso wie ein vollkommenes Wesen. Dieser Einwand findet sich bereits bei dem Mönch Gaunilo von Marmoutiers, einem Zeitgenossen von Anselm von Canterbury. Gaunilo meinte, wenn die Existenz aus der Vollkommenheit folgen würde, dann müsste es auch eine vollkommene Insel geben, denn auch diese sei denkbar.

Kant spitzte diesen Einwand zu und meinte, anders als bei der Größe oder der Farbe eines Dinges handle es sich bei der Existenz gar nicht um eine Eigenschaft. Man könne ein Objekt beschreiben, etwa indem man sagt, es sei rund, hart und gelb. Wer nun aber behauptet, dieses runde, harte und gelbe Objekt existiere auch, der füge dem Objekt keine weitere Eigenschaft hinzu. Er verkleinert nicht die Menge der Gegenstände, die tatsächlich unter den Begriff fallen. Jede andere Bedingung – wie das Rund-, Hart- und Gelbsein – engt den Bereich der Gegenstände ein, auf die der Begriff zutrifft. Die Existenz dagegen nicht. Außer man nimmt an, es gibt Gegenstände, die nicht existieren. So könnte man beispielsweise annehmen, es gäbe existierende Tennisbälle und nicht-existierende Tennisbälle. Letztere kann man zwar nicht anfassen, aber man kann über sie nachdenken. Die Klasse der existierenden Tennisbälle wäre dann kleiner als die Klasse aller denkbaren Tennisbälle. Und die Existenz wäre eine Eigenschaft, die eben nur bestimmten Tennisbällen zukommt, nämlich den existierenden, nicht allen möglichen. Der österreichische Philosoph Alexius Meinong vertrat eine solche Ansicht und behauptete, es gäbe alle möglichen Gegenstände, auch solche, die nicht existieren. Für Kant war das keine ernsthafte Option, denn was sollte das heißen, dass es Dinge gibt, die nicht existieren? Wenn es mich gibt, dann existiere ich auch, und umgekehrt.

Zusammenfassend könnte man sagen: Da aus Kants Sicht die Existenz überhaupt keine Eigenschaft ist, kann sie auch keine notwendige Eigenschaft sein. Wer also behaupte, die Existenz gehöre zum Begriff Gottes und sei deswegen also eine notwendige Eigenschaft, der verstehe nicht, wie Begriffe funktionieren. Gott hin oder her.

Anselms »ontologischer Gottesbeweis« scheint also ein Fehlschluss zu sein. Doch das heißt noch nicht, dass das Gesamtprojekt »Gottesbeweis« bereits gescheitert wäre. Es gibt nämlich noch weitere Versuche, die Existenz Gottes durch vernünftige Argumente zu belegen. Schauen wir uns den kosmologischen Gottesbeweis etwas näher an.

## Gott – der Stein des Anstoßes

*Stellen Sie sich einen Billardtisch vor, auf dem eine einzelne Kugel liegt. Die Kugel bewegt sich nicht, sondern liegt ruhig da. Aber siehe da! Plötzlich setzt sie sich in Bewegung. Einfach so, ohne dass eine andere Kugel sie angestoßen hätte. Sie trauen Ihren Augen nicht. Hat vielleicht jemand die Kugel an einer durchsichtigen Schnur befestigt und sie so in Bewegung gesetzt? Aber da ist weit und breit niemand. Oder ist im Innern der Kugel vielleicht ein Antrieb installiert worden, ein kleiner Motor? Sie holen ein Beil, spalten die Kugel und sehen: Kein Motor. Gar nichts.*

*Warum ist dieses Ereignis so verblüffend? Was ist so speziell an einer Kugel, die sich einfach so in Bewegung setzt, ohne Anstoß von innen oder außen? »Das geht nicht!«, werden Sie sagen. Ein solches Ereignis widerspricht nicht nur unserer alltäglichen Erfahrung, sondern auch unserem Verstand! Schließlich hat alles eine Ursache. Dinge passieren nicht einfach so. Der letzte Dominostein fällt, weil er vom zweitletzten angestoßen wurde. Und der erste fällt, weil Sie ihn angestoßen haben. Keine Bewegung ohne Beweger. Aber wie kam eigentlich die allererste Bewegung in die Welt?*

Vielleicht fragen Sie sich jetzt: Und was hat das alles mit Gott zu tun? Nun, in unserer Welt ist so ziemlich alles in Bewegung: Bäume wachsen, Planeten kreisen und das Universum dehnt sich immer weiter aus. Aber wie hat das Ganze angefangen? Wie kam die allererste Bewegung in die Welt? Durch sich selbst? Das geht nicht, denn nichts verursacht sich selbst. Durch etwas anderes in der Welt? Das geht auch nicht, denn dann wäre die Bewegung nicht die allererste Bewegung gewesen. Und eine allererste Bewegung muss es geben, denn sonst würde es zu gar keiner Bewegung kommen. Schließlich hat alles einen Anfang. Existiert die erste Ursache also vielleicht außerhalb der Welt? Genau so muss es sein. Es gibt einen ersten Beweger außerhalb der Welt. Und diesen nennen wir Gott. Also: Gott existiert!

Dieser »kosmologische Gottesbeweis« kennt verschiedene Varianten und geht ursprünglich auf die antiken Philosophen Platon und Aristoteles zurück. Thomas von Aquin, der vielleicht bekannteste Philosoph des Mittelalters und ein großer Anhänger des Aristoteles, formulierte den Beweis wohl am klarsten. Das Argument lässt sich nämlich in drei Zeilen zusammenfassen:

(1) Die Welt ist in Bewegung.
(2) Alles Bewegte wird durch etwas anderes bewegt.

(3) Also: Es gibt einen Beweger außerhalb der Welt.

Thomas von Aquin wollte zeigen, dass wir ohne die Annahme der Existenz Gottes die Bewegungen und Veränderungen in der Welt gar nicht erklären können. Die Welt wäre so unverständlich wie eine Billardkugel, die sich von allein in Bewegung setzt. Ereignisse finden nicht einfach so statt, sie werden durch andere Ereignisse verursacht. Das gilt für jedes Ereignis. Warum aber kann die Kette der Ereignisse nicht unendlich lang sein? Thomas von Aquin meint, eine unendlich lange Ursachenkette würde niemals anfangen, da der Anfang sozusagen auf alle Ewigkeit hinausgeschoben würde. Etwa so, wie wenn Sie sich vornehmen, die Wohnung zu putzen, es aber immer wieder um einen Tag nach hinten verschieben. Irgendwann versinken Sie im Dreck.

Die Welt würde zwar nicht zur Müllhalde, wenn die Ursachenkette unendlich lang wäre, aber es gäbe keine Veränderung. Da es aber Veränderung gibt, müssen wir davon ausgehen, dass die Kette der Ursachen nicht unendlich lang ist, sondern irgendwann einen Anfang hatte. Wir müssen annehmen, dass es eine Ursache gibt, die selbst nicht von etwas anderem verursacht wurde: eine allererste Ursache. Ein erster, unbewegter Beweger. Gott.

Der kosmologische Gottesbeweis hat Geschichte gemacht, aber auch viele kluge Köpfe zum Verzweifeln gebracht. Unklar ist nämlich einerseits, warum eine unendliche Reihe von Ursachen nichts bewirken können soll. Wozu braucht es eine letzte Ursache, wenn jedes einzelne Ereignis eine Ursache hat und die Kette der Ereignisse unendlich weit in die Vergangenheit zurückreicht? Aber in einem Bild hieße das doch: Es könnte einen unendlich langen Zug mit unendlich vielen Wagen geben. Jeder Wagen zieht den nächsten Wagen und wird selbst von dem vorangehenden Wagen gezogen. Aber irgendwo ganz vorn muss es doch eine Lokomotive geben, die den ersten Wagen zieht! Angenommen, die Wagen würden im Kreis fahren und der erste Wagen würde am letzten hängen – wir hätten also gleichsam eine unendlich lange Kreislinie. Würden dann nicht alle Wagen stillstehen? Aber was wäre, wenn sich bereits alle Wagen in Bewegung befänden und es keine Reibung geben würde?

Rätselhaft ist auch, wie der selbst unbewegte und unveränderliche Gott etwas anderes bewegen kann. Aristoteles hatte für dieses Problem eine Lösung: Er meinte, Gott bewege die Dinge allein durch sein Dasein, wie ein geliebtes Vorbild, dem sich die Welt anzugleichen versucht. Gott tut nichts, sondern ist nur. Alles strebt nach ihm.

Ein Problem aber bleibt: Wenn Gott die Welt aus dem Nichts geschaffen hat, wer hat dann Gott geschaffen? Antwort eins: Er hat sich selbst geschaffen. Antwort zwei: Er ist ewig. Beides könnte man jedoch auch über die Welt sagen: Sie hat sich selbst geschaffen oder es gibt sie seit Ewigkeiten. Gott vor den Anfang der Welt zu setzen, scheint das Problem nur hinauszuschieben, denn die Entstehung Gottes ist mindestens so rätselhaft wie die Entstehung der Welt.

### Gott – ein Schweizer Uhrmacher

*Stellen Sie sich vor, Sie stranden auf einer einsamen Insel. Auf der Suche nach Wasser und Nahrung stolpern Sie plötzlich über eine Sonnenuhr auf dem Boden. Es muss also Menschen auf dieser Insel geben – oder zumindest gegeben haben. Denn nur Menschen können eine funktionierende Sonnenuhr bauen. So etwas entsteht nicht durch Zufall. Aber wo mag der Uhrmacher bloß stecken?*

*Nun stellen Sie sich vor, Sie wären ein Außerirdischer und kämen von weit her auf die Erde. Sie sind auf der Suche nach einem höheren Wesen, das Ihnen ebenbürtig ist, finden aber nur lauter Grünzeug und einige Tiere. Manche scheinen ein bisschen klüger zu sein als andere: Sie bauen Nester aus Stahl und Beton, rollen mit lärmigen Metallkisten durch die Gegend und brabbeln die meiste Zeit unverständliche Geräusche in ein kleines dünnes Gerät, das sie an ihre Ohren halten. Da Sie noch nie einen solchen »Menschen« gesehen haben, schauen Sie ihn sich etwas genauer an – und sind verblüfft. Nur schon die Augen! Ein derart komplexes Organ, bis aufs kleinste Detail perfekt durchdacht. Und das Gehirn! Der reine Wahnsinn. Dieser »Mensch« ist eine derart komplizierte Maschine, in der alles fein aufeinander abgestimmt ist, besser als bei der besten Schweizer Uhr. Das kann nicht durch Zufall entstanden sein, denken Sie. Irgendjemand muss diese Menschen hergestellt haben! Nun fällt Ihnen auch die wunderschöne*

*Natur auf mit ihrem beinahe perfekt eingerichteten Kreislauf: Bienen, die Nektar holen und gleichzeitig die Blüten bestäuben. Die Natur ist klug eingerichtet! Da muss jemand sein, der sein Handwerk versteht, denken Sie. Sie sind froh, nicht das einzige höhere Wesen zu sein. Dieser Handwerker muss riesig sein. Und äußerst klug. Aber wo steckt er bloß?*

Das Gedankenexperiment mit der Uhr stammt von William Paley, einem englischen Theologen des 18. Jahrhunderts. Der dazugehörige »teleologische Gottesbeweis« (von dem altgriechischen Wort »telos« für »Zweck«) ist jedoch älter und findet sich schon bei Thomas von Aquin, also im 13. Jahrhundert. Die Idee selbst ist wahrscheinlich so alt wie die Menschheit. Seit jeher waren die Menschen fasziniert von der Natur, ihrer Schönheit und ihrer Komplexität. Es ist tatsächlich erstaunlich, wie feinteilig und kompliziert der Mensch und die Natur eingerichtet sind: Wir atmen den Sauerstoff, den Pflanzen produzieren, Bäume wachsen auf dem Kot von Kühen und Blumen pflanzen sich mithilfe von Bienen fort. Aber auch im Innern von Lebewesen ist alles perfekt aufeinander abgestimmt: Aus einem winzigen Spermium und einer Eizelle entsteht ein kleiner Mensch mit allem, was dazugehört. Jeder Teil macht seine Arbeit und alles spielt perfekt zusammen. Würde man einen Teil wegnehmen, etwa die Lunge oder den Sehnerv, würden wir ersticken oder wären blind. Es ist wie bei einem Uhrwerk: Man nehme ein kleines Rädchen weg und die Uhr steht still.

Der teleologische Gottesbeweis behauptet nun, es sei sehr unwahrscheinlich, dass die Komplexität der Natur einfach so, durch Zufall, entstanden ist. Das wäre so absurd, wie zu behaupten, die Mona Lisa sei gar nicht mit dem Pinsel gemalt worden, sondern durch das Verschütten von vier Farbeimern entstanden, ganz zufällig. Dieser Zufallstreffer ist zwar nicht ganz ausgeschlossen, aber doch sehr unwahrscheinlich. Die Annahme, das Bild wurde von einem Menschen mit Verstand gemalt, ist dagegen doch sehr viel plausibler. Und genauso verhalte es sich auch bei dem Kunstwerk, das wir Welt nennen. Dieses Werk dem Zufall in die Schuhe zu schieben, sei zwar möglich, aber sehr unplausibel, da es äußerst unwahrscheinlich ist, dass ein so komplexes Organ wie unser Auge durch bloßen Zufall entstanden ist. Es sei viel überzeugender anzunehmen, ein intelligenter Gott habe die Welt so eingerichtet, wie sie ist. Die Existenz Gottes kann man zwar nicht streng logisch begründen, aber die Annahme ist die beste Erklärung für die Komplexität der Welt. Viel besser als der Zufall.

Diese Argumentation geistert seit einigen Jahren mit dem Label Intelligent Design wieder um die Welt. Die Vertreter dieser Theorie behaupten, die Komplexität der Welt könne man am besten mit einem intelligenten Welt-Designer erklären. Dieser Designer sei nichts anderes als Gott. Mit dieser Argumentation wenden sie sich explizit gegen die Evolutionstheorie, welche die Komplexität der Welt allein mithilfe des Zufalls und der Selektion zu erklären versucht: Es gäbe zufällige Variationen und die nachteiligen Varianten würden aussterben. Somit würden sich die Lebewesen mit der Zeit immer besser an ihre Umwelt anpassen. Man brauche also keinen Gott, um die Komplexität der Welt zu erklären. Sparsamkeit bezüglich der Existenzannahmen gehe vor: Man solle keine Gegenstände, auch keine Götter, annehmen, wenn man sie nicht unbedingt braucht. Dieses Sparsamkeitsprinzip wird auch als Ockhams Rasiermesser bezeichnet und geht auf den mittelalterlichen Philosophen Wilhelm von Ockham zurück, der forderte, man solle keine Existenzannahmen treffen, auf die man auch verzichten könne.

Wenn man dieses Prinzip ernst nimmt, dann fällt der liebe Gott dem Ockhamschen Rasiermesser zum Opfer. Übrig bleibt Darwins Zufall und die natürliche Auslese. Und jede Menge Zeit.

Alle drei großen Gottesbeweise haben ihre Tücken. Vielleicht aber ist das halb so schlimm. Denn: Muss man Gottes Existenz wirklich beweisen, um gute Gründe zu haben, an ihn zu glauben? Nein. Zumindest legt das folgende Argument einen solchen Schluss nahe. Wenn Sie eine rationale Person sind und Ihnen Ihr Glück am Herzen liegt, dann sollten Sie an Gott glauben.

### Pascals Wette

*Angenommen, es ist weder beweisbar, dass es Gott gibt, noch, dass es ihn nicht gibt. Dennoch fragen Sie sich: Sollte ich an Gott glauben oder nicht? Antwort: Ja, Sie sollten! Angenommen nämlich, Sie glauben an Gott, dann erwartet Sie ewiges Glück im Jenseits, sofern Gott tatsächlich existiert. Sollte sich herausstellen, dass Sie sich getäuscht haben, dann hatten Sie in diesem Leben vielleicht ein bisschen weniger Spaß, aber keine großen Nachteile. Glauben Sie dagegen nicht, dann haben Sie zwar ein bisschen mehr Spaß in diesem Leben, schmoren aber auf ewige Zeiten in der Hölle, falls es Gott gibt. Wenn Sie also rational sind, dann sollten Sie an Gott glauben. Los!*

Dieses Argument stammt von Blaise Pascal, einem französischen Mathematiker und Philosophen des 17. Jahrhunderts. Der Gedankengang ist nicht ganz einfach nachzuvollziehen und setzt einiges voraus. Erstens geht Pascal davon aus, dass Gläubige im Leben weniger Spaß haben als Ungläubige. Das kann einleuchten: Die Zehn Gebote schränken uns doch ziemlich stark ein. Und die sieben Todsünden ebenfalls – man denke nur an die Wollust, die Völlerei und die Faulheit. Weiter geht Pascal davon aus, dass Ungläubige im Jenseits aufgrund ihres Unglaubens und ihrer Verfehlungen bestraft werden und leiden müssen. Und zwar auf Ewigkeit! Und zu guter Letzt setzt Pascal voraus, dass es ohne Gott auch kein Leben nach dem Tod gibt, also kein Jenseits. Eine grafische Darstellung kann hier Klarheit schaffen.

| | Gott existiert | Gott existiert nicht |
|---|---|---|
| Sie glauben an Gott | Endliches Leid im Leben<br><br>Unendliches Glück im Jenseits<br><br>**Total: Unendliches Glück** | Endliches Leid im Leben<br><br>Kein Leben nach dem Tod<br><br>**Total: Endliches Leid** |
| Sie glauben nicht an Gott | Endliches Glück im Leben<br><br>Unendliches Leid im Jenseits<br><br>**Total: Unendliches Leid** | Endliches Glück im Leben<br><br>Kein Leben nach dem Tod<br><br>**Total: Endliches Glück** |

Wenn Sie an Gott glauben, dann stehen Ihre Chancen, glücklich zu werden, um ein Vielfaches besser, als wenn Sie nicht glauben. Wenn Sie also das Beste für sich herausholen möchten, dann sollten Sie schleunigst an Gott glauben, falls Sie das nicht bereits tun. Und zwar auch dann, wenn die Existenz Gottes sehr unwahrscheinlich ist: Selbst wenn die Nicht-Existenz Gottes eintausend Mal wahrscheinlicher ist als seine Existenz, sind Sie dennoch gut damit beraten, an ihn zu glauben. Unterschätzen Sie das ewige Jenseits nicht! Bereits ein einziger Tag in der Hölle kann sehr, sehr lang sein.

Selbst wenn man Pascals Annahmen folgt, hat die Argumentation einen Haken. Pascal tut nämlich so, als könnten wir uns entscheiden, ob wir an Gott glauben oder nicht – so wie wir entscheiden können, ins Hallenbad zu gehen oder nicht. Das aber scheint nicht zu funktionieren: Können Sie an etwas glauben, weil Sie wissen, dass es Ihnen besser geht, wenn Sie daran glauben? Ihnen würde es wahrscheinlich besser gehen, wenn Sie glauben würden, jeden Tag schiene die Sonne, alle Menschen hätten Sie lieb und es gäbe keine Armut auf der Welt. Aber so ist es nicht. Und Ihr Wunsch ändert nichts an Ihren Überzeugungen. Wie schön wär's doch. Sie könnten ein Placebo-Medikament schlucken und sich einreden, es wäre ein echtes. Und es würde wirken. Aber wie kann ein Placebo – das nur hilft, weil man an seine Wirkung glaubt – wirken, wenn man weiß, dass es ein Placebo ist?

Wir wollen nicht das glauben, was uns guttut, sondern das, was wahr ist. Manchmal funktioniert die Selbsttäuschung zwar, etwa wenn wir uns einreden, unsere Kinder seien die schönsten und klügsten auf der ganzen Welt oder unsere große Liebe würde uns voll und ganz verstehen. Diese Dinge passieren einfach mit uns – weil sie uns guttun. Wir entscheiden uns aber nicht bewusst, sie zu glauben.

### Gott – eine Krücke der Moral

*Stellen Sie sich vor, es gäbe ein allwissendes Wesen, das jeden Schritt, den Sie machen, und jeden Gedanken, den Sie denken, überwacht. Big Brother is watching you! Wenn Sie heimlich am Kiosk einen*

*Kaugummi mitgehen lassen oder einen Freund anlügen – der All-*
*wissende kriegt es mit. Und er wird Sie dafür bestrafen! Würden*
*Sie, wenn es ein solches Wesen gäbe, die Grenzen der Moral seltener*
*übertreten? Wäre unsere Welt eine bessere, wenn alle Menschen an*
*ein solches Wesen glauben würden?*

Dieses Gedankenspiel stammt ursprünglich wohl von dem griechischen Sophisten und Politiker Kritias. Dieser meinte, Gott sei
nichts weiter als eine kluge Erfindung eines weisen Menschen.
Gott sei sozusagen der verlängerte Arm der Politik – die Fort-
setzung der Politik mit religiösen Mitteln. Denn die Gesetze und
die Ordnungshüter eines Staates könnten die Menschen nicht
daran hindern, im Verborgenen unrecht zu tun. Gott schon.
Wenn sich die Menschen in allem, was sie tun und denken,
überwacht fühlen und Angst haben, bestraft zu werden, dann
werden sie sich auch an die Gesetze halten, wenn sie nicht von
Menschen kontrolliert und sanktioniert werden.

Eine schwächere Variante dieser Theorie vertritt der deutsche
Aufklärungsphilosoph Immanuel Kant. Der Glaube stärke uns
in unserem moralischen Handeln, meint Kant. Nicht immer
nämlich werden die Guten belohnt und die Bösen bestraft. In
unserer Welt ist der Gute nicht selten der Dumme: Er wird aus-
genutzt und übergangen. Moralisch zu sein lohnt sich oft nicht.
Zumindest hier auf der Erde, im Diesseits. Uns bleibt nur die
Hoffnung, dass es im Jenseits anders ist. Nach Kant dürfen wir
um der Moral willen darauf hoffen, dass unsere Seele im Jenseits
weiterlebt und entsprechend unseren guten Taten belohnt wird.
Die Glückswürdigen sind im Jenseits glücklich. Dafür sorgt
Gott. Hoffentlich.

Selbstverständlich ist das kein gutes Argument für die Existenz Gottes. Dass wir moralisch besser handeln, wenn wir an

Gott glauben, spricht nicht dafür, dass es Gott gibt. Kinder schlafen auch besser, wenn wir ihnen hübsche Märchen erzählen. Das macht die Märchen aber nicht wahr. Zudem gibt es keine empirischen Belege dafür, dass gläubige Menschen die besseren Menschen sind.

## Superman auf der Anklagebank

*Nehmen Sie alle lobenswerten Eigenschaften des Menschen und denken Sie sich diese ins Unendliche vervielfacht. Stellen Sie sich nun ein Wesen vor, das alle diese Eigenschaften in sich vereint. Ungefähr so denken wir uns Gott: als allmächtiges, allgütiges und allwissendes Wesen – supermächtig, supernett und superklug. Unter der Schirmherrschaft dieses Superman lebt es sich sicher, sorgenlos und geborgen – wie unter einer warmen, schützenden Decke.*

*Leider hat auch diese Geschichte einen Haken. Wenn es diesen Gott tatsächlich geben sollte, dann scheint er ein ziemlicher Pfuscher zu sein. Schließlich ist unsere Welt voller Kriege, Naturkatastrophen, Krankheiten, Leid und Ungerechtigkeiten. Sieht Gott das nicht? Dann wäre er nicht allwissend. Ist es ihm egal? Dann wäre er nicht allgütig. Oder kann er es nicht verhindern? Dann wäre er nicht allmächtig. Gott braucht also einen verdammt guten Anwalt, der ihm aus der Patsche hilft und das ganze Leid in der Welt rechtfertigt.*

Gott ist das, was der Mensch gerne sein würde. Diese These stammt vom deutschen Philosophen und Religionskritiker Ludwig Feuerbach. Er meinte, Gott sei eine Projektion des Menschen – eine Ausgeburt der Phantasie, in die der Mensch alles steckt, was er selbst gerne wäre. Gott als Wunsch-Ich – in jeder Hinsicht vollkommen und dazu noch unsterblich.

Es gibt drei typische Eigenschaften, die Theologen und Philosophen dem lieben Gott im Laufe der Geschichte immer wieder zugeschrieben haben: Allmacht, Allgüte und Allwissen. Aber aus diesen Eigenschaften ergeben sich so manche Probleme. Allein die Annahme der Allmacht führt zu Rätseln. Denn vorwitzige Geister fragen sich: Kann ein allmächtiger Gott einen Stein schaffen, der so schwer ist, dass er ihn selbst nicht heben kann? Angenommen, er tut es. Schafft er damit nicht seine eigene Allmacht ab? Und ist er dann noch Gott? Oder ist dieser Stein etwa ein Unding, so wie ein dreieckiges Viereck?

Nicht nur die Allmacht Gottes birgt Probleme, sondern auch seine Allwissenheit. Denn wie können Sie noch frei sein, wenn Gott bereits heute weiß, was Sie morgen tun werden? Darauf gibt es eine kluge Antwort: Nur weil jemand weiß, wie Sie sich entscheiden werden, ist Ihre Handlung nicht unfrei. Sie wissen, wann Ihre Freunde Ihnen zum Geburtstag gratulieren, nämlich an Ihrem Geburtstag. Durch Ihr Vorauswissen werden die Glückwünsche jedoch nicht zu vorbestimmten und unfreien Handlungen. Vorauswissen heißt nicht vorausbestimmen. Gott weiß, wie die Dinge geschehen werden, aber sie geschehen nicht, weil er es weiß. Gott sieht die ganze Zeitspanne – Vergangenheit, Gegenwart und Zukunft – vor sich ausgebreitet, so wie wir, wenn wir einen Zeitstrahl vor uns sehen, der von der Vergangenheit in die Gegenwart reicht und auf dem steht: 1989 – Fall der Berliner Mauer. Wir wissen, was damals geschah. Aber es geschah nicht, weil wir es wissen.

Neben diesen mehr oder weniger ernsthaften Schwierigkeiten gibt es auch sehr gravierende Probleme mit der Allmacht, der Allgüte und der Allwissenheit Gottes. Nämlich das Leid und die Ungerechtigkeit in unserer Welt. Gott scheint für dieses Leid verantwortlich zu sein – schließlich könnte er als allmächtiges Wesen ohne Weiteres jederzeit eingreifen, egal ob Wirbelsturm, Dürreperiode, Krebserkrankung, Krieg oder Amoklauf. Wie kann man das Übel in der Welt mit der Existenz eines allmächtigen, allwissenden und allgütigen Gottes vereinbaren? Wie kann Gott dieses Elend, das er anrichtet oder zumindest toleriert, rechtfertigen? Der deutsche Philosoph Gottfried Wilhelm Leibniz nannte dieses Problem Theodizee – die Rechtfertigung Gottes angesichts des Übels in der Welt.

Es gibt verschiedene Strategien, wie man Gott angesichts des Übels in der Welt verteidigen kann. Augustinus meinte, das Schlechte existiere gar nicht, es sei lediglich die Abwesenheit des Guten. So wie der Blinde kein Sehvermögen hat, so fehlt dem Mörder die Moral. Der Mörder hat nicht eine schlechte Eigenschaft, sondern ihm fehlt die gute. Der göttliche Schöpfer hat also nichts Schlechtes geschaffen, denn das Schlechte ist lediglich die Abwesenheit des Guten und somit kein eigener Bestandteil der Welt. Diese Argumentation ist nicht wirklich überzeugend. Doch es gibt vielversprechendere Strategien, wie man das Übel der Welt rechtfertigen kann.

Den Krieg und den Amoklauf muss Gott nicht auf seine Kappe nehmen, denn da ist der Mensch am Werk. Gott hat zwar den Menschen geschaffen, aber er wollte ihm die Freiheit lassen. Denn eine Welt mit freien Menschen ist besser als eine Welt voller Automaten. Das hat jedoch zur Folge, dass der Mensch sich nicht nur zum Guten, sondern auch zum Schlechten entscheiden kann, etwa zu Kriegen oder Amokläufen. So sah das Leibniz.

Wie aber kann man Gott bei Dürreperioden, Meteoriteneinschlägen und Krebserkrankungen von dem Vorwurf unterlassener Hilfeleistung freisprechen? Man könnte behaupten, diese Übel seien Strafen oder Mahnungen aufgrund menschlicher

Verfehlungen. Eine Ohrfeige Gottes sozusagen. Abgesehen von ihrer Arroganz und Unmenschlichkeit hat diese Rechtfertigungsstrategie die Schwierigkeit, konkrete Verfehlungen benennen zu müssen, die Gott zu dieser Bestrafung getrieben haben: Warum hat gerade meine Mutter Krebs? Warum fegt der Sturm genau über die Philippinen und nicht über die Schweiz?

Eine weitere Strategie besteht darin, die Ereignisse anders zu bewerten. So könnte man behaupten, Krebserkrankungen und Dürreperioden seien notwendig, da das Gute nur zusammen mit dem Schlechten existieren könne – ohne Leid keine Freude. Aber ist dem wirklich so? Ist eine bessere Welt wirklich unmöglich, weil das Gute nicht ohne das Schlechte existieren kann? Klar ist: Wir können nicht verstehen, was das Wort »dunkel« bedeutet, ohne zu wissen, was »hell« bedeutet. Klar ist auch: Hunger ist der beste Koch. Aber das alles heißt nicht, dass die Welt einem ominösen Gesetz der Harmonie der Gegensätze gehorcht und deshalb kein Stück besser sein kann als sie derzeit ist. Wäre dem wirklich so, dann stände Gott diesem Gesetz ebenso machtlos gegenüber wie wir.

Eine weitere Strategie, das Leid der Welt mit der Existenz eines allwissenden, allgütigen und allmächtigen Gottes zu vereinbaren, besteht darin zu behaupten, die vermeintlich schrecklichen Ereignisse seien eigentlich gar nicht schlecht, sondern gut – nur verstehen wir Menschen das nicht. Aus göttlicher Perspektive mache das nämlich alles Sinn. Die Leiden in der Welt seien wie die Schmerzen beim Zahnarzt: kurzfristig lästig, aber langfristig das einzig Richtige. Dies bleibt allerdings eine leere Behauptung, solange unklar bleibt, wie das Ganze aus Gottes Perspektive Sinn macht. Zu behaupten, die Wege des Herrn seien unergründlich, scheint nur ein kluger Schachzug zu sein. Ein Satanist könnte dasselbe behaupten und sagen, der Teufel regiere die Welt und alles auf der Welt sei schlecht und böse. Friede, Liebe und Glück seien nur dem Anschein nach oder kurzfristig gut – aus Teufels Perspektive leben wir in der schlechtesten aller möglichen Welten. Aber das könnten wir Menschen nicht verstehen. Die Wege Satans sind eben unergründlich.

Satan führt uns zu der letzten Strategie, um das Übel der Welt zu rechtfertigen. Sie besteht darin, dem lieben Gott einen bösen Gegenspieler gegenüberzustellen und die gute mit einer bösen Macht zu kontrastieren. Dann stammt das Böse in der Welt vom Teufel, das Gute dagegen von Gott. Und wir Menschen sind die Marionetten eines Machtspiels zwischen Gott und Teufel. Diese Verteidigung Gottes schränkt jedoch seine Allmacht ein, denn ein allmächtiger Gott hätte den Teufel schon längst abgeschafft. Oder etwa nicht?

### Die Teekanne

*Stellen Sie sich vor, Ihr Nachbar behauptet, zwischen der Erde und dem Planeten Mars kreise eine Teekanne um die Sonne. Bisher hat noch niemand diese Teekanne gesehen, denn sie ist zu klein, um durch ein Teleskop beobachtet werden zu können. Ihre Existenz wurde jedoch auch nicht widerlegt. Ihr Nachbar, der an die Existenz dieser Teekanne glaubt – nennen wir ihn »Teeist« –, behauptet nun, solange niemand seine Annahme widerlegen könne, bleibe er bei seinem Glauben. Die Beweislast liege beim »Ateeisten«, der behauptet, es gäbe keine solche Teekanne. Was nicht widerlegt sei, daran dürfe man glauben, so der Teeist. Aber stimmt das? Wer muss den Beweis antreten? Der Ateeist oder der Teeist? Oder ist die einzige vernünftige Position in diesem Streit diejenige des Skeptikers, der gar keinen Wissensanspruch erhebt, sondern lediglich behauptet, man wisse eben nicht, ob es diese Teekanne gibt? Welche*

*Überzeugung ist also am besten begründet: (1) Der Glaube an die Existenz der Kanne, (2) der Glaube an ihre Nicht-Existenz oder (3) die Enthaltung des Urteils?*

Dieses Gedankenexperiment stammt von dem britischen Logiker und Philosophen Bertrand Russell. Er wollte darauf aufmerksam machen, dass es nicht die Aufgabe der Wissenschaft ist, die Existenz Gottes zu widerlegen, sondern dass vielmehr die Religionen zeigen müssen, dass Gott existiert. Solange das nicht gezeigt sei, habe man gute Gründe davon auszugehen, dass Gott nicht existiere, meint Russell. Wenn die Existenz einer Sache umstritten ist, sei es immer an den Befürwortern, die Existenz nachzuweisen. Wie aber lässt sich diese Regel begründen?

Russell kann sich auf das Sparsamkeitsprinzip berufen, das besagt, man solle keine existierenden Dinge annehmen, die nicht nötig sind. Wenn man die Phänomene Blitz und Donner mithilfe physikalischer Gesetzmäßigkeiten erklären kann, dann sollte man Götter wie Zeus aus dem Spiel lassen. Da es keine Phänomene gibt, die allein durch die Annahme einer zwischen Erde und Mars fliegenden Teekanne erklärt werden können, sollte man auf die Existenzannahme dieser Teekanne verzichten. Was aber, wenn Menschen Marienerscheinungen haben oder die Stimme Gottes zu hören glauben? Sind das nicht auch Phänomene, die einer Erklärung bedürfen? Sicher. Die Wissenschaft behauptet aber, auch für solche Phänomene Erklärungen zu haben. Aus ihrer Sicht handelt es sich dabei um Wahnvorstellungen und Halluzinationen, die durch eine abnormale Gehirnaktivität zustande kommen.

Russell kann auch mit einer »reductio ad absurdum« argumentieren, also indem er aufweist, dass die Position des Gegners – hier des Teeisten – absurde Konsequenzen hat. Wenn dieser nämlich meint, man dürfe an alles glauben, was nicht widerlegt sei, dann öffnet er damit Tür und Tor für Freaks und Fanatiker. Denn es gibt unzählige bizarre Hypothesen, die nicht widerlegbar sind, wie etwa die Thesen, dass unsere Welt von einem fliegenden Spaghetti-Monster geschaffen wurde oder dass überall da, wo wir Menschen gerade nicht hinsehen, kleine rosa Elefanten sitzen, die sich in Luft auflösen, sobald wir hinschauen. Obwohl sich solche skurrilen Annahmen nicht widerlegen lassen, halten wir Leute für irrational oder gar verrückt, die ernsthaft an solche Dinge glauben. Die Argumentation des Teeisten hat also absurde Konsequenzen. Denn er meint, diese Verrückten würden nichts falsch machen, wenn sie an solche Hypothesen glauben.

In der Diskussion um die Existenz Gottes gibt es drei Lager: Gläubige, Atheisten und Agnostiker. Die ersten behaupten, Gott existiere, die zweiten, er existiere nicht, und die dritten enthalten sich des Urteils. Viele Ungläubige würden sich eher den versöhnlichen Agnostikern zurechnen als den beinharten Atheisten. Russells Gedankenspiel mit der Teekanne möchte aus den Agnostikern Atheisten machen. Wenn es um die Existenz von kosmischen Teekannen und unsichtbaren Einhörnern geht, sind die meisten Menschen keine Agnostiker, sondern dezidierte Ateeisten und Einhorngegner. Solange für die Existenz Gottes aber nicht mehr spricht als für das Vorhandensein unsichtbarer Einhörner, sollten sich die vermeintlichen Agnostiker nichts vormachen und sich als Atheisten bekennen. Andernfalls sind sie inkonsequent.

# Logik und Sprache

Philosophie ist immer auch Argumentation, Begründung und Schlussfolgerung. Ihre Grundlage ist somit die Logik, die Lehre des korrekten Schließens. Als Paradebeispiel eines korrekten Schlusses wird oft folgende Deduktion angeführt:

(1) Sokrates ist ein Mensch.
(2) Alle Menschen sind sterblich.

(3) Also: Sokrates ist sterblich.

Aus der Wahrheit der Prämissen (1) und (2) folgt die Wahrheit der Konklusion (3). So weit, so gut. Aber was ist mit folgendem Schluss?

(1) Ein Stück Brot ist besser als nichts.
(2) Nichts ist besser als die Lasagne der Mutter.

(3) Also: Ein Stück Brot ist besser als die Lasagne der Mutter.

Wie bitte? Irgendwas läuft hier doch schief? Aber: Wenn A besser als B ist und B besser als C, dann ist A doch besser als C! Wo also steckt der Fehler? Es ist die Sprache, die uns in die Irre führt. Das Wort »nichts« bezeichnet nämlich keinen Gegenstand, das Nichts – es bezeichnet gar nichts. Es ist wie beim Regen: Wenn

»es« regnet, dann gibt es kein Es, das regnet, sondern eben nur Regen. Wer Logik betreibt, sollte also auf der Hut sein vor den Tücken der Sprache. Missverständnisse lauern überall. So viel vorweg.

Wir Menschen sind Kommunikationsjunkies. Ohne Sprache wäre unser Leben einsam, langweilig und tödlich. Gespräche helfen uns nämlich, die Welt, andere Menschen und uns selbst zu verstehen. Wir brabbeln von Kindesbeinen an, indem wir die Laute anderer Menschen imitieren, auf sie reagieren und mithilfe von Wörtern und Sätzen unsere Wünsche artikulieren. Dabei lernen wir die Sprache wie ein Spiel: nicht durch Zuschauen, sondern durch Mitspielen. Und indem wir das Sprachspiel lernen, erschließen wir uns die Welt. Eine Sprache lernen heißt, in eine Welt einzutauchen. Indem wir die Dinge unter Begriffe packen, ordnen wir die Welt und machen sie begreifbar.

Mit zunehmendem Alter wird das Netz von Sätzen und Wörtern immer komplexer und die Begriffe werden immer abstrakter. Wir sprechen ganz selbstverständlich über »China«, die »Industrialisierung« und über die menschliche »Würde« – über Dinge also, die weit weg, bereits vergangen oder prinzipiell unsichtbar sind. Und wir verwenden Ausdrücke wie »nichts«, »trotzdem« oder »danke«, die sich auf gar kein Objekt in der Welt beziehen, aber dennoch eine Bedeutung haben.

Sprache ist für viele von uns etwas Selbstverständliches, und dennoch gehört sie zu den rätselhaftesten Dingen in unserem Leben. Insofern ist sie ein typischer Gegenstand der Philosophie: vertraut und fremd zugleich. Denn warum, so können wir uns fragen, beziehen sich Wörter überhaupt auf Gegenstände? Und wie können wir mithilfe von bloßen Lauten zu verstehen geben, wie wir uns fühlen? Wie können wir sicher sein, dass andere mit dem Wort »Baum« dasselbe meinen wie wir? Wie können wir das eine sagen und das Gegenteil meinen? Können wir ohne Sprache denken? Und was hat unsere Sprache mit unserer Identität zu tun?

Die Sprache war seit jeher ein Thema der Philosophie, gewann aber insbesondere im 20. Jahrhundert stark an Bedeutung. Philosophen wie Ludwig Wittgenstein meinten gar, die primäre Aufgabe der Philosophie sei es, unsere Sprache genau unter die Lupe zu nehmen – dann würden sich die philosophischen Probleme in Luft auflösen. Die Fragen, mit denen sich die Philosophie beschäftige, seien nämlich bloße Scheinfragen, die entstünden, weil wir unsere eigene Sprache missverstehen – wie die Kinderfrage: »Was macht der Wind, wenn er nicht weht?«

Wittgenstein war extrem. Heute würde kaum noch jemand behaupten, die philosophischen Probleme ließen sich durch Sprachanalyse in heiße Luft auflösen. Dennoch gilt, dass die Sprache eine zentrale Rolle in der Philosophie spielt. Wer philosophiert, sollte genau lesen, sorgfältig formulieren und wichtige Begriffe klären. Sprache ist das Arbeitsmaterial der Philosophen. Eine der Hauptaufgaben der Philosophie besteht nämlich in der Klärung von Begriffen. Wer etwa fragt, ob wir frei sind, muss zunächst klären, was »Freiheit« bedeutet. Aber was ist Bedeutung überhaupt? Woher haben Wörter ihre Bedeutung? Und wie finden wir heraus, was Wörter wie »Freiheit«, »Ich«, »Bewusstsein«, »Zeit« oder »Gerechtigkeit« bedeuten? Um solche Fragen wird sich dieses Kapitel drehen. Nun aber sollten wir starten und schauen, wie der Barbier seinen Bart loswird: Kann er sich selber rasieren?

# Der Barbier

*In einem Dorf lebt ein Barbier, der genau diejenigen Dorfbewohner rasiert, die sich nicht selbst rasieren. Er rasiert also jeden, der sich nicht selbst rasiert, und niemanden, der sich selbst rasiert. Wie aber wird er seinen eigenen Bart los? Rasiert er sich selbst oder lässt er sich rasieren?*

*Angenommen, der Barbier rasiert sich selbst. Dann folgt daraus, dass er sich nicht rasiert, denn er rasiert ja nur diejenigen, die sich nicht selbst rasieren. Rasiert er sich aber nicht, dann muss er sich rasieren, denn er rasiert ja alle, die sich nicht selbst rasieren. Egal, was er macht, er steckt in einer Zwickmühle.*

Dieses Rätsel stammt von Bertrand Russell, einem britischen Philosophen und Logiker des 20. Jahrhunderts, der auch durch seine atheistischen und pazifistischen Äußerungen Bekanntheit erlangte. Bei seinem Rätsel handelt es sich um eine sogenannte Antinomie: Aus einem Satz folgt sein Gegenteil und aus dem Gegenteil folgt wieder der ursprüngliche Satz. Auf den Barbier angewendet bedeutet das: Wenn sich der Barbier selbst rasiert, dann folgt daraus, dass er sich nicht selbst rasiert. Und wenn er sich nicht selbst rasiert, dann rasiert er sich selbst. Solche Antinomien sind keine Seltenheit. Nehmen Sie etwa den Satz »Dieser Satz ist falsch«. Wenn er wahr ist, dann ist er falsch, und wenn er falsch ist, dann ist er wahr. Also handelt es sich um eine Antinomie. Vielleicht kennen Sie auch das Beispiel des Kreters, der behauptet: »Alle Kreter lügen.« Die Frage ist: Lügt er?

Bevor wir das Rätsel des Barbiers lösen, sollten wir verstehen, warum diese Antinomie bei Logikern und Mathematikern zu Beginn des 20. Jahrhunderts für Kopfzerbrechen und Verzweiflung gesorgt hat. Bertrand Russell hatte mit seiner Antinomie an den Grundfesten der Mathematik gerüttelt und beinahe das ganze System zum Einsturz gebracht. Die Mengenlehre galt damals wie heute nämlich als Grundlage der Mathematik. Russell hat aber gezeigt, dass der Mengenbegriff – der Grundbegriff der Mathematik – zu Widersprüchen führt. Wenn man beliebige Mengen bilden kann, so wie die Menge der blauen Hüte oder die Menge der Mengen mit mehr als zehn Elementen, dann kann man auch die »Menge aller Mengen, die sich nicht selbst als Element enthalten« bilden. Diese Menge aber führt zu einer Antinomie, wenn man sich fragt, ob die Menge sich selbst als Element enthält oder nicht – ebenso wie die Frage, ob sich der Barbier selbst rasiert oder nicht. Die Grundlage der Mathematik – die Mengenlehre – stand vor dem Zusammenbruch. Und die Mathematik wiederum galt als Grundlage der Physik, die uns die Welt erklären soll. Russell hatte also am Fundament der wissenschaftlichen Welterklärung gerüttelt.

Zum Einsturz kam es glücklicherweise nicht. Russell fand nicht nur das Problem, sondern auch die Lösung. Seine »Typentheorie« sollte die Antinomie verhindern. Sie fordert, dass Mengen sich nicht selbst als Element enthalten können. Mengen können zwar andere Mengen als Elemente enthalten, aber immer nur Mengen eines anderen Typs, einer tieferen Stufe. Die Menge ist immer eine Stufe höher als ihre Elemente, auch wenn sie Mengen als Elemente enthält. Eine Menge kann sich selbst also unmöglich als Element enthalten. Die Frage, ob sie sich als Element enthält, ist unsinnig – etwa so wie die Frage, ob die Eigenschaft des Verliebtseins selbst verliebt ist. Wer diese Frage stellt, vergisst, dass nur Menschen verliebt sein können, nicht Eigenschaften.

Was aber bedeutet das für unseren Barbier? Wie wird er seinen Bart los? Folgen wir Russell, dann kann sich der Barbier unmöglich selbst rasieren: Das wäre so, als ob eine Menge sich selbst als Element enthalten würde. Russells Lösung besteht darin, den Barbier aus dem Dorf zu verbannen und ihm das Wohnrecht zu verweigern. Der Barbier darf selbst kein Bewohner des Dorfes sein, dessen Bewohner er rasiert. Wenn er außerhalb des Dorfes wohnt, kann er ohne Probleme diejenigen Dorfbewohner rasieren, die sich nicht selbst rasieren. Aber löst die Verbannung wirklich das Problem? Umgeht sie es nicht einfach? Warum darf der Barbier nicht im Dorf bleiben? Die Antwort lautet: Weil er dann ein widersprüchliches Wesen wäre – ein Mensch, der sich gleichzeitig rasiert und nicht rasiert. Ein Ding der Unmöglichkeit. Da es in der Welt keine widersprüchlichen Dinge gibt, müssen wir an unseren Annahmen etwas ändern. Entweder er verlässt das Dorf oder er wechselt seinen Job – oder er unterzieht sich einer radikalen Enthaarungskur.

Im Folgenden geht es nicht um Bärte, sondern um Glatzen. Wenn Sie nun aber denken »Schon wieder ein Männerproblem!«, dann haben Sie sich arg getäuscht. Die Glatze geht uns alle an. Denn was für Glatzen gilt, gilt umgekehrt auch für behaarte Beine.


### Die Glatze

*Haben Sie Haarausfall? Keine Sorge: Sie werden niemals eine Glatze bekommen. Logisch unmöglich. Das glauben Sie nicht? Dann passen Sie auf: Angenommen, Sie haben heute noch eine volle Haarpracht, verlieren jedoch in jeder Sekunde ein Haar. Ab wann werden Sie glatzköpfig sein? Welches wird das entscheidende ausfallende Haar sein, das Sie glatzköpfig werden lässt? Keines. Wer volles Haar hat, behält volles Haar, auch wenn ein einzelnes Haar ausfällt. Ein einzelnes Haar entscheidet nicht darüber, ob Sie eine Glatze haben oder nicht. Diese Regel gilt jedoch immer, auch nachdem das einzelne Haar ausgefallen ist und der Ausfall des nächsten bevorsteht.*

*Es können Ihnen also so viele Haare nacheinander ausfallen wie nur möglich, Sie werden niemals eine Glatze bekommen – auch wenn Sie kein einziges Haar mehr auf dem Kopf haben. Beruhigt Sie das? Wohl kaum. Aber wo liegt der Denkfehler?*

Das Problem ist seit der Antike bekannt und heißt auch Sorites-Paradox. »Sorites« ist altgriechisch und bedeutet »Haufen«. Es handelt sich also um das »Haufenparadox«. Die Frage lautete damals: Wie viele Sandkörner bilden zusammen einen Haufen? Oder: Wie viele Körner kann ich von einem Haufen wegnehmen, bis der Haufen kein Haufen mehr ist?

Die Paradoxie entsteht, weil die Ausdrücke »Haufen« und »Glatze« vage sind und also keine scharfen Grenzen haben. Vagheit liegt vor, wenn Grenzfälle denkbar sind, in denen unklar ist, ob ein Begriff auf eine Sache zutrifft oder nicht. Vagheit ist nicht nur in der Philosophie ein Problem, sondern auch im Recht, in der Medizin oder im Sport – überall da, wo es fließende Übergänge gibt: Was ist ein »übermäßiger« Konsum? Wann wird aus einem Embryo eine »Person«? Wann hat jemand »grob fahrlässig« gehandelt? Und was braucht es, damit eine Person nicht mehr »urteilsfähig« ist? Das sind alles äußerst schwierige und wichtige Fragen. Die Sache mit der Vagheit ist also nicht nur ein philosophisches Glasperlenspiel, sondern ein echtes Problem, das in vielen Bereichen der Gesellschaft anzutreffen ist.

Wie lässt sich das Haufenparadox lösen? Rekonstruieren wir zunächst einmal das Argument. Es besteht aus zwei Annahmen und einer Schlussforderung:

(1) 100 000 Körner bilden einen Haufen
(2) Wenn $n$ Körner einen Haufen bilden,
    dann bilden auch $n-1$ Körner einen Haufen

(3) Ein einzelnes Korn ist noch ein Haufen!

Dieser Schluss ist typisch für eine Paradoxie: Aus scheinbar korrekten Annahmen wird auf scheinbar korrekte Weise etwas offensichtlich Falsches geschlussfolgert. Es bleiben Ihnen exakt drei Auswege: Sie können die Konsequenz akzeptieren, eine der Annahmen verwerfen oder an der Gültigkeit der Schlussfolgerung zweifeln. Vom ersten Ausweg würde ich dringend abraten, denn das hätte absurde Konsequenzen. Sie könnten beweisen, dass überall Haufen von Dingen liegen, alle Menschen eine Glatze haben und ein zwei Meter großer Mensch kleinwüchsig ist. Das ist absurd. Die Konsequenz des Arguments ist offensichtlich falsch. Ein einzelnes Korn ist definitiv kein Haufen. Also muss in den Annahmen oder im Gedankengang ein Fehler liegen.

Der Gedankengang selbst scheint in Ordnung zu sein. Schauen wir also die beiden Annahmen an. Die erste wirkt harmlos. Die zweite dagegen weniger. Sie besagt, dass ein einzelnes Korn keinen Unterschied macht: Ein Haufen bleibt ein Haufen, auch wenn Sie ein einzelnes Korn wegnehmen. Diese Regel scheint zwar sehr plausibel zu sein. Ihre Konsequenzen sind jedoch alles andere als überzeugend. Vielleicht trügt also der Schein. Tatsächlich gibt es zwei philosophische Positionen, die genau das behaupten und die zweite Annahme ablehnen.

Die Vertreter der »Epistemischen Theorie der Vagheit« – von griechisch »episteme« = Wissen – behaupten, es gäbe eine klare Grenze zwischen einem Haufen und einem Nicht-Haufen, nur würden wir diese nicht kennen. Das sei das Problem. Bei einem Sandhaufen liegt die Grenze vielleicht bei 182 Körnern – aber darüber könnten wir nur spekulieren. Es gibt eine klare Grenze, kennen werden wir sie jedoch nie. Es ist etwa so wie mit den Farben: Feinste Unterschiede im Farbton kann unser Auge nicht wahrnehmen. Wenn einer roten Farbe tröpfchenweise gelb beigemischt wird, wird sie irgendwann zu Orange. Unser Auge kann den Sprung jedoch nicht erkennen. Dies als Analogie. Aber ist diese Auffassung nicht sehr seltsam? Sie geht nämlich davon aus, dass Begriffe wie »Haufen« scharfe Grenzen haben, wir jedoch nicht wissen, wo diese liegen. Das würde aber heißen, wir kennen unsere Begriffe nicht. Wir wüssten also nicht, was »Haufen« genau bedeutet. Ist es nicht viel plausibler anzunehmen, der Ausdruck »Haufen« habe keine scharfen Ränder? Andernfalls wären wir allesamt inkompetente Sprecher, welche ihre eigenen Wörter nicht verstehen.

Neben dieser epistemischen Theorie der Vagheit gibt es noch die »Schärfungstheorie der Vagheit«, die davon ausgeht, dass es bei vagen Begriffen wie »Haufen« ein Spektrum von Fällen gibt: Klare Fälle von Haufen auf der einen Seite, klare Fälle von Nicht-Haufen auf der anderen und Grenzfälle in der Mitte. Nur bei den klaren Fällen könne von Wahr- und Falschheit die Rede sein. Aussagen über Grenzfälle jedoch seien weder wahr noch falsch.

Nehmen wir an, eine Ansammlung unter 100 Körnern wäre klarerweise kein Haufen, wogegen jede Ansammlung über 200 Körnern klarerweise einen Haufen darstellt. Ansammlungen von 100 bis 200 Körnern würden in die Grauzone fallen. Innerhalb dieser Grauzone können Sie selbst wählen, wo Sie die Grenze ziehen möchten. Sie können nichts falsch machen. Ihre Aussage »134 Körner bilden einen Haufen« ist weder wahr noch falsch. Wahr ist eine Aussage dann, wenn sie bei jeder Schärfung wahr ist, egal wo Sie in der Grauzone die Grenze ziehen. Das heißt, es sind nur Aussagen außerhalb des Grenzbereichs wahr, denn innerhalb des Grenzbereichs können wir die Grenze beliebig verschieben. Nehmen wir nun aber an, Sie ziehen die Obergrenze bei exakt 134 Körnern, das heißt 133 Körner wären kein Haufen mehr. Dann wäre der Satz »Wenn 134 Körner einen Haufen bilden, dann bilden auch 133 Körner einen Haufen« nicht wahr. Die zweite Annahme der Haufenparadoxie müsste also aufgegeben werden. Ein Korn macht eben doch den Unterschied! Zwar nicht deshalb, weil es draußen in der Welt eine unsichtbare Grenze gibt, aber weil wir die Grenze selbst festlegen können – wenn wir das möchten.

Das Problem der Vagheit ist damit jedoch noch nicht gelöst, denn: Wann fängt der Grenzbereich an? Gibt es eine scharfe Grenze zwischen den Grenzfällen und den klaren Fällen? Gibt es nicht auch Grenzfälle von Grenzfällen? Wie lösen wir das Problem dieser höherstufigen Vagheit? Hier scheiden sich die Geister – und einige sind unentschlossen. Wenn Sie nun denken, das sei alles sprachlicher Krimskrams, dann sollten Sie sich warm anziehen, denn jetzt geht es in den Wald. Wir begeben uns auf die Suche nach dem scheuen Eichhörnchen.

## Das Eichhörnchen

*Stellen Sie sich vor, Sie spazieren durch den Wald. Plötzlich eilt ein Eichhörnchen über den Weg und klettert auf den Stamm eines Baums, der direkt vor Ihnen steht. Es hat sich jedoch auf der Rückseite des Baumstamms versteckt. Vorsichtig gehen Sie um den Baum herum, aber das Eichhörnchen dreht sich immer wieder von Ihnen weg. Der Baumstamm ist stets zwischen Ihnen und dem Eichhörnchen. Und auch das Eichhörnchen umrundet den Baum, in gleicher Richtung, aber auf gegenüberliegender Seite. Nun kommt die entscheidende Frage: Sind Sie, nachdem Sie den Baum einmal umrundet haben, auch einmal um das Eichhörnchen herumgelaufen?*

Dieses Rätsel stammt von dem US-amerikanischen Pragmatisten William James. Der Pragmatismus ist eine vielgestaltige philosophische Strömung, deren Kernthese besagt, dass unsere Theorien über die Welt in erster Linie nützlich sein sollen. Ob sie die objektive Wirklichkeit richtig abbilden, könnten wir niemals wissen. Das sei aber auch unwichtig.

William James wollte mit seinem Eichhörnchen zeigen, wie philosophische Probleme aussehen. Das Rätsel mit dem Eichhörnchen sei nämlich ganz ähnlich wie die großen philosophischen Rätsel. Ob wir um das Eichhörnchen herumgehen oder nicht, hänge nämlich nur davon ab, wie wir das Wort »herumgehen« verstehen. Wenn wir mit »herumgehen« meinen, einen unbewegten Gegenstand zu umrunden und ihn von allen Seiten zu sehen, dann ist die Frage mit »nein« zu beantworten. Wenn wir dagegen mit »herumgehen« meinen, dass wir in einem Kreis um das Objekt gehen, egal ob dieses sich dreht oder steht, dann wäre die Frage mit »ja« zu beantworten.

Das Problem ist also ein rein sprachliches. Es ist unklar, ob der Ausdruck »um etwas herumgehen« auf die beschriebene Situation zutrifft oder nicht. Die Situation ist vollkommen klar, der Begriff jedoch nicht. So verhält sich das James zufolge auch mit philosophischen Problemen, etwa mit den Fragen, ob wir Menschen »frei« sind, ob wir etwas über die Welt »wissen« können oder ob Tiere »denken« können. Die Verhaltensbiologen können uns ziemlich genau sagen, was Tiere können und was nicht. Ob diese Fähigkeiten aber bereits als »denken« zählen? Für diese Frage braucht es kein Faktenwissen, sondern Begriffswissen. Und dafür ist die Philosophie zuständig – zumindest dann, wenn es um Begriffe wie »Denken«, »Freiheit« oder »Wissen« geht. Philosophische Probleme sind also begriffliche Probleme. Zwar nicht alle, aber einige. Wenn es darum geht, wie wir handeln sollen und wie ein gerechter Staat aussieht, dann kommt man mit der Analyse von Begriffen nicht sehr weit. Sprache und Bedeutung spielen aber so gut wie immer eine große Rolle in der Philosophie. Die Lösung eines philosophischen Problems fängt immer mit Begriffsklärungen an.

Nun aber geht's vom Wald in den Urwald. Mögen Sie eigentlich fremde Kulturen? Dann sollten Sie das nächste Gedankenexperiment nicht verpassen, es wird Sie aus den Socken hauen. Nicht wörtlich. Aber metaphorisch. Zu Metaphern kommen wir dann am Ende des Kapitels.


## Gavagai

*Stellen Sie sich vor, Sie erforschen Sprachen und machen eine Reise in den Urwald des Amazonasgebiets. Nach drei Tagen einsamer Wanderung treffen Sie auf einen unbekannten Volksstamm, dessen Sprache Sie verstehen und erforschen möchten. Da Sie die Eingeborenen weder stören noch beeinflussen wollen, installieren Sie sich mit Kamera und Richtmikrofon etwas abseits und lauschen den fremden Äußerungen. Sie hören Laute wie »kabauk«, »teenog saag« oder »lendron menai«. Sie verstehen Bahnhof. Dann aber ereignet sich eine interessante Situation: Ein Hase hoppelt vorbei, ein Mann steht auf, zeigt auf den Hasen und ruft »Gavagai«. Sie zücken Ihr Notizbuch und schreiben: »Gavagai = Hase«. Aber warum sind Sie da so sicher? Könnte der Ausdruck »Gavagai« nicht auch »Unser Abendessen!«, »Auf zur Jagd!« oder »Heute gibt's ein Gewitter« meinen?*

Dieses Gedankenexperiment stammt von dem US-amerikanischen Philosophen Willard Van Orman Quine, kurz: Quine – gesprochen »kuein«. Er möchte mit dem geschilderten Szenario zeigen, dass jede Übersetzung unsicher ist und dass es prinzipiell immer mehrere Möglichkeiten gibt, eine fremde Sprache zu übersetzen. Was »Gavagai« bedeutet, ist und bleibt unklar, meint Quine. Aber stimmt das? Klar ist, dass »Gavagai = Hase« erst einmal nur eine Hypothese ist. Diese muss sich angesichts des weiteren Sprachgebrauchs der Eingeborenen bewähren. Wenn sich zeigen sollte, dass die Eingeborenen auch bei vorüberkriechenden Schlangen »Gavagai« rufen, dann wird die Hypothese »Gavagai = Hase« unglaubwürdig. Wenn »Gavagai« dagegen nur bei Hasen verwendet wird, dann fallen einige andere Hypothesen weg, die zuvor noch plausibel waren, etwa »Gavagai = Abendessen«.

Wie Sie da so beobachten und forschen, agieren Sie wie jemand, der ein unbekanntes Spiel verfolgt und dabei die Regeln ausfindig machen muss. Angenommen, Sie hätten noch nie Schach gespielt und würden zum ersten Mal ein Schachspiel beobachten. Könnten Sie die Regeln ableiten? Unmöglich, meint Quine. Leichter wäre es, wenn Sie selbst mitspielen könnten. Dann würde man Sie bei unzulässigen Zügen korrigieren und Sie könnten gezielt Experimente anstellen, etwa indem Sie versuchen, mit dem Turm diagonal zu ziehen oder mit dem König zu springen. Dann würde man Sie schnell auf Regelverstöße hinweisen.

Würde ein direktes Kommunizieren mit den Eingeborenen bei der Übersetzung von »Gavagai« helfen? Angenommen, Sie könnten aus Ihrem Versteck auftauchen, mit einem Hasen in den Händen auf die Eingeborenen zugehen, sie fragend anblicken und »Gavagai?« sagen. Ignorieren wir einmal die Tatsache, dass die Eigeborenen ziemlich überrascht wären, einen wildfremden Menschen zu sehen. Angenommen, sie würden ruhig bleiben, mit den Armen wedeln und »tok« sagen. Aber was bedeutet »tok«? Ja oder nein? Und wie ist das Armwedeln zu interpretieren? Als eine

Form des Kopfnickens oder des Kopfschüttelns? Man könnte »Gavagai« als »Hase« und »tok« als »Ja« interpretieren oder aber »Gavagai« als »Auf zur Hasenjagd!« und »tok« als »nein«. Beides ist möglich.

Letztlich müssen Sie sich für eine bestimmte Hypothese entscheiden. Quine empfiehlt Ihnen, Sie sollen die Äußerungen im Zweifelsfall möglichst wohlwollend interpretieren und die Eingeborenen nicht doof dastehen lassen. Sie sollten »Gavagai« also nicht mit »Da ist ein Tiger« übersetzen, denn diese Aussage wäre komplett falsch und der Eingeborene, der den Satz äußerte, wäre ein ziemlich schlechter Beobachter. Das Prinzip des Wohlwollens besagt, Sie sollten bei der Interpretation davon ausgehen, dass Ihr Gegenüber rational ist und ungefähr so tickt wie Sie. Etwas anderes bleibt Ihnen letztlich nicht übrig. Denn es sind im Prinzip immer verschiedene Übersetzungen möglich und es bleibt letztlich unbestimmt, worauf sich andere Sprecher mit ihren Wörtern beziehen. Dieses Problem ist übrigens kein reines Urwaldproblem, sondern beginnt bereits zu Hause, in den eigenen vier Wänden. Missverständnisse gehören zu unserem Alltag, auch wenn wir alle Deutsch reden. Doch dazu später. Nun können Sie sich zurücklehnen und die Sterne betrachten.

## Morgenstern und Abendstern

*Stellen Sie sich vor, Sie beobachten bei Abenddämmerung den Nachthimmel und sehen, wie ein heller Stern alle anderen überragt: der Abendstern – der hellste Stern am Abend. Am frühen Morgen zeigt sich ein ähnliches Bild. Wiederum leuchtet ein Stern heller als alle anderen: der Morgenstern. Man hat herausgefunden, dass es sich beim Morgen- und Abendstern nicht um zwei verschiedene Himmelskörper, sondern um ein und dasselbe Gestirn handelt, nämlich um die Venus. Die beiden Ausdrücke »Abendstern« und »Morgenstern« beziehen sich also beide auf die Venus. Warum aber ist der Satz »Der Abendstern ist der Morgenstern« informativ, während der Satz »Die Venus ist die Venus« nichtssagend ist?*

Dieses Beispiel stammt von Gottlob Frege (1848–1925), einem deutschen Logiker und Philosophen. Es macht eine wichtige Sache klar: Wörter bedeuten nicht das, worauf sie sich beziehen. Denn: Die Worte »Morgenstern« und »Abendstern« beziehen sich beide auf die Venus. Aber der Satz »Der Morgenstern ist der Abendstern« ist informativ, wogegen der Satz »Die Venus ist die Venus« eine bloße Tautologie ist. Die eine Wahrheit bedurfte einer mühsamen Entdeckung, während die andere für jedes Kind ersichtlich ist. Die beiden Sätze bedeuten also nicht dasselbe, obwohl sich die Wörter auf dasselbe beziehen. Bedeutung ist somit etwas anderes als der Bezug. Was aber ist Bedeutung dann? Frege spricht von »Sinn« und meint damit die »Art des Gegebenseins«. Was meint er damit? Der Planet Venus kann als Abendstern oder als Morgenstern gegeben sein, je nachdem, ob man die Venus am Abendhimmel oder in der Morgendämmerung betrachtet. Ebenso kann die Stadt Berlin als »Hauptstadt Deutschlands«, als »größte Stadt in Deutschland« oder als »Sitz des Deutschen Bundestags« gegeben sein. Die drei Ausdrücke bedeuten jeweils Verschiedenes, obwohl sie sich auf dasselbe beziehen – auf Berlin.

Wenn zwei Ausdrücke sich auf denselben Gegenstand beziehen, kann man sie in einem Satz austauschen, ohne dass der Satz dadurch seinen Wahrheitswert ändert: Wenn der Satz »Bob Dylan ist der beste Musiker aller Zeiten« wahr ist, dann ist auch der

Satz »Robert Zimmermann ist der beste Musiker aller Zeiten« wahr, denn Bob Dylan ist Robert Zimmermann. Aber Achtung: Der Austausch gelingt nicht immer folgenlos. Angenommen, Sie wüssten nicht, dass Bob Dylan in Wahrheit Robert Zimmermann ist, dann könnten Sie zwar sagen »Ich glaube, Bob Dylan ist der beste Musiker«, aber nicht »Ich glaube, Robert Zimmermann ist der beste Musiker«.

Vor Frege hatten viele geglaubt, die Bedeutung eines Worts sei die Vorstellung, die wir vom Gegenstand haben. Die Bedeutung von »Baum« sei das Bild von einem Baum, das wir im Kopf haben, wenn wir das Wort »Baum« aussprechen oder hören. Wenn dem so wäre, dann hätten wir ein Problem: Denn wie wüssten Sie, was ich mit »Baum« meine, wenn das Wort »Baum« eine subjektive Vorstellung in meinem Geist bezeichnet? Wie könnten wir sicher sein, dass wir beim Hören des Wortes »Baum« an dasselbe denken? Würden wir die ganze Zeit aneinander vorbeireden, wenn unsere Vorstellungen unterschiedlich wären?

Die Vorstellungs-Theorie der Bedeutung hat noch andere Schwächen: Wir beziehen uns mit dem Wort »Baum« auf sehr unterschiedliche Bäume: große und kleine, dicke und dünne, Nadel- oder Laubbäume etc. Wie aber sieht unsere allgemeine Vorstellung eines Baums aus? Groß oder klein? Grün oder braun? Eigentlich müsste die Vorstellung beides zugleich sein! Oder besser: keines von beidem. Denn mit »Baum« meinen wir ja das, was alle Bäume gemeinsam haben. Da aber die Farben und Größen von Bäumen unterschiedlich sind, sollte unsere allgemeine Idee des Baums weder eine bestimmte Farbe noch eine bestimmte Größe haben. Wie soll dann diese allgemeine Idee des Baumes aussehen? Wie sieht ein Baum aus, der nur diejenigen Eigenschaften hat, die alle Bäume gemeinsam haben?

Vielleicht sind wir auf der falschen Fährte und die Bedeutung ist überhaupt kein Gegenstand, weder ein Objekt draußen in der Welt, noch eine Vorstellung in unserem Geist. Genau dies hat der österreichische Philosoph Ludwig Wittgenstein behauptet. Er meinte, die Bedeutung von »Baum« sei die Art und Weise, wie wir das Wort verwenden – kein Objekt, sondern eine Praxis. Was das heißt, werden wir gleich sehen.

## Familienähnlichkeit

*Wissen Sie eigentlich, was ein Spiel ist? Sicher kennen Sie viele Spiele: Eile mit Weile, Tennis, Puzzle oder Blinde Kuh. Aber wissen Sie auch, was alle diese Spiele gemeinsam haben? Irgendetwas müssen sie doch gemeinsam haben, sonst würden wir sie nicht mit dem gemeinsamen Begriff »Spiel« bezeichnen. Es muss also mindestens ein Merkmal geben, das allen Spielen und nur den Spielen gemeinsam ist. Aber was könnte das sein? Sind alle Spiele unterhaltend? Kann man immer gewinnen? Gibt es immer Regeln? Und wenn ja: Sind Spiele das Einzige, das unterhaltend ist, einen Gewinner hat und nach Regeln verläuft? Gilt das nicht auch für das Aktiengeschäft und die Politik? Und was ist mit dem Violinspiel? Oder mit Machtspielen? Versuchen Sie Merkmale zu finden, die allein auf die Spiele zutreffen, und zwar auf alle. Viel Glück!*

Diese nicht ganz leichte Denkaufgabe stammt von dem österreichischen Philosophen Ludwig Wittgenstein, dem einschlägigsten Sprachphilosophen überhaupt. Die Bedeutung eines sprachlichen Ausdrucks wird Wittgenstein zufolge durch die Art und Weise festgelegt, wie wir diesen Ausdruck verwenden. »Der Gebrauch des Wortes in der Sprache ist seine Bedeutung«, schreibt Wittgenstein. Würden wir diejenigen Dinge »rund« nennen, die wir bisher als »eckig« bezeichnet haben, und umgekehrt, so hätten wir damit die Bedeutungen der Wörter »rund« und »eckig« vertauscht. Würden wir »Ich liebe dich« sagen, um unsere Hassgefühle einer Person gegenüber auszudrücken, dann würde »Ich liebe Dich« bedeuten »Ich hasse Dich«. Die Verwendungsweise eines Wortes oder Satzes legt seine Bedeutung fest. Wer also wissen möchte, was ein sprachlicher Ausdruck bedeutet, muss sich anschauen, wie wir diesen Ausdruck gebrauchen, bei welchen Gelegenheiten und mit welchen Konsequenzen. Diese Theorie nennt man auch »Gebrauchstheorie der Bedeutung«.

Wittgenstein vergleicht die Sprache gerne mit einem Spiel, etwa dem Schachspiel. Auf dem Schachbrett gibt es verschiedene Figuren, mit denen man nach unterschiedlichen Regeln ziehen kann: Die Dame darf in alle Richtungen fahren, der Läufer dagegen nur diagonal und das Pferd darf nur springen. Jede Figur ist durch die Regeln ihrer Verwendung bestimmt. Dass der Läufer »Läufer« heißt, ist dabei ganz gleichgültig. Im Englischen heißt er »Bishop«, also Bischof. Wichtig ist nicht, wie die Figur heißt und wofür sie steht, sondern welche Züge man mit ihr machen kann. Dadurch ist sie definiert. Bei einer Umwandlung von einem Bauern zu einer Dame verändert sich nichts an der Figur, nur ihre Rolle im Spiel. Diese aber bestimmt, um welche Figur es sich handelt. Genauso verhält es sich nach Wittgenstein mit den Wörtern und Sätzen unserer Sprache. »Grüß Gott« darf man sagen, wenn man sich begegnet, nicht aber, wenn man sich verabschiedet. Und auch Atheisten dürfen »Grüß Gott« sagen, denn der Ausdruck funktioniert nicht anders als »Sei gegrüßt« oder »Hallo«. Die Spielregeln für alle drei Ausdrücke sind in etwa dieselben.

Anders als beim Schach gibt es in der Sprache jedoch kein Regelhandbuch und auch keine exakten Regeln für die Verwendung von Wörtern. Alltäglich verwendete Ausdrücke wie »gut«,

»Stuhl« oder »weich« zu definieren, ist sehr schwierig. Viele Ausdrücke sind vage, das heißt sie lassen Grenzfälle zu. Man denke an die Wörter »Haufen« und »Glatze«. Hinzu kommt, dass wir Wörter in unterschiedlichen Kontexten verschieden verwenden: Was als »weiter Wurf« gilt, hängt davon ab, was man wirft und wer es wirft. Zudem bezeichnen viele Wörter ganz heterogene Dinge: Man muss dabei nicht an mehrdeutige Ausdrücke wie »Ball« (Fußball und Tanzabend) oder »Bank« (Sitzbank und Geldinstitut) denken. Auch mit einem Ausdruck wie »Spiel« bezeichnen wir sehr verschiedene Dinge und Tätigkeiten: Es gibt Brettspiele, Kartenspiele, Ballspiele, Kampfspiele und Machtspiele. Die Tatsache, dass wir alle diese Tätigkeiten als »Spiele« bezeichnen, verleitet uns nach Wittgenstein zu der Annahme, es gäbe etwas, das *allen* diesen Tätigkeiten und *nur* diesen Tätigkeiten gemeinsam ist. Dem ist jedoch nicht so. Wir finden schlicht keine brauchbare Definition des Ausdrucks »Spiel«. Und das ist der Normalfall: Ebenso wenig finden wir klare Definitionen für Ausdrücke wie »Stuhl«, »gesund«, »Liebe«, »denken« oder »Armut«. Die Suche nach dem Wesen der Dinge sei aussichtslos, meint Wittgenstein. Es gibt kein Wesen des Spiels.

Warum aber nennen wir dann alle Spiele »Spiele«? Wittgensteins Antwort lautet: weil sie gewisse Ähnlichkeiten miteinander haben. Die Tätigkeiten, auf die wir uns mit dem Wort »Spiel« beziehen, sind wie die Mitglieder einer großen Familie. Familienmitglieder haben manchmal mehr, manchmal weniger Ähnlichkeiten miteinander, und nicht alle ähneln sich in denselben Hinsichten: Manche haben ähnliche Gesichtszüge, manche lediglich eine ähnliche Nase, andere einen ähnlichen Mund oder ein ähnliches Temperament, manche gehen auf dieselbe Art und andere haben vielleicht eine zum Verwechseln ähnliche Stimme. Solche »Familienähnlichkeiten« – wie Wittgenstein sie nennt – bestehen nicht nur zwischen den Mitgliedern einer Familie, sondern auch zwischen den einzelnen Verwendungen eines Worts beziehungsweise zwischen den einzelnen Gegenständen, auf die ein Wort zutrifft. So bilden die unterschiedlichen Spiele gleichsam eine Familie. Das Wort »Spiel« bezeichnet also eine Familie von Tätigkeiten, die sich in verschiedenen Hinsichten und Graden ähnlich sind. Es gibt jedoch kein Merkmal, das allein die Spiele gemeinsam haben.

Sokrates hat die Athener mit Fragen wie »Was ist Gerechtigkeit?« oder »Was ist Tugend?« belästigt. Er war auf der Suche nach dem Wesen der Dinge. Viele Philosophen sehen sich in der Tradition von Sokrates und verstehen sich als Begriffsklärer und Wesensforscher. Aber was wäre, wenn die philosophischen Grundbegriffe genauso undefinierbar sind wie der Ausdruck »Spiel«?

## Die Zwillingserde

*Stellen Sie sich vor, die Erde hätte einen Zwilling. Diese Zwillingserde sieht exakt so aus wie unsere Erde, bis auf den Unterschied, dass alle Wesen, die wie Katzen aussehen und sich wie Katzen verhalten, in Wahrheit ferngesteuerte Roboter sind. Die Menschen auf der Zwillingserde wissen das jedoch nicht – sie haben noch kein solches Wesen seziert. Angenommen, sie bezeichnen diese Roboter, die äußerlich mit Katzen identisch sind, auch als »Katzen«. Hat das Wort »Katze« dann auf der Zwillingserde dieselbe Bedeutung wie bei uns? Wie würden Sie das Wort »Katze« in unsere Sprache übersetzen? Bedeutet das Wort »Katze« auf der Zwillingserde dasselbe wie unser Begriff »Katze«?*

Dieses Gedankenexperiment stammt von dem US-amerikanischen Philosophen Hilary Putnam. Er meint, der Ausdruck »Katze« bedeute auf der Zwillingserde nicht dasselbe wie bei uns. Diese

Einsicht ist sehr überraschend. Man ging lange Zeit davon aus, dass die Bedeutung eines Wortes allein von den Sprechern, ihren mentalen Zuständen und ihren Sprachverwendungspraktiken abhängt, und nicht davon, wie die Welt tatsächlich beschaffen ist. Man glaubte also, die Wörter analysieren zu können, ohne die Dinge analysieren zu müssen, auf die sich die Wörter beziehen. Die Welt – so dachte man – hat nicht mitzureden, wenn es um die Bedeutung von Wörtern geht. Putnam hat dieses Dogma über Bord geworfen.

Schauen wir uns die Argumentation ein bisschen genauer an: Die katzenähnlichen Roboter auf der Zwillingserde sehen genau gleich aus wie Katzen und verhalten sich auch genauso: Sie machen »Miau«, schnurren, wenn man sie streichelt, und schleichen um unsere Beine, wenn sie wollen, dass wir sie füttern. Und auch die Zwillingserdlinge sprechen von »Katzen«. Die Merkmale und Phänomene, aufgrund derer Erdlinge und Zwillingserdlinge das Wort »Katze« verwenden, sind also exakt dieselben. Die Verwendungsweise ist identisch. Aber wir Erdlinge würden nicht sagen, dass es auf der Zwillingserde Katzen gibt! Denn Katzen sind Lebewesen, keine Roboter. Das wissen wir dank der Biologie. Wenn jemand nun auf der Zwillingserde sagt »Da ist eine Katze«, dann würden wir diesen Satz nicht eins zu eins in unser Erdendeutsch übersetzen. Denn dann wäre er falsch. Auf der Zwillingserde gibt es nämlich keine Katzen, sondern nur katzenähnliche Roboter. Wenn der Zwillingserdling also »Katze« sagt, dann meint er damit etwas anderes als wir. Und das, obwohl er dasselbe sieht, riecht und spürt, wenn er mit den katzenähnlichen Wesen in Kontakt kommt. Aus der subjektiven Innensicht ist die Zwillingserde identisch mit unserer Erde. Dennoch bedeutet das Wort »Katze« auf der Zwillingserde nicht dasselbe wie bei uns. Also sind Bedeutungen nicht im Kopf.

Wären Bedeutungen im Kopf, dann wären Ulmen und Buchen auch dieselben Bäume – zumindest für Putnam. Er meint nämlich, er könne die beiden Bäume nicht voneinander unterscheiden. In seiner Vorstellung sehen beide gleich aus. Dennoch bezieht er sich mit dem Wort »Buche« auf Buchen und mit dem Wort »Ulme« auf Ulmen. Aber wie kann er sich mit zwei Wörtern auf verschiedene Dinge beziehen, wenn er die Dinge nicht unterscheiden kann und mit beiden Wörtern dieselben Vorstellungen verbindet? Die Antwort lautet: Nicht ein einzelner Sprecher legt fest, worauf sich seine Wörter beziehen, sondern die Sprachgemeinschaft, in der er zu Hause ist. In diesem Fall reicht es, wenn es einige Experten gibt, die wissen, worauf sich die Wörter »Ulme« und »Buche« beziehen. Sie legen den Bezug der Wörter fest. Arbeitsteilung gibt es also auch in der Sprache.

## Der bissige Hund

*Bei diesem Gedankenspiel ist Ihre Phantasie gefragt! Stellen Sie sich Situationen vor, in denen die folgenden Sätze in den jeweils angegebenen Funktionen verwendet werden.*

*(1) »Dieser Hund ist bissig.« – als Warnung oder als Empfehlung*

*(2) »Es ist ziemlich heiß hier drin.« – als Beschreibung oder als Aufforderung*

*(3) »Toll!« – als Ausdruck von Freude oder Enttäuschung*

*(4) »Ich muss bald weg.« – als Feststellung oder Aufforderung*

*(5) »Er wird da sein.« – als Prognose oder als Versprechen*

*(6) »Was für eine Frisur!« – als Ausdruck von Freude oder als Beleidigung*

*(7) »Ja.« – als Geständnis oder als Eheversprechen*

Sprache ist nicht nur da, um die Welt zu beschreiben. Mit Sprache handeln wir. Indem wir Dinge sagen, tun wir etwas – wir geben Versprechen ab, beleidigen unsere Mitmenschen, fordern sie auf, äußern unser Bedauern, schließen Verträge ab, machen Einladungen, entschuldigen uns, schmeicheln, drohen, flirten, heiraten, verletzen oder beglücken. Tausend Handlungen – nur mit Worten. Der britische Philosoph John Austin hat auf diese praktische Dimension der Sprache mit Nachdruck hingewiesen. Nach Austin ist die Sprache nicht nur zum Sprechen da, sondern auch zum Handeln: Indem wir reden, handeln wir.

Austin unterscheidet zwischen unterschiedlichen Sprechakten, die wir vollziehen, wenn wir Äußerungen machen: Lokution, Illokution und Perlokution.

(1) Die *Lokution* ist das, was ich wörtlich sage: Der Hund ist bissig.

(2) Die *Illokution* ist das, was ich *tue,* indem ich etwas sage: Warnen oder den Hund einem Kampfhundebesitzer empfehlen.

(3) Die *Perlokution* ist das, was meine Äußerung im Gegenüber *bewirkt:* Angst oder die Hoffnung auf das große Geld.

Die Illokution ist nach Austin eine Sache von Konventionen und geltenden Regeln. Wenn Sie auf dem Standesamt im richtigen Augenblick »Ja« sagen, dann heiraten Sie. Es braucht den richtigen Rahmen und die richtigen Konventionen, damit die Sache funktioniert. So ist es mit allen illokutionären Sprechakten: Im richtigen Moment die richtigen Worte – und die Handlung ist vollführt. Wer sagt »Es ist ziemlich heiß hier drin« und dabei auf die Fenster schaut, der äußert keine Feststellung, sondern eine sanfte Aufforderung, die Fenster zu öffnen. Dem isolierten Satz allein sieht man das nicht an. Es ist der Kontext, der dem Satz seine kommunikative Rolle zuweist. Wer sagt wann wo wie was? Darauf kommt es an.

Im Unterschied zur Illokution basiert die Perlokution nicht auf Konventionen, sondern auf Kausalität. Wer in der richtigen Situation »Achtung!« sagt, warnt den Hörer – ob er ihm aber Angst einjagt, ihn zum Schweißausbruch treibt, irritiert oder lediglich nervt, ist keine Sache von Konventionen, sondern eine Frage der Psychologie des Gegenübers. Wir bewirken viel mit unserer Sprache, aber das meiste davon ist keine Folge sprachlicher Regeln. Ein »Ja« kann das Leben verändern, nicht bloß den Zivilstand.

### Der Zirkel des Verstehens

*Stellen Sie sich vor, Sie lesen einen Text. Wort für Wort. Satz für Satz. So wie jetzt. Aber auf einmal taucht ein Wort auf, das Sie nicht kennen. Sie sind prauduliert, lesen aber trotzdem weiter. Aus dem Kontext ist in etwa klar, was das unbekannte Wort bedeutet. Aber bereits nach zwei weiteren Sätzen taucht das nächste sonderbare Wort auf. Sie machen sich keine großen Gedanken und klinieren sich etwas zusammen. Aber es werden immer mehr. Langsam haben sie Gropul, den Text überhaupt noch zu querandrieren. Sie trauen Ihrer Okulenz nicht mehr, laufen in die Küche und wulpen sich einen Plundrin aus der Zerbine. Nach einem Schluck fühlen Sie sich schon wirliger und lesen weiter. Langsam verschwinden die seltsamen Wörter. Sie sind beruhigt. Aber auch verblüfft darüber, dass Sie trotz der unbekannten Wörter den Sinn des ganzen Textes verstanden haben.*

Wenn Sie fremde Sprachen mögen, ist Ihnen dieses Phänomen sicherlich vertraut: Wir erschließen den Sinn der Wörter aus dem Kontext. Was die Teile bedeuten, wird vor dem Hintergrund des Ganzen klar. Angenommen, Sie kaufen sich einen neuen Roman, schlagen das Buch in der Mitte auf und lesen folgende Passage: »Sie schaute ihn bestürzt an, nickte und verließ den Raum. Die Tür ließ sie einen Spalt breit offen.« Sie verstehen zwar die einzelnen Wörter, aber nicht die Szene. Sie wissen nicht, worüber die Frau bestürzt ist, warum sie nickt, den Raum verlässt und die Tür einen Spalt breit offen lässt. Die Szene sagt Ihnen gar nichts. Wenn Sie den Roman aber kennen, würden Sie diese Szene ganz anders lesen. Sie wäre voller Bedeutung! Wir können die Teile also nur vor dem Hintergrund des Ganzen richtig verstehen. Aber wie verstehen wir das Ganze? Müssen wir dazu nicht die Teile verstehen, aus denen es zusammengesetzt ist?

Die Disziplin, die sich mit solchen Problemen des Verstehens beschäftigt, heißt Hermeneutik. Sie kennen Hermes, den Götterboten, Vermittler und Übersetzer. Von ihm leitet sich der Name Hermeneutik für die Kunst des Verstehens ab. Sie fragt, wie Verstehen überhaupt funktioniert und was passiert, wenn wir Texte, Menschen und Kunstwerke verstehen.

Die Hermeneutiker haben zwei Zirkel des Verstehens entdeckt. Den ersten haben wir bereits kennengelernt: Der Teil-Ganzes-Zirkel. Dieser besteht darin, dass wir das Ganze nur durch die Teile und die Teile nur durch das Ganze verstehen können. Wie also können wir dann überhaupt etwas verstehen? Die Antwort lautet: Wir verstehen nicht ganz oder gar nicht, sondern allmählich und immer besser. Bei der oben geschilderten Szene aus der Mitte eines Romans haben wir nämlich nicht gar nichts verstanden. Im Gegenteil: Wir haben die einzelnen Wörter sehr wohl verstanden und auch begriffen, was passiert ist. Aber wenn wir den Roman von Anfang an bis zu der Stelle gelesen hätten, dann hätten wir noch viel mehr verstanden. Und wenn wir den Roman ein zweites Mal läsen, würden wir ihn noch besser verstehen. Das Licht geht allmählich über dem Ganzen auf. Der deutsche Philosoph und Hermeneutiker Hans-Georg Gadamer schreibt, dass »die Bewegung des Verstehens stets vom Ganzen zum Teil und zurück zum Ganzen« verläuft.

Gadamer hat noch auf einen zweiten Zirkel hingewiesen. Wenn wir einen Text lesen, dann gehen wir in der Regel mit bestimmten Erwartungen an ihn heran und haben eine ungefähre Vorstellung davon, worum es in dem Text gehen könnte. Zudem spielen unsere Interessen und unsere persönliche Erfahrung eine filternde Rolle: Je nach Vorlieben und Vorwissen werden unterschiedliche Personen ein und denselben Text unterschiedlich verstehen. Worin besteht nun der Zirkel? Unsere Erwartung an den Text, der »Vorentwurf«, wie die Hermeneutiker sagen, muss im Zuge der Lektüre fortwährend revidiert und angepasst werden – wie ein Modell, das man mit der Wirklichkeit abgleicht. Das Problem ist, dass unsere Erwartung bereits ein bestimmtes Licht auf den Text wirft. Je nachdem, was wir erwarten, werden wir den Text anders interpretieren. Von Georg Christoph Lichtenberg stammt der treffende Ausspruch: »Ein Buch ist ein Spiegel. Wenn ein Affe hineinguckt, kann freilich kein Apostel heraussehen.« Das heißt, es gibt keine unvoreingenommene, neutrale Lektüre eines Textes. Es gibt keine reinen Fakten. Alles erscheint im Lichte einer bestimmten Interpretation. Die Sinnerwartung wird also nicht mit dem reinen Text konfrontiert, sondern mit der eigenen Interpretation des Textes, die selbst von der Sinnerwartung abhängig ist. Darin besteht der Zirkel.

Der hermeneutische Zirkel begegnet uns über die Lektüre von Texten hinaus bei allen Formen des Verstehens – beim Musikhören, bei Begegnungen mit fremden Menschen oder beim

Betrachten von Kunst. Wenn Sie durch fremde Länder reisen und die fremde Kultur verstehen möchten, dann liegen auch diesem Verstehensversuch eigene Vorannahmen zugrunde. Sie suchen Ähnlichkeiten zu Ihrer eigenen Kultur und stellen immer wieder Vergleiche an. Das Fremde zu verstehen heißt, das Eigene im Fremden zu sehen – und auch das Fremde im Eigenen. Dazu müssen Sie Ihren Denkhorizont erweitern, sodass er mit dem Horizont der fremden Kultur gleichsam verschmilzt.

## Der Sinn des Schweigens

*Stellen Sie sich vor, Sie fahren mit dem Auto und stellen fest, dass Sie fast kein Benzin mehr haben. Da Sie sich in der Gegend nicht auskennen, fragen Sie einen ortskundigen Passanten nach einer Tankstelle. Dieser meint: »Gleich da vorne um die Ecke befindet sich eine Tankstelle.« Sie fahren hin und sehen eine heruntergekommene Tankstelle, die seit Jahren nicht mehr in Betrieb ist. Hat der Passant Sie reingelegt? Aber Sie haben doch nach einer Tankstelle gefragt! Und da ist eine. Nur ist sie seit Längerem außer Betrieb. Haben Sie also einen Fehler gemacht? Hätten Sie nicht nur nach einer Tankstelle, sondern nach einer funktionsfähigen und geöffneten Tankstelle fragen sollen?*

Dieses Beispiel stammt von Paul Grice, einem englischen Sprachphilosophen des 20. Jahrhunderts. Er ist bekannt für seine Theorie der »Implikatur«. Eine Implikatur ist etwas, das wir im Gespräch zwar nicht sagen, aber zu verstehen geben. Nach Grice gibt es Grundregeln der Konversation, an die wir uns normalerweise halten. Ganz zuoberst steht das Kooperationsprinzip, das besagt: »Mache deinen Gesprächsbeitrag jeweils so, wie es von dem akzeptierten Zweck oder der akzeptierten Richtung des

Gesprächs, an dem du teilnimmst, gerade verlangt wird.« Aus diesem Grundprinzip lassen sich einige Gesprächsregeln ableiten. Grice nennt folgende:

– Mache deinen Beitrag so informativ wie nötig und nicht informativer als nötig.
– Sage nichts, was du für falsch hältst oder wofür dir angemessene Gründe fehlen.
– Sage Relevantes und lasse Irrelevantes weg.
– Sprich klar, vermeide Mehrdeutigkeiten und erzähle der Reihe nach.

In Gesprächen unterstellen wir dem Gegenüber, dass er sich an diese Regeln hält. Betrachten wir nun das Beispiel mit der Tankstelle. Wenn der Passant sagt »Gleich da vorne ist eine Tankstelle«, dann gehen Sie davon aus, dass er weder lügt noch relevante Fakten verschweigt. Die Tatsache, dass die Tankstelle nicht mehr in Betrieb ist, müsste er erwähnen. Schließlich möchten Sie tanken. Wenn er also nichts weiter dazu sagt, gehen Sie mit guten Gründen davon aus, dass die Tankstelle in Betrieb ist. Sein Schweigen gibt Ihnen zu verstehen, dass die Tankstelle geöffnet ist. Angenommen, er weiß, dass die Tankstelle nicht mehr in Betrieb ist, dann macht er einen Fehler und verletzt eine Grundregel der Konversation, da seine Äußerung nicht so informativ ist wie nötig.

Implikaturen unterscheiden sich von Implikationen. Eine Implikation folgt logisch aus dem Gesagten. Die Aussage »Ich habe mit dem Rauchen aufgehört« impliziert, dass ich vorher geraucht habe. Wer nie geraucht hat, kann auch nicht damit aufhören. Der Satz »Ich habe mit Rauchen aufgehört, aber ich habe nie geraucht« ist also widersprüchlich. Bei Implikaturen dagegen ist das anders. Mit der Äußerung »Da vorne ist eine Tankstelle« gebe ich zwar zu verstehen, dass die Tankstelle geöffnet ist. Die Äußerung »Da vorne ist eine Tankstelle, aber sie ist geschlossen« ist jedoch weder widersprüchlich noch sonst wie sprachlich unkorrekt. Zwar kann sie in bestimmten Situationen unangebracht oder überflüssig sein. Aber sie ist nicht widersprüchlich – anders als der Satz »Ich habe mit Rauchen aufgehört, aber ich habe nie geraucht«.

Die Theorie von Grice kann vieles erklären, auch Ironie und Metaphern. Betrachten wir zunächst die Ironie. Angenommen, ein Freund lässt Sie sitzen und Sie sagen ihm: »Du bist mir ein feiner Freund.« Aus dem Äußerungskontext ist klar, dass das wörtlich Gesagte nicht gemeint sein kann, denn Sie haben keinen Grund, den Freund in dieser Situation zu loben. Es ist offensichtlich, dass Sie mit Absicht eine Konversationsregel verletzen, nämlich die Regel: »Sage nichts, was du für falsch hältst.« Sie können mit dem Satz »Du bist mir ein feiner Freund« unmöglich das meinen, was Sie sagen. Sie können nur das Gegenteil meinen. Die Art und Weise, wie Sie es sagen, spricht ebenfalls dafür. Ein wahres Lob klingt anders.

Grice kann auch erklären, wie wir Metaphern verstehen. Angenommen, ich sage zu Ihnen: »Sie sind ein Fuchs.« Natürlich halte ich Sie nicht für einen echten Fuchs. Die Regel »Sprich klar und sage, was du glaubst« ist offenkundig verletzt. Was ich sage, kann nicht wörtlich gemeint sein – ansonsten wäre ich wohl verrückt und würde halluzinieren. Kann vielleicht das Gegenteil gemeint sein, wie bei der Ironie? Wollte ich vielleicht sagen, dass Sie kein Fuchs sind? Das wäre zwar wahr, aber äußerst irrelevant, denn jeder weiß, dass Menschen keine Füchse sind. Was kann also gemeint sein? Es liegt nahe anzunehmen, dass ich einen Vergleich anstelle. Ich vergleiche Sie mit einem Fuchs und meine, Sie sind genauso listig und schlau wie ein Fuchs. Der römische Rhetoriklehrer Quintilian bezeichnete die Metapher als verkürzten Vergleich, als ein Vergleich ohne das Wörtchen »wie«. Während der Vergleich sagt »Du bist wie ein Fuchs«, sagt die Metapher »Du bist ein Fuchs«. Beide, Vergleich und Metapher, schaffen es aber im Idealfall, die Dinge in ein anderes Licht zu rücken. Sie zeigen uns eine neue Perspektive und machen auf bestimmte Aspekte einer Sache aufmerksam. Eine gelungene Metapher lässt uns etwas Neues entdecken. Wenn Shakespeare schreibt, dass die Welt eine Bühne sei, dann taucht er die ganze Welt in ein neues Licht und macht uns auf die überall lauernden Inszenierungen aufmerksam. Eine einzelne sprachliche Wendung kann im Nu die ganze Welt verändern. Darin zeigt sich die Macht der Sprache.

# Raum und Zeit

Er trägt eine umgekehrte Vokuhila-Frisur – eine Volahiku: vorne lang, hinten kurz – einen lockigen Haarschopf an der Stirn, am Hinterkopf aber eine Glatze. Auf dem Rücken und an den Fersen wachsen ihm Flügel. Eine seltsame Gestalt. Flink wie ein Wiesel und glitschig wie ein Fisch. Die Griechen nannten ihn Kairos, den »günstigen Augenblick«. Ihn beim Schopf zu packen, ist keine leichte Aufgabe. Wer ihn nicht kommen sieht, erwischt nur die glatte Glatze am Hinterkopf und verpasst ihn, den günstigen Augenblick.

Im Gegensatz zu Kairos ist Chronos, die Zeit, eher gemächlich unterwegs: ein ständig fließender Strom, der alles mit sich reißt, an den Dingen nagt, aber auch Wunden heilt. Chronos wurde oft als alter Greis dargestellt, mit Sanduhr und Sichel – einer kleinen Sense, die dem Leben jäh ein Ende setzt.

Die Zeit ist ein kostbares Gut, ein Rohstoff des Glücks, der stets schwindet, manchmal drängt und rast, dann wieder beinahe stillsteht und sich scheinbar endlos dehnen kann. Die Zeit umgibt uns, immer und überall. Wir richten unser Leben an ihr aus, reden fast immerzu über sie und messen sie Jahr für Jahr, Sekunde für Sekunde. Und doch wissen wir nicht, was die Zeit eigentlich ist. Der spätantike Philosoph Augustinus fragte: »Was also ist die Zeit? Wenn mich niemand danach fragt, weiß ich es, wenn ich es aber einem Fragenden erklären sollte, weiß ich es nicht.« Die Zeit ist ein unscheinbares Rätsel, nicht nur für die Philosophie, auch für die Physik. So fragt man sich: Gibt es einen Anfang und ein Ende der Zeit? Wie sähe eine Welt aus, in der keine Zeit vergeht? Verläuft die Zeit überall gleich schnell? Sind Zeitreisen möglich? Kann es die Zeit ohne den Raum geben? Aber was ist der Raum? Hat er eine Grenze? Kann er sich verbiegen? Besteht er aus kleinsten Teilen oder ist er immer weiter teilbar? Und: Kann der Raum ganz leer sein?

Der berühmte Physiker Isaac Newton dachte im 17. Jahrhundert, die Zeit sei immer und überall dieselbe, konstant und universell. Ebenso der Raum: ein Universalgefäß für alle Dinge, unveränderlich, ewig und überall gleich. Albert Einstein dagegen hat im 20. Jahrhundert die Dinge auf den Kopf gestellt, indem er behauptete, der Raum sei verformbar, wie ein dreidimensionales Gummituch. Und die Zeit vergehe nicht überall gleich schnell, sondern variiere im Tempo, je nachdem, wo man ist und wie schnell man sich bewegt. Überhaupt seien Raum und Zeit gar nicht zu trennen, es existiere nur eines, die sogenannte Raumzeit, mit vier Dimensionen, drei räumlichen und einer zeitlichen.

Die Philosophen haben sich seit jeher mit Raum und Zeit auseinandergesetzt. Das ist nicht erstaunlich, denn früher waren die Naturwissenschaften, also auch die Physik, Teil der Philosophie – der Mutter aller Wissenschaften. Heute ist das anders. Aber auch heute kann die Philosophie helfen, wenn es um Raum und Zeit geht. Sie kann versuchen, diese beiden Grundbegriffe der Physik zu klären und sie mit unseren alltäglichen Begriffen von Raum und Zeit in Verbindung zu setzen. Und sie kann helfen, unser Erleben von Raum und Zeit aus der Innenperspektive heraus möglichst genau zu beschreiben und dadurch besser zu verstehen.

Nun aber ist es höchste Zeit. Legen wir los. Das Rennen kann beginnen. Auf wen würden Sie wetten: auf Achill oder auf die Schildkröte?

## Achill und die Schildkröte

*Der pfeilschnelle griechische Läufer Achill wird von einer Schildkröte zum Wettrennen herausgefordert. Achill lächelt siegessicher und gibt der Schildkröte hundert Meter Vorsprung. Wird er die Schildkröte einholen? Klar, denken Sie. Unmöglich, meint die Schildkröte. Sie laufe zwar hundert Mal langsamer als Achill, aber das spiele keine Rolle. Während Achill nämlich die hundert Meter Vorsprung aufholt, legt die Schildkröte einen Meter zurück. Wenn Achill also da ankommt, wo die Schildkröte gestartet ist, ist diese bereits einen Meter weiter. Während er diesen fehlenden Meter zurücklegt, läuft die Schildkröte jedoch wieder etwas weiter, nämlich einen Zentimeter. Der Abstand ist zwar von hundert Meter auf einen Zentimeter geschrumpft, doch es bleibt ein Abstand. Und er wird auch bleiben. Da ist sich die weise Schildkröte sicher. Immer wenn Achill dort ankommt, wo die Schildkröte eben war, ist diese schon ein bisschen weiter. Egal wie klein der Vorsprung ist: Achill muss erst den Startpunkt der Schildkröte erreichen. Das kostet Zeit. Und in dieser Zeit legt die Schildkröte eine Distanz zurück. Die fehlende Distanz und die Zeit werden zwar immer kleiner, doch sie werden nie null sein. Achill muss also unendlich viele unendlich kleine Strecken durchlaufen. Und das braucht unendlich viel Zeit. Ein unmögliches Unterfangen also. Die Schildkröte wird das Rennen gewinnen.*

Diese berühmte Paradoxie stammt von dem antiken griechischen Philosophen Zenon von Elea, der im 5. Jahrhundert v. Chr. lebte. Zenon hat mehrere solcher Paradoxien aufgestellt. Der Ausdruck

»Paradoxie« stammt ebenfalls aus Griechenland und meint etwas, das gegen (»para«) die landläufige Meinung (»doxa«) spricht. Philosophen verstehen unter einer Paradoxie im engeren Sinn eine Argumentation, bei der scheinbar aus korrekten Annahmen auf korrekte Weise etwas offensichtlich Falsches geschlossen wird. Die meisten Paradoxien Zenons basieren auf der Annahme, dass der Raum und die Zeit unendlich teilbar sind. Wenn die Teile eines Objekts immer weiter teilbar sind, spricht man auch von einem »Kontinuum«. Zenon stellt sich also die Zeit, ebenso wie den Raum, als Kontinuum vor, bestehend aus immer weiter teilbaren Teilen. So viel vorweg.

Betrachten wir nun das Paradox mit Achill und der Schildkröte. Zenon behauptet, dass Achill den Vorsprung der Schildkröte nie ganz wettmachen kann. Seine Argumentation: In der Zeit, in der Achill sich zum Startpunkt der Schildkröte hinbewegt, ist diese bereits ein bisschen weiter. Der anfängliche Abstand verkleinert sich zwar zunehmend, wird aber nie null, da sowohl der Raum als auch die Zeit unendlich teilbar sind. Achill muss also unendlich viele Raumabschnitte in endlicher Zeit durchlaufen. Unendlich viele Aufgaben könne man aber nicht in endlicher Zeit bewältigen. Also wird die Schildkröte das Rennen gewinnen. So Zenons Argumentation. Wo steckt der Fehler?

Aristoteles meinte, Zenon mogle ganz zum Schluss, nämlich wenn er behauptet, Achill habe nur endlich viel Zeit zur Verfügung und in endlicher Zeit könnten nicht unendlich viele Raumstrecken durchlaufen werden. In gewisser Weise kann sich Achill, so Aristoteles, nämlich unendlich viel Zeit nehmen: Er hat unendlich viele unendlich kleine Zeitabschnitte zur Verfügung, um die unendlich vielen unendlich kleinen Raumabschnitte zu durchlaufen. Die Zeit sei als Kontinuum ebenso unendlich teilbar wie der Raum. Zenon vermische die unendliche Teilbarkeit mit der unendlichen Ausdehnung: Achill habe zwar nicht unendlich lange Zeit, aber unendlich viele Zeitabschnitte zur Verfügung. Achill kann nach Aristoteles die Schildkröte also einholen, weil ihm für die unendlich vielen unendlich kleinen Teilstrecken unendlich viele unendlich kleine Zeitspannen bleiben, da die Zeit, ebenso wie der Raum, ein Kontinuum ist.

Aus mathematischer Sicht ist die Aufgabe übrigens ein Kinderspiel. Man kann ganz einfach ausrechnen, zu welchem Zeitpunkt Achill die Schildkröte eingeholt haben wird – und zwar nach gut zehn Sekunden. Bezeichnend ist allerdings, dass selbst ein Mathematiker den exakten Zeitpunkt nicht angeben kann, da die Zahl für die Zeitdauer unendlich viele Kommastellen hat. Man kann auch nicht sagen, welches der letzte Punkt ist, bevor Achill die Schildkröte eingeholt hat, denn zwischen diesem Punkt und dem Gleichstand liegen noch unendlich viele weitere Punkte. Genauso wenig kann man sagen, welches die nächste reelle Zahl nach 1 ist, also die kleinste Zahl zwischen 1 und 2: nicht 1,01 und auch nicht 1,00 001, sondern 1,000 000 000 000 000 000 000 000 … und irgendwann käme eine 1 als letzte Kommastelle – aber es gibt eben keine letzte Kommastelle, da es unendlich viele gibt.

Die unendliche Ausdehnung sprengt die Grenzen unseres Verstandes genauso wie die unendliche Teilbarkeit. Sie überwältigt uns, wenn wir in den unendlich weiten Kosmos blicken und uns fragen, ob das Universum wohl irgendwo ein Ende hat oder ob das immer so weitergeht. Überraschenderweise ist beides nur schwer vorstellbar: ein räumlich begrenztes, ebenso wie ein räumlich unbegrenztes Universum. Denn ein begrenztes Ganzes müsste sich doch irgendwo befinden und Teil eines größeren Ganzen sein. Oder etwa nicht? Zudem gilt: Jede Grenze trennt doch das eine vom anderen und nicht etwas von nichts. Wäre eine absolute Grenze, ohne ein Dahinter, nicht ein Unding? Aber ist die Alternative zu einem begrenzten Universum, nämlich ein unbegrenztes All, nicht genauso absurd und undenkbar? Ein Kosmos *ohne* Ende – könnte man da überhaupt noch von Ausdehnung reden? Und wie kann etwas unendlich Großes überhaupt existieren? Ist ein grenzenloses Etwas überhaupt noch ein Etwas?

## Wie lange kann die Zeit stillstehen?

*Können Sie sich eine Welt vorstellen, in der es keine Zeit gibt? Wenn Sie meinen, das sei ein Kinderspiel, dann haben Sie mit Sicherheit etwas falsch gemacht: Sie sollten sich eine Welt vorstellen, in der keine Zeit vergeht, nicht eine Welt, in der alles stillsteht und es keine Veränderung gibt! Eine Welt im Stillstand wäre nämlich immer noch eine Welt in der Zeit. Denn damit etwas stillstehen kann, braucht es Zeit. Jeder Stillstand hat eine Dauer und ist daher ohne Zeit nicht möglich. Also noch einmal: Wie sähe eine zeitlose Welt aus – eine Welt, in der es weder Veränderung noch Stillstand gibt?*

Der deutsche Philosoph Immanuel Kant hat festgestellt, dass es gewisse Dinge gibt, die wir nicht wegdenken können. Die Zeit gehört dazu. Aber auch die Farben: Stellen Sie sich ein Objekt vor, das keine Farbe hat – also weder rot, grün, schwarz, weiß usw. ist. Unmöglich. Auch die räumliche Ausdehnung ist etwas, von dem wir nicht abstrahieren können. Oder können Sie sich ein Objekt vorstellen, das keine Ausdehnung hat? Für Dinge und Eigenschaften gilt dasselbe: Können Sie sich ein Ding denken, das keine Eigenschaften hat? Oder eine Eigenschaft, die nicht die Eigenschaft irgendeines Dinges ist, sondern losgelöst existiert? Was auf die Zeit, den Raum, auf Farben, Dinge und Eigenschaften zutrifft, gilt auch für kausale Ereignisse: Versuchen Sie sich ein Ereignis vorzustellen, das nicht durch ein anderes Ereignis verursacht worden ist. Eine Fensterscheibe etwa, die einfach so zerbricht, ohne dass ein Stein sie zerschlagen oder sich eine innere Spannung aufgebaut hätte. Einfach so, aus dem Nichts. Unvorstellbar.

Unsere Vorstellungskraft und unser Verstand haben Regeln und Grenzen. Es ist, als ob wir eine blaue Brille tragen würden, durch die alles blau aussieht. Eine Brille, die wir niemals ablegen können. Diese Brille des Verstandes formt alles, was wir denken. Nach Kant ordnet sie alles nach einer zeitlichen und räumlichen Struktur, einem Nacheinander und Nebeneinander. Zudem formt sie die Eindrücke und Vorstellungen zu Dingen mit Eigenschaften und zu Ereignissen mit Ursachen. Unser Denken verleiht der Welt, die wir kennen, ihre Grundstruktur. Und zu dieser Grundstruktur gehört nach Kant die Zeit. Sie sei eine »Anschauungsform«, also gleichsam eine Brille unserer Anschauung, die wir nicht ablegen können. Darum ist es uns nicht möglich, eine Welt ohne Zeit zu denken. Manchmal wünschen wir uns, die Zeit würde stillstehen. Aber eigentlich meinen wir damit nicht die Zeit, sondern die Bewegung und Veränderung. Wir sagen: »Für einen kurzen Augenblick stand die Zeit still.« Aber wie kann die Zeit für einen kurzen Augenblick stillstehen? Es ist schlicht widersprüchlich zu behaupten, die Zeit stand für eine Sekunde still. Denn eine Sekunde kann nur vergehen, wenn die Zeit läuft, nicht wenn sie stillsteht.

Einige Physiker behaupten, die Zeit sei mit dem Urknall entstanden. Wenn das stimmt, ist die Zeit also etwa 13,8 Milliarden Jahre alt. Manche Theologen meinen ebenfalls, die Zeit sei nicht ewig. Gott habe sie geschaffen. Davor gab es keine Zeit. Aber was soll das heißen? Wenn es »vor« der Zeit keine Zeit gab, dann muss es die Zeit doch gegeben haben, denn sonst hätte es kein Davor gegeben. Und wenn es vor der Zeit keine Zeit gegeben hat, dann wäre die Zeit ewig, denn es gäbe keinen Zeitpunkt, an dem es die Zeit noch nicht gegeben hat. Die Zeit hätte zu jedem Zeitpunkt existiert und wäre also ewig, obwohl sie irgendwann entstand. Das Ganze ist ziemlich paradox. Hier scheint unser Denken an eine Grenze zu stoßen. Dennoch behaupten Physiker, die Wirklichkeit sei nun mal so, man habe es ausgerechnet: Die Zeit sei vor 13,8 Milliarden Jahren entstanden. Die Welt schere sich keinen Deut um unseren Verstand: Sie ist so, wie sie ist, ob wir das verstehen können oder nicht. Das mag sein. Aber was hilft uns eine wahre Theorie, wenn wir nicht verstehen, was sie bedeutet?

Einige Theologen nehmen die Sache mit Humor. Auf die Frage, was Gott wohl gemacht habe, bevor er die Welt und die Zeit geschaffen hat, antwortete Augustinus, Gott habe Höllenstrafen vorbereitet für diejenigen, die solche vorwitzigen Fragen stellen. Seine ernsthafte Antwort lautet: Es gab kein zeitliches Davor. Gott existiere außerhalb der Zeit, in unzeitlicher Ewigkeit, unveränderlich und immer gleich. Aber wie kann er dann unsere zeitliche Welt erschaffen und in sie eingreifen? Das ist ungefähr so rätselhaft wie ein Anfang der Zeit – oder: wie eine Zeitreise.

## Großvatermord in der Vergangenheit

*Angenommen, Sie könnten in die Vergangenheit reisen und würden Ihrem Großvater begegnen, und zwar bevor er Ihre Großmutter kennengelernt hat. Also auch bevor er Ihren Vater gezeugt hat, der wiederum Sie gezeugt hat. Könnten Sie Ihren Großvater töten? Die*

*Frage ist nicht, ob Sie es wollen oder ethisch verantworten können,*
*sondern schlicht und einfach, ob es überhaupt möglich ist. Wenn Sie*
*Ihren Großvater töten, hätte das nämlich zur Folge, dass Sie nie*
*geboren wären und auch nicht in die Vergangenheit hätten reisen*
*können, um ihn zu töten. Was würde also passieren, wenn Sie in der*
*Vergangenheit vor Ihrem Großvater stünden, mit einer Pistole in*
*der Hand? Würde die Logik verhindern, dass Sie abdrücken? Oder*
*würden Sie nicht nur ihn, sondern auch sich selbst umbringen?*

Seit dem Film *Zurück in die Zukunft* kann man kaum noch über
Zeit philosophieren, ohne über Zeitreisen nachzudenken. Übrigens halten einige Physiker, wie zum Beispiel Ronald Mallett,
Zeitreisen für prinzipiell möglich! Es lohnt sich also, über die
philosophischen Probleme des Zeitreisens nachzudenken. Wer
weiß: Vielleicht werden wir in einigen Jahrzehnten über Weih-
nachten nicht auf die Malediven, sondern ins Mittelalter reisen.

Aber sind Zeitreisen überhaupt ohne Widersprüche denkbar?
Das »Großvaterparadox« zumindest scheint dagegenzusprechen:
Wenn Sie in die Vergangenheit reisen könnten, dann könnten
Sie Ihren Großvater in jungen Jahren besuchen und ihn töten,
was zur Folge hätte, dass weder Ihr Vater noch Sie je geboren
wären. Wenn Sie aber nie geboren wären, hätten Sie auch nicht aus
der Gegenwart in die Vergangenheit reisen können, um Ihren
Großvater zu töten. Was für den Großvatermord gilt, das gilt
auch für den Vatermord und den Selbstmord in der Vergangenheit: Alle drei Handlungen sind unmöglich, da sie eine Tatsache
auslöschen, welche den Mord erst möglich machen würde, nämlich Ihr Betreten der Zeitmaschine.

Auch wenn Zeitreisen möglich wären, Sie könnten unmöglich
in die Vergangenheit reisen und verhindern, dass Sie geboren
werden. Aber könnten Sie sonstige Veränderungen vornehmen?

Könnten Sie zum Beispiel zwei Tage zurück in die Vergangenheit reisen und sich selbst eine Notiz auf dem Schreibtisch hinterlassen? Etwa die Nachricht: »Die Google-Aktie wird in den nächsten Tagen stark ansteigen. Kaufe zehn Stück!«? Schön wär's. Würde Ihr vergangenes Ich nämlich diese Notiz lesen und dem Ratschlag folgen, dann wären Sie zwei Tage später sicherlich nicht in die Zeitmaschine gestiegen, um Ihrem zwei Tage jüngeren Ich mitzuteilen, dass die Google-Aktie steigen wird. Sie hätten sie ja bereits gekauft. Wieder tun Sie in der Vergangenheit etwas, das verhindert, dass Sie in der Gegenwart in die Zeitmaschine steigen und in die Vergangenheit reisen – etwas, das Sie in Wirklichkeit aber getan haben.

Nun denken Sie vielleicht: Aber ich könnte doch in die Vergangenheit reisen und eine winzige Kleinigkeit verändern, die keine Folgen hat. Leider ist auch das nicht möglich: Nehmen wir an, Sie reisen zwei Tage zurück und brechen die Spitze eines Bleistifts ab, der zwar auf Ihrem Schreibtisch liegt, den Sie normalerweise aber weder beachten noch verwenden – er ist einfach da. Angenommen also, Sie schleichen sich in der Vergangenheit heimlich in Ihre eigene Wohnung und brechen die Spitze des Bleistifts ab. Was passiert mit dem Bleistift in der Gegenwart? Bricht die Spitze auf einmal ab? Wie von Geisterhand? Wohl kaum. Denn die Spitze darf nicht erst jetzt abbrechen, sie hätte gestern schon abgebrochen sein müssen, da Sie ja zwei Tage zurückreisten und sie abgebrochen haben.

Die Welt darf also nicht plötzlich anders werden, sondern sie hätte schon anders sein müssen. Aber das ist unmöglich. Denn gestern war die Spitze ja noch ganz. Nur darum konnten Sie ja in die Vergangenheit reisen und sie abbrechen. Es scheint also, als könne man der Vergangenheit nicht einmal ein Haar krümmen. Denn dieses wäre seither gekrümmt. Dem war aber nicht so.

Könnten Sie vielleicht in die Vergangenheit reisen, wenn Sie nur zuschauen und nichts verändern? Angenommen, Sie könnten sich unsichtbar machen: Könnten Sie zehn Jahre zurückreisen und sich selbst bei den täglichen Beschäftigungen zuschauen? Wieder lautet die Antwort: Nein. Denn mit Ihrer Anwesenheit in der Vergangenheit gäbe es ein und dieselbe Person zweimal, nämlich Sie. Das aber ist unmöglich. Es kann Sie nur einmal geben. Das liegt nicht an Ihnen, sondern gilt für alles und jedes. Auch ein Bleistift kann nur einmal existieren. Es können zwar mehrere Bleistifte exakt gleich aussehen, dennoch ist der eine nicht identisch mit dem anderen: Es sind zwei Exemplare desselben Typs. Es kann aber nicht zwei Dinge geben, die dasselbe Ding sind. Unmöglich. Bleibt noch eine Frage übrig: Können Sie in Zeiten zurückreisen, in denen Sie nicht existiert haben, wenn Sie dabei nichts verändern? Für eine Stunde unsichtbar im antiken Rom? Das Problem ist: Sie hätten bereits vor Ihrer Geburt in Rom sein müssen! Warum also noch in die Zeitmaschine steigen? Sie waren ja bereits da!

Der russische Physiker Igor Nowikow meinte, Zeitreisen seien möglich, aber die physikalischen Gesetze würden verhindern, dass der Zeitreisende Veränderungen anstellt, die zu Widersprüchen führen. Das »Prinzip der Selbstkonsistenz« verhindere, dass das Universum widersprüchlich werde. Kleine Veränderungen wie das Abbrechen einer Bleistiftspitze hielt Novikov für möglich. Größere Katastrophen, wie der Untergang der Titanic, können allerdings nicht ungeschehen gemacht werden – schließlich hätte man dann keinen Grund mehr, in die Vergangenheit zu reisen, um sie ungeschehen zu machen. Wir haben bereits gesehen, dass sich Novikov täuscht. Es ist unmöglich, der Vergangenheit auch nur ein Haar zu krümmen.

Einige Physiker und Philosophen sind der Ansicht, dass die Annahme von Paralleluniversen Zeitreisen in die Vergangenheit und sogar den Großvatermord möglich machen. Die Welt, in die Sie zurückkreisen, sei nämlich streng genommen eine andere Welt als diejenige, aus der Sie kommen. Und zwar allein schon durch Ihre Anwesenheit. Sie würden also nicht in derselben Welt zeitlich zurückspringen, Sie kämen in eine andere, wenn auch sehr ähnliche Welt – eben eine »Parallelwelt«. Man könnte etwa annehmen, die Welt, in die Sie zurückkreisen, sei noch nicht so weit in der Zeit wie unsere Welt: Möchten Sie in das Jahr 1914 springen, dann springen Sie in ein Paralleluniversum, das erst im Jahr 1914 angelangt ist. Dieses Universum hat noch keine Zukunft. Sie können diese also noch beeinflussen, wie Sie möchten. Können Sie aber auch Ihren Großvater töten? Zunächst scheint das problemlos möglich zu sein. Sie töten ihn und bleiben am Leben, denn streng genommen sind Sie gar nicht sein Enkel. Sie sind ja schließlich in eine andere Dimension gesprungen, die in keiner Verbindung zu derjenigen Dimension steht, in der Sie derzeit leben. Aber dann ist die Person, die Sie töten, auch nicht Ihr Großvater, sondern ein äußerlich identischer Zwilling. Also können Sie Ihren Großvater doch nicht umbringen. Verflixt.

Zeitreisen in die Vergangenheit – so scheint es – stellen eine enorme logische Herausforderung dar. Besteigen Sie also jemals eine Zeitmaschine, sollten Sie unbedingt ein Logikbuch in der Tasche mitführen. Einen besseren Zeitreiseführer gibt es nicht.

Wie sieht es eigentlich mit Zeitreisen in die Zukunft aus? Nichts leichter als das, meint die Physik. Aus Einsteins allgemeiner Relativitätstheorie folgt sogar, dass es bereits Zeitreisen in die Zukunft gibt und gegeben hat. Das bedarf der Erläuterung. Die Zeit läuft nach Einstein schneller, wenn wir uns schneller bewegen oder uns in der Nähe eines Gravitationszentrums befinden.

Man glaubt es kaum, aber Atomuhren laufen wirklich langsamer, wenn man sie auf eine schnelle Reise schickt: Man hat zwei Uhren verglichen und die eine Uhr in einem Flugzeug einmal um die Erde geschickt, während die andere an Ort und Stelle blieb. Bei der Rückkehr zeigte die auf dem Boden gebliebene Uhr eine spätere Zeit an als die Weltenbummler-Uhr. Die Uhr, die um die Welt geflogen ist, hat also nicht nur eine Reise im Raum, sondern auch eine Reise in der Zeit gemacht. Sie ist nämlich in die Zukunft gereist, wenn auch nicht weit.

Wenn sich ein Mensch annähernd mit Lichtgeschwindigkeit bewegen könnte, dann würde die Zeit extrem langsam vergehen im Vergleich zu der Zeit hier auf der Erde. Würde er eine Minute reisen, dann würden in derselben Zeit hier auf der Erde Jahre vergehen. Er würde zurückkehren und sähe, wie seine Freunde um Jahre gealtert sind. Man nennt dieses Phänomen Zeitdilatation – die Zeit zieht sich in die Länge. Eine Minute dauert plötzlich zehn Jahre. Bei einer Zeitreise passiert nichts anderes. Man steigt in eine Zeitmaschine, wartet eine Minute, steigt aus und sieht, dass hundert Jahre vergangen sind. Zeitreisen in die Zukunft stellen zumindest in der Theorie also kein Problem dar.

Es gibt Menschen, die möchten ihren Körper einfrieren lassen, in der Hoffnung, man könne sie in Zukunft wieder zum Leben erwecken. Sofern das gelingt, hätten diese »Kryoniker« – von altgriechisch »kryon« für »kalt« – etwas Ähnliches wie eine Zeitreise gemacht. Sie würden zweihundert Jahre später aus der Narkose aufwachen und hätten nichts gespürt. Ihr Körper wäre nicht gealtert.

In die Zukunft reisen geht aber noch einfacher. Sie kennen sicher das Phänomen, dass Ihnen die Zeit länger vorkommt, wenn Ihnen langweilig ist. Umgekehrt vergeht die Zeit schneller, wenn Sie interessante Dinge unternehmen und in Ihren Tätigkeiten aufgehen. Die Zeit kommt Ihnen sehr kurz vor, und wenn Sie mit der Tätigkeit fertig sind, wird Ihnen klar, dass Stunden vergangen sind! Sie haben also eine kleine Zeitreise in die Zukunft gemacht. Und zudem haben Sie noch mehr Erinnerungen an die Vergangenheit, denn intensive Erlebnisse kommen uns im Rückblick länger und reicher vor als langweilige Lebensabschnitte. Leben Sie also intensiv, dann müssen Sie nicht so lange auf die Zukunft warten und haben noch mehr, an das Sie sich erinnern können!

## Ohne Heute gäbe es morgen kein Gestern

*Die Vergangenheit ist die Zukunft der Gegenwart, wie es so schön heißt. Zeit verrinnt, weil Zukünftiges gegenwärtig und Gegenwärtiges zu Vergangenem wird. Die Zeit besteht also aus Zukunft, Gegenwart und Vergangenheit. Nun ergibt sich allerdings ein Problem: Die Zukunft existiert noch nicht, die Vergangenheit existiert nicht mehr und die Gegenwart ist eine ausdehnungslose Grenze zwischen Zukunft und Vergangenheit. Es gibt also weder das Zukünftige, noch das Vergangene, noch das Gegenwärtige. Da aber die Zeit aus diesen dreien zusammengesetzt ist, existiert auch die Zeit nicht.*

Dieses schnörkellose Argument stammt von dem Philosophen und Kirchenvater Augustinus, den wir bereits kennengelernt haben und der um 400 n. Chr. seine berühmte Schrift »Bekenntnisse« verfasste, ein angebliches Zwiegespräch mit Gott, das einer Mischung aus Autobiografie, Seelenstriptease und philosophischer Abhandlung gleichkommt. Gegen Ende der Schrift kommt Augustinus auf die Zeit zu sprechen und stellt diese berühmte Paradoxie auf.

Die Zeit sei aus drei Teilen zusammengesetzt: Zukunft, Gegenwart und Vergangenheit. Keiner dieser Teile sei jedoch wirklich, denn die Zukunft existiere noch nicht, die Vergangenheit sei bereits vorbei und die Gegenwart sei ohne Ausdehnung und entwische uns bei jedem Versuch, sie zu fassen. Also existiere auch die Zeit nicht. Aber ist diese Konsequenz nicht absurd? Wir sehen doch Tag für Tag und Sekunde für Sekunde, wie sich die Dinge um uns herum verändern. Und wir vergleichen zeitliche Prozesse miteinander, etwa wenn wir sagen: »Mit dem Zug fährt man doppelt so lange wie mit dem Auto.« Aber wie können wir, so fragt Augustinus, die Zeit messen, wenn sie nicht existiert? Wie können wir ihre Ausdehnung bestimmen, wenn sie doch keine hat? Überhaupt: wie misst man die Zeit?

Aristoteles meinte, wir messen die Zeit mit Bewegung – und zwar mit einer gleichförmigen Bewegung. Zu Aristoteles' Zeiten dienten die Umläufe der Gestirne als Zeitmesser. Heute richten wir uns mit sogenannten Atomuhren an den gleichmäßigen Schwingungsprozessen von Elementarteilchen aus. Diese sind noch präziser als die Umläufe der Gestirne. Aber wie wissen wir überhaupt, dass eine Bewegung konstant ist, also weder schneller noch langsamer wird? Wir brauchen dazu eine weitere gleichbleibende Bewegung, die uns als Richtschnur dient. Wir messen also Bewegung mit Bewegung. Was aber wäre, wenn sich alle Prozesse in der Welt gleich stark beschleunigen würden, auch unser Denken? Würden wir etwas bemerken? Wäre das nicht so, wie wenn alle Objekte, die es gibt, sich gleichmäßig vergrößern würden? Würden wir dieses Wachsen überhaupt bemerken?

Wir haben bereits gesehen, dass aus Sicht der Physik die Zeit schneller und langsamer laufen kann. Aber ist das wirklich so? Ist es wirklich die Zeit, die schneller und langsamer läuft? Sind es nicht vielmehr die Bewegungen? Tatsache ist, Atomuhren laufen langsamer, wenn sie in Bewegung sind. Aber zeigt das, dass die Zeit dann langsamer vergeht? Oder zeigt es lediglich, dass die Dinge sich langsamer bewegen? Dass also auch die atomaren Schwingungen langsamer sind? Warum soll das Tempo der Zeit identisch sein mit dem Schwingungsrhythmus von Elementarteilchen? Widerspricht das nicht dem, was wir mit »Zeit« meinen? Reden die Physiker also wirklich über die Zeit, wenn sie das Wort »Zeit« verwenden? Alles schwierige Fragen. Und die Zeit ist knapp. Widmen wir uns also wieder der Philosophie. Augustinus hat nämlich noch eine Lösung in der Tasche.

Augustinus rettet die Zeit, indem er sie in unseren Geist verlegt. Zukünftiges, Gegenwärtiges und Vergangenes sei in unserem Denken und unserer Vorstellung präsent. Wir erinnern Vergangenes, erwarten Zukünftiges und erleben Gegenwärtiges. Unser Geist streckt sich zurück in die Vergangenheit und voraus in die Zukunft, indem er Vergangenes und Zukünftiges vergegenwärtigt. Gleichzeitig verleiht er der Gegenwart eine Ausdehnung. Die Erinnerung hält das Jetzt noch ein Weilchen fest, während bereits neue Eindrücke auf uns einprasseln und wir uns ausdenken, was wohl als Nächstes auf uns zukommt.

Augustinus erläutert seine subjektive Theorie der Zeit mit einem musikalischen Beispiel: Wenn wir einer Melodie lauschen, dann hören wir nicht einzelne Töne. Vielmehr haben wir die vergangenen Töne noch im Kopf und nehmen die nachfolgenden bereits vorweg. Vor unserem inneren Ohr haben wir – auf seltsame Weise – die ganze Melodie präsent, von Anfang bis Ende. Die Gegenwart hat also eine Dauer. Allerdings nur innerhalb unseres Geistes. Augustinus vertrat als Erster eine subjektive Zeitauffassung, gemäß der die Zeit immer eine erlebte Zeit ist. Ohne Geist und ohne Seele gäbe es sie nicht. Außerhalb des Geistes gibt es keine Gegenwart, keine Zukunft und keine Vergangenheit. Nur für uns Menschen sind die Dinge gegenwärtig, zukünftig oder vergangen. Auch für Gott übrigens gibt es nach Augustinus keine Zeit. Er stehe außerhalb der Zeit und erfasse Vergangenes, Gegenwärtiges und Zukünftiges im Nu, alles auf einmal. Ganz schön viel auf einmal, wenn Sie mich fragen. Wir Menschen hätten längst ein Burn-out angesichts dieser Informationsflut. Den meisten von uns reicht schon die Gegenwart.

# Ich

»Gnothi seauton« – »Erkenne dich selbst!« Diese Aufforderung soll als Inschrift am Tempel des Gottes Apollon in Delphi gestanden haben. Sokrates – der Urvater der abendländischen Philosophie – hat sich immer wieder darauf berufen. Er sah in der Selbsterkenntnis eine vorrangige Aufgabe der Philosophie. Schließlich sei die Philosophie eine »Sorge um die eigene Seele«, wie er schreibt. Wer das Glück sucht, kommt an sich selbst nicht vorbei. Das wusste auch der Philosoph Ludwig Marcuse, der meinte: »Mein Glück ist der Augenblick tiefster Übereinstimmung mit mir selbst.«

Die Frage »Wer bin ich?« steht am Anfang eines gelingenden Lebens. Doch der Weg zur Selbsterkenntnis ist lang, mühsam und verschlungen. Die Ablenkungen sind verlockend – heute mehr denn je. Die meisten von uns leben in permanenter Zerstreuung, getrieben und fremdbestimmt. Wir machen tausend Sachen gleichzeitig und nichts davon richtig. Wir rennen Dingen hinterher, deren Wert wir noch nie in Zweifel gezogen haben. Und manche von uns beuten sich sogar selbst aus – für Ziele, die sie nie hinterfragt haben. Das sollten wir ändern. Doch wie? Wie entdecke ich, wer ich bin und was ich will?

»Du musst in dich gehen!«, sagen die einen. »Da war ich schon; ist auch nichts los«, antworten die anderen. Beide haben nur zur Hälfte recht. Wir lernen uns nicht kennen, indem wir zu Hause auf dem Sofa sitzen und in uns hineinhorchen. Wir müssen nach draußen gehen, mit uns experimentieren und unser Ich fremden Situationen aussetzen. Dabei müssen wir jedoch sensibel und aufmerksam beobachten, wie wir auf diese neuen Situationen reagieren. Nur so finden wir heraus, was wir mögen und was nicht. Auf einmal regt sich etwas in uns und eine Saite beginnt zu schwingen – angeregt durch fremde Klänge. Manchmal reicht es auch, allein im Geist auf Entdeckungsreise zu gehen, sich Situationen und Lebensentwürfe vorzustellen und darauf zu achten, wie sich die Vorstellung für uns anfühlt: Wäre das etwas für mich? Was würde es heißen, so zu leben? Wenn sich bei dieser geistigen Reise im Innern etwas regt, dann lohnt sich meist auch der Test in der Realität. Vielleicht blüht dadurch ein Teil unseres Ichs auf, der ansonsten verkümmert wäre.

Wer bin ich? Was ist mir wirklich wichtig? Welche meiner Wünsche, Ansichten und Gefühle sind echt? Wann mache ich mir selbst etwas vor? Lebe ich mein eigenes Leben? Gibt es ein wahres Ich hinter den Rollen, die ich vor Freunden, Familienangehörigen und Berufskollegen spiele? Und: Kenne ich mich selbst am besten? Diese Fragen kommen in der heutigen Philosophie leider nur noch am Rande vor, obwohl sie für unser Leben zentral sind. Sie wurden an die Psychologie und die Psychotherapie delegiert. Aber es gibt eine Frage, die in der Philosophie nach wie vor heiß diskutiert wird, nämlich die Frage: Bin ich noch dieselbe Person wie früher? Und wenn ja, warum? Diese Frage nach unserer Identität ist berechtigt, denn meine Überzeugungen haben sich über die Jahre gewandelt, ebenso wie meine Werte und Wünsche. Auch mein Köper ist nicht mehr derselbe – mein Aussehen hat sich verändert und die Zellen des Körpers erneuern sich angeblich alle sieben Jahre. Bin ich also noch dieselbe

Person wie vor zehn oder zwanzig Jahren? Sollte ich dringend eine neue Identitätskarte beantragen? Wenn nicht: Wie kann ich derselbe bleiben, wenn sich alles an mir verändert? Warum bin ich ich? Was müsste passieren, damit ich Sie wäre? Um diese Fragen kreist das folgende Kapitel.

Bevor wir loslegen, möchte ich Sie bitten, für einen Moment die Augen zu schließen. Atmen Sie tief durch und konzentrieren Sie sich auf sich selbst. Achten Sie nur auf Ihr Ich. Woran denken Sie? Was spüren Sie? Ist das Ich ein Gefühl? Ein Gedanke? Ist es Ihr Körper oder Ihr Geist? Gibt es überhaupt so etwas wie ein Ich? Der schottische Philosoph David Hume meinte, ähnlich wie die Buddhisten, es gäbe kein Ich. Die Suche sei vergebens. Was wir Ich nennen, sei nichts weiter als ein Bündel von Wahrnehmungen, Gefühlen, Gedanken, Wünschen und Erinnerungen. Dass wir alle »Ich« sagen können, heißt noch lange nicht, dass jeder von uns auch ein Ich in sich hat. Wir sagen auch »Es regnet«, glauben aber nicht, dass es ein Es gibt, das regnet. Ist das Ich also nichts weiter als eine Illusion? Auch die Hirnforschung weist in diese Richtung. In unserem Gehirn scheint es nämlich kein Ich-Zentrum zu geben. Das Ich ist überall und nirgendwo. Das Orchester in unserem Schädel spielt vor sich hin, ohne Dirigenten.

Gegen diese Ansicht spricht unser Erleben. Es fühlt sich nämlich nicht so an, als ob in uns irgendwelche Gedanken, Wünsche und Gefühle – ganz ohne unser Zutun – vor sich hin fließen würden. *Wir* sind es, die denken, wünschen und fühlen. Und wir spüren in der Regel auch, was zu uns passt und was nicht, was wir mögen und was nicht. Wir fühlen, was uns fremd und was uns eigen ist. Zudem gilt: Jeder hat eine individuelle Persönlichkeit, einen eigenen Charakter. Wir verändern uns zwar mit der Zeit, aber nicht von heute auf morgen. Es gibt ein Grundmuster, das mehr oder weniger stabil bleibt. Es fragt sich nur: Ist dieses individuelle Muster des Handelns, Denkens, Fühlens und Wollens unser Ich? Und wenn ja, wie kann sich dieses Muster über Jahre und Jahrzehnte verändern, ohne dass wir eine andere Person werden? Warum kann ich im Fotoalbum blättern und beim Anblick alter Kinder- und Jugendfotos sagen »Das bin ich«?

## Das Schiff des Theseus

*Stellen Sie sich vor, Sie wären ein begnadeter Seefahrer – so wie Theseus, der berühmte Held der griechischen Mythologie. Sie segeln monatelang auf hoher See, trotzen den heftigsten Stürmen und bändigen zahlreiche Seeungeheuer. Natürlich hinterlassen diese nautischen Abenteuer deutliche Spuren an Ihrem Schiff. Also müssen Sie zur Reparatur in die Werft: Ein paar Planken müssen ersetzt werden. Danach können Sie wieder in See stechen. Nach einem weiteren Monat auf den turbulenten Meeren der Welt müssen Sie jedoch bereits wieder in die Werft, um einige alte Teile zu ersetzen. So ersetzt der Schiffbauer über die Jahre nach und nach alle alten Teile Ihres Schiffs durch neue. Keine der alten Planken ist noch dran. Alles ist wie neu.*

*Der Schiffbauer hat die alten Planken sorgfältig aufbewahrt und baut daraus wieder Ihr altes Schiff zusammen – in der Hoffnung, er könne es später vielleicht einmal teuer verkaufen. Schließlich gelten Sie bereits heute als lebende Legende der Seefahrkunst!*

*Es gibt nun also zwei Schiffe: das funktionstüchtige neue Schiff, mit dem Sie unterwegs sind, und dasjenige des Schiffbauers, das aus den Originalplanken Ihres ursprünglichen Schiffs besteht. Die entscheidende philosophische Frage lautet nun: Welches ist Ihr echtes Schiff? Welches der beiden Schiffe ist identisch mit Ihrem ursprünglichen Schiff?*

Dieses Gedankenspiel hat eine lange Tradition und ist durch den griechischen Schriftsteller Plutarch überliefert. Die Sachlage ist einfach: Die Teile eines Schiffs werden Stück für Stück durch neue ersetzt. Nicht alle auf einmal, sondern allmählich und über einen längeren Zeitraum. Irgendwann besteht das Schiff dann komplett aus neuen Teilen. Alle alten sind weg. Nun stellt sich die Frage, wie das Schiff immer noch dasselbe Schiff sein kann, obwohl sich alles an ihm verändert hat. Oder ist es überhaupt nicht mehr dasselbe Schiff?

Diese philosophische Frage nach der Identität einer Sache über die Zeit hinweg betrifft neben Schiffen natürlich in erster Linie uns Menschen. Die Biologie lehrt uns nämlich, dass die Zellen unseres Körpers etwa alle sieben Jahre durch neue ersetzt werden. Unser gesamter Körper besteht also aus anderem Material als noch vor sieben Jahren. Ähnliches gilt für unseren Geist. Auch unser Charakter, unsere Wünsche und Überzeugungen verändern sich im Laufe der Zeit. Früher waren wir unbeschwert und draufgängerisch, heute sind wir voller Sorgen und Ängste. Früher glaubten wir an die Zahnfee und wollten Astronaut werden. Heute glauben wir an die Wissenschaft und wollen nicht zu weit zur Arbeit fahren. Wir Menschen verändern uns – äußerlich und innerlich. Gibt es überhaupt etwas an uns, das gleich bleibt, wenn wir älter werden? Und muss etwas gleich bleiben, damit wir die gleichen bleiben können?

Bevor wir uns in die Materie stürzen, sollten wir eine wichtige Unterscheidung kennenlernen. Mit dem Wort »Identität« kann nämlich Verschiedenes gemeint sein. In der Philosophie unterscheidet man zwischen »qualitativer« und »numerischer« Identität. Zwei Dinge sind qualitativ identisch, wenn sie alle Eigenschaften teilen, sich also in nichts unterscheiden – wie etwa zwei Exemplare des Buchs, das Sie gerade lesen. Sie haben dieselbe

Farbe, denselben Titel, dieselbe Seitenzahl und denselben Inhalt. Alles ist identisch, bis auf den Ort der beiden Exemplare: Das eine halten Sie in den Händen; das andere liegt noch im Buchladen. Dieses Beispiel zeigt: Zwei Dinge können dieselben Eigenschaften haben, also qualitativ identisch sein, obwohl es sich um zwei numerisch verschiedene Dinge handelt. Bei den beiden Büchern handelt es sich eben um zwei verschiedene Dinge, nicht um ein und denselben Gegenstand. Der Ausdruck »numerisch verschieden« meint genau das: zwei verschiedene Dinge, denen man zwei verschiedene Nummern geben könnte.

Interessant ist nun, dass sich ein und dasselbe Ding im Laufe der Zeit stark verändern kann. Ein Putzlappen sieht nach dem Gebrauch anders aus als davor, aber es handelt sich um denselben Putzlappen. Der gebrauchte Putzlappen ist numerisch identisch mit dem damals neu gekauften, aber qualitativ verschieden. Zwei Dinge können also nicht nur – wie bei den Buchexemplaren – verschieden sein, obwohl sie die gleichen Eigenschaften haben, sie können auch – wie bei dem Putzlappen vor und nach dem Gebrauch – identisch sein, obwohl sie andere Eigenschaften haben.

Nach diesem terminologischen Exkurs sind wir nun gerüstet für die philosophische Frage nach unserer Identität: Sind wir noch dieselben Personen wie vor zwanzig Jahren? Ja und nein. Wir sind dasselbe Individuum geblieben, obwohl wir uns körperlich und geistig verändert haben. Unser heutiges Ich ist numerisch identisch mit dem damaligen, aber nicht qualitativ. Personen bleiben in der Regel dieselben, auch wenn sich ihre Persönlichkeit im Laufe der Zeit verändert. Es gibt jedoch Fälle von abrupten und einschneidenden Persönlichkeitsveränderungen, etwa nach einem Unfall oder einem Schlaganfall. In solchen Fällen sind wir manchmal geneigt zu sagen: »Er ist nicht mehr derselbe wie früher« – nicht im übertragenen, sondern im eigentlichen Sinn. Meistens handelt es sich dabei um Menschen, deren Erinnerungsvermögen stark beschädigt wurde. Tatsächlich spielt die Erinnerung für unsere Identität eine entscheidende Rolle. Das wusste der englische Philosoph John Locke bereits im 17. Jahrhundert. Schauen wir uns seine Theorie etwas genauer an:

Was uns nach Locke zu Personen macht, ist unser Selbstbewusstsein. Egal, was wir momentan gerade tun, uns ist jeweils klar, dass *wir* es sind, die es tun. Wir können jederzeit über uns selbst nachdenken, auch über unser vergangenes Ich. Wir können uns nämlich erinnern. Dieses Denken an damals verleiht uns Locke zufolge unsere Identität. Dadurch, dass uns einzelne Momente im Gedächtnis bleiben und wir uns an sie erinnern können, bildet sich unser Ich-Bewusstsein. Unsere Erinnerungen machen uns erst zu den Personen, die wir sind. Ohne Erinnerung kein Selbst.

Locke bricht radikal mit der Annahme, es brauche etwas Gleichbleibendes in uns, damit wir über die Zeit hinweg dieselben bleiben können. Nach Locke kann sich alles an uns verändern, Hauptsache, wir erinnern uns noch an damals. Das Ich ist keine Substanz, sondern ein Bewusstseinsprozess. Auf die Annahme einer unveränderlichen Seele kann Locke verzichten.

Wie wichtig die Erinnerung ist, zeigt ein Gedankenspiel: Stellen Sie sich vor, Sie tauschten Ihre Erinnerungen mit denen Ihrer Freundin. Ihr ganzes Gedächtnis wäre gelöscht und durch das Gedächtnis Ihrer Freundin ersetzt worden. Sie würden sich also nicht an Ihre eigene Kindheit, sondern an diejenige Ihrer Freundin erinnern. Ihr ganzer Erfahrungsschatz wäre damit ein anderer. Sie könnten sich etwa plötzlich an die karge Berglandschaft Nepals erinnern, obwohl Sie noch nie da waren! Auch ein Großteil Ihrer

Gefühle, Interessen und Überzeugungen würde sich radikal verändern, denn sie alle haben sich durch Erfahrung gebildet. Das gilt auch für das eigene Körpergefühl. Nach dem Erinnerungstausch wird Ihnen Ihr Körper gänzlich fremd vorkommen und Sie werden den vermeintlich vertrauten Körper vermissen. Es scheint ganz so, als hätten Sie und Ihre Freundin nicht nur die Erinnerungen, sondern auch die Identität getauscht. Das Gedankenspiel belegt die These von Locke, dass unser Gedächtnis eine überaus wichtige Rolle für unsere Identität spielt. Locke selbst überlegt sich, was wäre, wenn jemand eines Morgens im Körper eines Schusters aufwachen würde, mit der festen Überzeugung, er sei ein Prinz. Wenn diese Person sich an ihr bisheriges Leben als Prinz erinnern kann, dann – so meint Locke – stecke wirklich ein Prinz im Körper eines Schusters.

Dass die Erinnerung von elementarer Bedeutung für unser Ich ist, zeigt sich auch im folgender Überlegung. Stellen Sie sich vor, Sie sind Schlafwandler und werden angeklagt, gestern Nacht bei Ihrem Nachbarn eingebrochen zu sein. Sie selbst können sich natürlich an nichts erinnern. Darf man Sie dennoch bestrafen? Wohl kaum, werden Sie sagen, denn nicht Sie selbst, sondern Ihr Körper oder Ihr Schlafwandler-Ich hat den Einbruch begangen. Warum? Sie können sich an nichts erinnern.

Ganz so einfach ist die Sache mit der Erinnerung allerdings nicht. Es gibt zwei schlagende Einwände gegen die Theorie von Locke. Der erste Einwand besagt, die Theorie sei zirkulär – setze also dasjenige voraus, was sie beweisen möchte. Ohne stabile Identität könnten wir uns nämlich gar nicht erinnern. Jede Person kann sich nur an ihre eigenen Erlebnisse erinnern, nicht an diejenigen des Nachbarn. Wer sich an früher erinnert, muss damals dieselbe Person gewesen sein wie heute. Erinnerung setzt Identität also voraus, nicht umgekehrt.

Der zweite Einwand stammt von dem schottischen Philosophen Thomas Reid und geht so: Angenommen, ein Junge wird verprügelt, weil er einen Apfel geklaut hat. Aus dem Jungen wird später ein großer General, der den entscheidenden Krieg für sein Land gewinnt. Als alter Greis kann sich der General immer noch an seinen Siegeszug erinnern, aber nicht mehr an die Prügelstrafen in seiner Jugend. Damals als Kriegsgeneral konnte er sich jedoch noch gut an seine Jugend erinnern. Wenn wir nun Lockes Kriterium der Erinnerung nehmen, dann entsteht ein Widerspruch: Der General ist identisch mit dem Prügelknaben und der alte Greis ist identisch mit dem General, weil sie sich jeweils an die vergangenen Episoden erinnern können. Also ist der Greis auch mit dem Knaben identisch. Aber der Greis kann sich nicht mehr an seine Jugendzeit erinnern. Zwischen dem Greis und dem Knaben besteht somit keine Brücke der Erinnerung. Also dürfte er nach Lockes Theorie nicht dieselbe Person sein wie damals. Widerspruch perfekt.

Apropos Prügelstrafen: Angenommen, man könnte Sie an eine Maschine anschließen, die alle Ihre Erinnerungen löscht und auf einer Festplatte speichert. Danach würde man Ihren Körper auf grausame Weise foltern. Anschließend würde man Ihnen die Erinnerungen wieder einpflanzen. Wenn Ihr Ich tatsächlich an Ihren Erinnerungen hängt, dann sollten Sie von der Folter nichts mitbekommen. Sie hätten einen Filmriss, mehr nicht. Würden Sie das Experiment also eingehen? Wohl eher nicht. Dieses Gedankenspiel stammt von dem englischen Philosophen Bernard Williams. Er wollte damit zeigen, dass wir uns nicht nur mit unserem Geist und unseren Erinnerungen identifizieren, sondern manchmal auch mit unserem Körper. Das folgende Gedankenspiel zeigt jedoch, dass ein Teil unseres Körpers besonders entscheidend ist für unsere Identität, nämlich das Gehirn.

Stellen Sie sich vor, Ihr Gehirn würde aus dem Schädel entfernt und Ihrem Nachbar eingepflanzt. Ihr Gehirn sitzt also nun im Körper des Nachbarn. Das Gehirn des Nachbarn wiederum wurde in Ihren Schädel gesetzt. Frage: Wo wohnen Sie jetzt? Die meisten würden wohl sagen: Immer noch am selben Ort, obwohl es für Aussenstehende so aussieht, als hätten Sie und Ihr Nachbar die Wohnungen getauscht. Aber Ihre Freunde merken schnell: Sie haben den Körper des Nachbarn und der Nachbar lebt in Ihrem Körper. Auf das Gehirn kommt es also an, nicht auf den ganzen Körper. Oder braucht es noch nicht einmal das Gehirn? Reichen die geistigen Inhalte, also die Erinnerungen, Charakterzüge, Gefühle, Überzeugungen und Wünsche? Und: Kann es mehrere Personen mit meinen Erinnerungen geben? Um diese Frage dreht sich das folgende Gedankenexperiment.

### Beam me up, Scotty

*Stellen Sie sich vor, Sie befinden sich in Berlin und stehen vor einer Kabine, die Sie nach Peking beamen kann. Und zwar so: Wenn Sie die Kabine betreten, wird Ihr Körper von oben bis unten komplett gescannt: der Zustand jeder Körperzelle wird registriert, jedes Atom Ihres Körpers wird geprüft und alle Informationen werden gespeichert. Danach wird Ihr Körper zerstört. Die Daten werden an eine Kabine in Peking geschickt, wo ein Replikator aus den gespeicherten Daten eine komplette und perfekte Kopie Ihres Körpers herstellt: Jede Zelle befindet sich an exakt demselben Ort, alles ist wie beim Original. Auch das Gehirn sieht mikroskopisch genau gleich aus. Die Kopie in China hat also dieselben Erinnerungen, Überzeugungen, Gefühle, Werte und Wünsche wie Sie. Wenn alles wie geplant läuft, dann steigen Sie in Berlin in die Kabine und kommen in China wieder raus, mit einem kurzen Black-out*

*dazwischen. Würden Sie die Kabine betreten? Wäre das eine be-*
*queme Form des Reisens oder würden Sie lediglich in Berlin blei-*
*ben und sterben?*

*Angenommen, man würde Ihren Körper nach dem Scanning*
*nicht zerstören, sondern weiterleben lassen. Gäbe es Sie dann*
*zweimal, einmal in Berlin und einmal in Peking? Würden Sie die*
*Welt doppelt erleben, aus zwei Perspektiven? Oder wäre die Person*
*in Peking eine bloße Kopie von Ihnen, ein Zwilling?*

Dieses Gedankenexperiment stammt von dem britischen Philosophen Derek Parfit. Parfit denkt, ähnlich wie Locke, dass wir
heute dieselben Personen sind wie damals, weil es eine gewisse
Verbindung zwischen damals und heute gibt und wir uns an
Vergangenes erinnern können. Damit unser Ich dasselbe bleibt,
brauche es eine psychische Kontinuität. Parfit glaubt nicht an
eine Seele. Er meint, unser Ich sei letztlich auf Gehirnzustände
reduzierbar, denn da sitzen alle unsere Erinnerungen, Überzeugungen und Wünsche. Aber wie löst er das Rätsel mit den zwei
Kabinen?

Die erste Version des Gedankenspiels stellt für Parfit kein Problem dar. Er würde die Kabine betreten, auch wenn sein Körper
nach dem Scannen zerstört wird. Schließlich wird in Peking
dieselbe Konfiguration von Molekülen wieder aufgebaut, mit
identischen Erinnerungen, Überzeugungen, Wünschen und
Charakterzügen. Wer in Berlin die Kabine betritt, steigt nach
einem kurzen Filmriss in Peking wieder aus. Bequemer und
schneller kann man nicht reisen. Von Berlin nach Peking in
einer Minute.

Bei der zweiten Version des Gedankenspiels tauchen jedoch
Probleme auf. Hier wird der Körper nach dem Scannen nicht
zerstört. Sowohl in Peking als auch in Berlin steigt jemand aus
der Kabine. Für Parfit ist klar: Diejenige Person, die in Berlin

die Kabine verlässt, ist nicht identisch mit der Person, die in Peking die Kabine verlässt. Schließlich befinden sich beide zur gleichen Zeit an verschiedenen Orten. Sie haben zwar dieselben Eigenschaften, sind aber nicht ein und dieselbe Person, das heißt, sie sind qualitativ identisch, jedoch nicht numerisch identisch. Sie sind perfekte Zwillinge, mehr nicht. Das bedeutet auch: Wenn sich die eine Person verletzt, dann spürt die andere nichts.

Nun kommt jedoch der Clou: Wenn die Person in Berlin nicht identisch ist mit der Person in Peking, dann können Sie nicht mit beiden identisch sein. Sie kommen in Peking oder in Berlin raus, oder nirgendwo, aber auf keinen Fall an beiden Orten. Warum? Identität ist »transitiv«, wie die Logiker sagen: Wenn A nicht nur mit B, sondern auch mit C identisch ist, dann müssen auch B und C identisch sein, denn beide sind nichts anderes als A. Wenn Sie also in Berlin in die Kabine steigen und sowohl identisch wären mit der Person, die nach dem Scannen in Berlin die Kabine verlässt, als auch mit der Person, die in Peking die Kabine verlässt, dann müssten auch die Personen in Berlin und in Peking identisch sein. Das aber kann unmöglich sein, denn ein und dasselbe Ding kann nicht gleichzeitig an verschiedenen Orten existieren.

Bleiben Sie diesmal vielleicht einfach in Berlin und ein Zwilling steigt in China aus? Aber warum sollte die Reise nur klappen, wenn man Ihren Körper in Berlin zerstört? Was unterscheidet die Person in Peking von derjenigen in Berlin? Warum sollten Sie eher mit der einen als mit der anderen identisch sein? Parfit schlägt einen Ausweg aus dieser misslichen Lage vor, indem er behauptet: Sie sind weder mit der Person in Peking, noch mit der Person in Berlin identisch. Nach der Verdoppelung existieren Sie nämlich gar nicht mehr! Sobald eine Kopie von Ihnen entsteht, verlieren Sie Ihre Identität. Denn Identität verlangt Einzigartigkeit. Psychologische Kontinuität allein reicht also nicht. Denn sowohl die Person in Berlin als auch diejenige in Peking haben dieselben Erinnerungen wie Sie. Dennoch ist keine der beiden Personen identisch mit Ihnen. Kopieren heißt, das Original zerstören.

Man kann sich diese Argumentation am Beispiel einer Amöbe klarmachen. Amöben vermehren sich bekanntlich durch Teilung: Aus einer Amöbe werden zwei. Die philosophisch interessante Frage ist: Welche der beiden entstandenen Amöben ist identisch mit der ursprünglichen Amöbe? Beide können es nicht sein, denn dann wären sie auch miteinander identisch, das heißt, sie wären nicht zwei, sondern ein und dasselbe Lebewesen, was offensichtlich falsch ist.

Stellen Sie sich vor, Ihre beiden Gehirnhälften könnten getrennt werden und wären einzeln genauso funktionsfähig wie das ganze Gehirn. Eigentlich könnten Sie also mit nur einer Gehirnhälfte leben, ohne Einschränkungen. Nun stellen Sie sich vor, man würde Ihre beiden Hirnhälften auf zwei Körper mit leerem Schädel verteilen. Beide Personen hätten nun dieselben Erinnerungen, Ansichten und Werte wie Sie und wären überrascht über den fremden Körper, in dem sie sich befinden. Aber welche der beiden Personen wäre Sie? Wie bei der Amöbe gilt: Sie können nicht beide sein. Und warum eher die eine als die andere? Die Auswahl wäre willkürlich. Also gilt: Sie selbst sterben mit der Teilung. Es gibt Sie danach nicht mehr.

Aber ist dieser Tod so schlimm? Wie würden Sie entscheiden, wenn Sie zwischen dieser Art von Gehirnteilung oder einem tödlichen Gift wählen müssten? Dann wohl doch lieber die Teilung, schließlich gibt es da einen Fortbestand im Erleben. In gewisser Weise werden Sie als zwei Personen weiterleben, meint Parfit.

Daher würden die meisten diese Form des Überlebens bevorzugen. Auch wenn beide Personen, die danach leben werden, nicht mit Ihnen identisch sind. Parfit meint aber, auf die Identität käme es beim Überleben nicht an. Hauptsache, es geht weiter. Egal mit wem. – Man darf gespannt sein.

# Literatur zu den Gedankenspielen

## Glück

*Glücklich bis über den Tod hinaus:* Aristoteles, *Nikomachische Ethik.*

*Der Hund an der Kette:* Seneca, *Philosophische Schriften.*

*Wunschlos glücklich:* Epikur, *Briefe, Sprüche, Werkfragmente,* Stuttgart; Schopenhauer, *Die Welt als Wille und Vorstellung.*

*Ewige Wiederkehr des Gleichen:* Friedrich Nietzsche, *Die fröhliche Wissenschaft,* Viertes Buch.

*Die Glücksmaschine:* Robert Nozick, *Anarchie, Staat, Utopia.*

*Sisyphos und der Stein:* Albert Camus, *Der Mythos des Sisyphos.*

## Erkenntnis

*Gefangen in der Höhle:* Platon, *Der Staat,* Buch 7.

*Das Gehirn im Glas:* Hilary Putnam, *Reason, Truth and History,* Cambridge 1981; René Descartes, *Meditationes de Prima Philosophia. Meditationen über die Erste Philosophie,* 2. Meditation.

*Münchhausens Trilemma:* Sextus Empiricus, *Grundriss der pyrrhonischen Skepsis,* Kapitel 15.

*Der fehlende Blauton;* David Hume, *Eine Untersuchung über den menschlichen Verstand,* Kapitel 2.

*Wenn kaputte Uhren die Zeit richtig anzeigen:* Edmund Gettier, »Is Justified True Belief Knowledge?«, in: *Analysis* 23 (1963); Bertrand Russell, »*Human Knowledge: Its Scope and Limits*«.

## Moral

*Die Straßenbahn und der dicke Mann:* Philippa Foot, »Abortion and the doctrine of the double effect«, in: *Oxford Review* 5 (1967); Judith Jarvis Thomson, »Killing, letting die, and the trolley problem«, in: *The Monist* 59 (1976).

*Mutter Teresa und der disziplinierte Psychopath:* Aristoteles, *Nikomachische Ethik,* Buch VI.

*Das Kind im Teich:* Peter Singer, Leben retten. *Wie sich die Armut abschaffen lässt – und warum wir es nicht tun.*

*Menschenfleisch für Aliens:* Richard David Precht, *Warum gibt es alles und nicht nichts? Ein Ausflug in die Philosophie.*

*Der Geiger auf dem Rücken:* Thomson, Judith Jarvis, »A defense of abortion«, in: *Philosophy and Public Affairs,* 1 (1971).


## Schönheit und Kunst

*Leblose Freunde:* Alain de Botton, *Glück und Architektur.*

*Musik ohne Gefühle,* Frank Sibley, *Approach to Aesthetics.*

*Rotes Quadrat auf weißem Grund:* Arthur Danto, *Die Verklärung des Gewöhnlichen. Eine Philosophie der Kunst.*


## Freiheit

*Kann man die Zukunft ausrechnen?* Pierre Simon Laplace, *A Philosophical Essay on Probabilities.*

*Hätte ich auch anders entscheiden können?* David Hume, *Eine Untersuchung über den menschlichen Verstand,* Kapitel 8: Über Freiheit und Notwendigkeit. Peter Bieri, *Das Handwerk der Freiheit. Über die Entdeckung des eigenen Willens.*

*Wenn der Mörder nicht anders kann:* Harry G. Frankfurt, »Alternate Possibilities and Moral Responsibility«, in: *Journal of Philosophy* 66 (1969).


## Recht und Gerechtigkeit

*Der wilde Mensch:* Thomas Hobbes, *Leviathan. Erster und zweiter Teil.*

*Der Schleier des Nichtwissens:* John Rawls, *A Theory of Justice.*

*Wer bekommt das größte Stück?* Eigene Variation eines oft verwendeten Beispiels.

## Geist und Gehirn

*Das Geheimnis der Fledermäuse:* Thomas Nagel, »What Is It Like To Be a Bat?«, in: *Philosophical Review* 83 (1974).

*Spaziergang durchs Gehirn:* Gottfried Wilhelm Leibniz, *Monadologie.*

*Mary und die Farben:* Frank Jackson, »What Mary Didn't Know«, in: *Journal of Philosophy* (83).

*Der nette Zombie von nebenan:* David Chalmers, *The Conscious Mind. In Search of a Fundamental Theory.*

*Die Gehirnprothese:* John Searle, *The Rediscovery of the Mind.*

*Das chinesische Zimmer:* John Searle, »Minds, Brains and Programs«, in: *Behavioral and brain sciences* 3 (1980).

*Der Geist im Smartphone:* Andy Clark/David Chalmers, »The Extended Mind«, in: *Analysis 58* (1998).


## Gott und Glaube

*Gott – das höchste denkbare Wesen:* Anselm von Canterbury, *Proslogion.*

*Gott – der Stein des Anstoßes:* Thomas von Aquin, *Die Gottesbeweise in der »Summe gegen die Heiden« und der »Summe der Theologie«.*

*Gott – ein Schweizer Uhrmacher:* William Paley, *Natural Theology.*

*Pascals Wette:* Blaise Pascal, *Gedanken über die Religion und einige andere Themen.*

*Gott – eine Krücke der Moral:* Kritias, *Sisyphos;* Kant, *Die Religion innerhalb der Grenzen der bloßen Vernunft.*

*Superman auf der Anklagebank:* Leibniz, *Theodizee.*

*Die Teekanne:* Bertrand Russell, *Gibt es einen Gott?*


## Logik und Sprache

*Der Barbier:* Bertrand Russell, *The Philosophy of Logical Atomism,* 1918, in: *The Collected Papers of Bertrand Russell,* 1914–19, Vol 8.

*Die Glatze:* stammt von Zenon von Elea oder von Eubulides von Milet, siehe Diogenes Laertios, *Über Leben und Lehren berühmter Philosophen* II.

*Das Eichhörnchen:* William James, *Pragmatismus. Ein neuer Name für einige alte Denkweisen.*

*Gavagai:* Willard Van Orman Quine, *Word and Object.*

*Morgenstern und Abendstern:* Gottlob Frege, *Über Sinn und Bedeutung.*

*Familienähnlichkeit:* Ludwig Wittgenstein, *Philosophische Untersuchungen* §§ 66 ff.

*Die Zwillingserde:* Hilary Putnam, *Die Bedeutung von »Bedeutung«.*

*Der bissige Hund:* John L. Austin, *Zur Theorie der Sprechakte (How to do things with Words).*

*Der Zirkel des Verstehens:* Hans-Georg Gadamer, *Wahrheit und Methode.*

*Der Sinn des Schweigens:* Paul Grice, »Logic and Conversation«, in: ders., *Studies in the Way of Words.*

## Raum und Zeit

*Achill und die Schildkröte:* stammt von Zenon von Elea, siehe Aristoteles, *Physik* VI, 9.

*Wie lange kann die Zeit stillstehen?* Immanuel Kant, *Kritik der reinen Vernunft,* B 46.

*Großvatermord in der Vergangenheit:* J. Richard Gott, *Zeitreisen in Einsteins Universum.*

*Ohne Heute gäbe es morgen kein Gestern:* Augustinus, *Bekenntnisse,* Buch 11.

## Ich

*Das Schiff des Theseus:* wird Plutarch zugeschrieben; siehe Jay F. Rosenberg, *Philosophieren – Ein Handbuch für Anfänger.* Weitere Diskussion: John Locke, *Versuch über den menschlichen Verstand* (Buch II, Kapitel 27: Über Identität und Verschiedenheit).

*Beam me up, Scotty:* Derek Parfit, *Reasons and Persons.* Siehe auch: Derek Parfit, »The unimportance of identity«, in: Harris (Hrg.), *Identity.*

# Register